宋、明、清自治性福利及其现代意蕴

SONG MING QING ZIZHIXING FULI JIQI XIANDAI YIYUN

朱俊生
袁铎珍
康　冉
文利芳◎著

首都经济贸易大学出版社
Capital University of Economics and Business Press
·北京·

图书在版编目（CIP）数据

宋、明、清自治性福利及其现代意蕴/朱俊生等著. --北京：首都经济贸易大学出版社，2019. 3

ISBN 978-7-5638-2914-9

Ⅰ. ①宋…　Ⅱ. ①朱…　Ⅲ. ①福利制度—研究—中国—宋代 ②福利制度—研究—中国—明清时代　Ⅳ. ①D691

中国版本图书馆 CIP 数据核字（2019）第 024109 号

宋、明、清自治性福利及其现代意蕴
朱俊生　袁铎珍　康冉　文利芳　著

责任编辑　王　猛
封面设计　砚祥志远·激光照排 TEL: 010-65976003
出版发行　首都经济贸易大学出版社
地　　址　北京市朝阳区红庙（邮编 100026）
电　　话　（010）65976483　65065761　65071505（传真）
网　　址　http：//www. sjmcb. com
E-mail　publish@cueb. edu. cn
经　　销　全国新华书店
照　　排　北京砚祥志远激光照排技术有限公司
印　　刷　北京玺诚印务有限公司
开　　本　710 毫米×1000 毫米　1/16
字　　数　295 千字
印　　张　16. 75
版　　次　2019 年 3 月第 1 版　2019 年 3 月第 1 次印刷
书　　号　ISBN 978-7-5638-2914-9/D·197
定　　价　49. 00 元

目 录

导　　论

1　研究背景及研究意义

1.1　宋、明、清基层自治性治理特征

一些人认为，秦始皇一统天下之后，废封建立郡县，建立了高度集权的中央政府；中央政府通过自上而下的郡、县、乡、亭等官僚机构直接控制和管理基层社会的民众，形成了一个完全由官僚机构实行集权统治的国家。[①] 此后由汉至清康乾年代的历史发展总的趋势是以君权为核心的中央集权不断扩大与加强，直到最后形成皇帝一人独裁专制的中央集权制度。[②] 持这种观点的理由是，在历史的发展过程中宰相的权力不断被削弱，唐代实行“三省并相”（中书、门下、尚书），分割宰相的行政权力；宋初设立中枢、门下作为最高行政机构，最高长官行使宰相职权，但是为了制约宰相权力，后来又增设参知政事、枢密使和三司使，分割宰相的行政权、军权和财权[③]；到明代朱元璋在位时期甚至废掉了宰相一职；而皇权在此过程中却不断得到加强，特别是清代军机处的设立更是标志着皇权的发展达到顶峰。经过唐代的安史之乱，从北宋时期开始，中央政府也逐渐把地方的军权、财政、人事、司法等权力逐项收归为中央所有并基本为后代历朝所延续。因此，从皇权与相权，中央与地方的关系双层角度而言，可以说我国历史发展的总趋势是中央集权不断加剧。

上述看法尽管有一定道理，然而却忽略了我国历史发展的另外一条隐性线索，即从宋代开始我国基层治理结构逐渐发展出一种自治性倾向，即在治理结构上，上层虽然高度集权，但是县以下主要依赖准官员和地方社会内部的纠纷解决机制进行间接治理。[④] 基层社会产生自治性倾向主要有如下两点原因：

---

① 曹正汉，罗必良．集权的政治风险与纵向分权［J］．南方经济，2013（2）．

② 陈碧芬．明清民本思想研究［D］．昆明：云南大学，2011：112.

③ 另一种说法是：由于宋代帝王采取“委任责成”的方式，委国家政事于宰辅，加之皇帝与士大夫形成了“共治天下”的共识，事实上宋代宰辅的权力仍然很大，宰相权力的剥夺更多的是流于形式。参见：诸葛忆兵．宋代宰辅制度研究［M］．北京：中国社会科学出版社，2000.

④ 曹正汉，罗必良．集权的政治风险与纵向分权［J］．南方经济，2013（2）．

1）自北宋以来，儒家士绅阶层成长壮大，在民间事务中起着主导作用

在宋代之前，特别是战国以后，随着君主专制中央集权制度的建立，专制国家对基层社会的控制主要依靠县所属的乡官来实施。[①] 由秦汉到隋唐，乡官属于县以下基层行政组织，"天下之治，始于里胥[②]，终于天子"，专制国家对基层社会的控制方式是以县以下的乡官为主要渠道，凭借乡官渠道，国家行政权力从中央和州县一直贯彻到基层村落。[③] 宋代上承五代十国军阀混战的混乱局面，基层社会秩序被破坏殆尽，社会治安更加棘手；并且随着社会经济的发展，税赋制度的改变使乡村税赋征收日趋困难，因此乡里基层官职便成为了人人厌恶的苦差事。为了维持乡村社会运转，北宋立朝伊始即在全国范围内强制实施乡役制度（乡村具有一定资产的百姓轮流为官府义务充差服役，管理当地税赋征收、治安及转运物资等事务）来取代以往的乡官制度，造成以往由乡官承担的职能多有空虚残缺，县级以下的基层社会缺少了政府的正式权力机构，出现了一定的权力真空。而在宋代"重科举""以文治国"等政策影响下成长起来的儒家士绅阶层出于责任与使命意识逐渐填补了这一空缺，在民间社会治理中发挥着重要作用。

2）宋、明、清三朝的国家正式行政机构止于县

由于宋代把以往的乡官制度改为乡役制度，县级以下的基层服务人员基本上成为了政府的役职人员，身份低微，被排除在国家正式的行政管理机构之外。宋代经过逐步改革，最终形成了朝廷（路）、州（府、军、监）、县三级普设的正式政区的复杂结构，形成了"皇权不下县"的态势。而明、清相比于宋代虽然行政级别的划分有所不同，但都沿袭了"皇权不下县"的做法，并成为惯例。由此可见，制度上的设置也为民间自治性组织的发育提供了一定的空间。依据曹正汉、罗必良的研究，宋明清政府逐步形成如此的行政区划主要是出于"集权的政治风险"论，即自上而下的集权统治隐含着很高的政治风险，因为"自上而下的命令谁也不敢保证是人民乐于接受的"，因此，中央政府为了政权稳定和国家的长治久安，需要构筑集权统治的安全阀。这个安全阀的设置就是在自上而下的集权统治之下，允许自下而上的民意反馈、

---

① 李治安．宋元明清基层社会秩序的新构建［J］．南开学报，2008（3）．

② 这里的"里胥"是有秩有禄经过官府选拔的基层官员。参见：李治安．宋元明清基层社会秩序的新构建［J］．南开学报，2008（3）．

③ 李治安．宋元明清基层社会秩序的新构建［J］．南开学报，2008（3）．

协商和制衡的政治轨道之存在。[①] 为了设立此种自下而上的政治轨道，就需要有意识地把官僚机构悬空起来，不让它进入到与民众日常生活密切相关的地方事务之中。[②] 因此，尽管自宋代以来我国中央集权趋势日趋加剧，然而却逐渐形成“中央政府治官，州县政府治民，基层社会实行乡绅和宗族自治的局面”。但值得强调的一点是，儒家士绅在中国基层社会权力的最大特点不是通过制度得以界定和保障，而是在与国家互动中获得的，具有较大弹性。[③]

显然，宋代以来在基层社会逐渐形成的自治局面不是与官府对抗下的自治，而是补足政治体制不足部分的自治，因而或成为官府统治的延伸，或成为官府的附属物，明清时期各类民间社会组织蓬勃发展，基本可以视为官民相得的一个结果。[④] 但无论如何，民间基层社会孕育了宗族、乡约、社仓、里老制、老人制、社制、合会、善会善堂等组织，不仅在一定程度上维护了基层社会的治理，也成为了民间社会福利提供的重要组织形式。

1.2 宋、明、清官方福利及其与民间保障的关系

1.2.1 宋代的官方福利发展概况

宋代社会经济获得极大发展，但周边局势动荡不安，国内灾害频发，人口流动加快，加之不抑兼并的土地政策等使社会矛盾极为复杂。在此社会背景下，标秉“以仁治国”的宋代政府所提供的官方福利超过以往任何朝代，不仅开创性地采取一些社会保障措施，还建立了相对完善的社会保障机构，其所提供的福利水平甚至为宋代之后的元明清所不及。宋代的官方福利主要分为赈灾救荒和济贫恤穷两部分。

1.2.1.1 赈灾救荒

宋代非常重视灾荒预防工作，建立了从中央到地方的仓储备荒体系。由

① 曹正汉，罗必良．集权的政治风险与纵向分权［J］．南方经济，2013（2）．
② 曹正汉，罗必良．集权的政治风险与纵向分权［J］．南方经济，2013（2）．
③ 贾西津．历史上的民间组织与中国社会分析［J］．甘肃行政学院学报，2005（3）．
④ 陈碧芬．明清民本思想研究［D］．昆明：云南大学．2011：141．

中央政府举办的仓储有常平仓[①]、义仓[②]、惠民仓[③]、广惠仓[④]、丰储仓[⑤]等五种，分布范围较为广泛[⑥]；其中常平仓、惠民仓主要用于灾荒期间的赈贷和赈粜[⑦]，不仅可以减轻灾民灾荒期间的负担，同时也可以起到平抑物价的作用；义仓、丰储仓主要用于饥荒期间的赈给[⑧]，另外丰储仓也有储备粮的性质；广惠仓主要用于平时的济贫，基本上是每年冬季无偿发放救济粮，救济对象主要限于城市中的贫民。[⑨] 由地方政府自行设置、自筹经费和自我管理的有永利仓、州济仓、平止仓、通惠仓、广济仓等，主要负责一州一县的赈济工作。[⑩] 但随着中央财力日渐匮乏，中央政府举办的仓储逐渐衰败，因此到了南宋时

---

① 约正式建立于宋真宗咸平二年（999 年），宋真宗景德三年（1006 年）正月，下诏于京东、京西、河北、河东、陕西、淮南、江南、两浙等路并置常平仓，其发展顺序大致是先京畿后地方，先北后南，到宋英宗时发展到鼎盛时期，在哲、徽、钦三朝不断衰退；北宋灭亡，北方常平仓为金人所有，南宋虽有部分恢复，但所起成效不大。参见：马玉臣．宋代常平仓制度研究［D］．开封：河南大学，2000：3 –5.

② 始建于宋太祖建隆四年（963 年）三月，“令诸州于所属县各置义仓，自今官中所收二税，每石别输一斗贮之，以备凶歉给与民人”；宋乾德四年（966 年）废除义仓制度，以后经过多次废立，终于在宋哲宗绍圣元年（1094 年），全国各路除广南东、西路外，再度恢复义仓制度，这次重建一直持续到南宋末年，在宋代共存续 200 多年，在北宋仓储制度中具有较大的影响。但自宋神宗之后义仓设立逐渐由县移至州，与广大乡村百姓逐渐隔离，这也是南宋社仓兴起的一个非常重要原因。参见：许秀文．论宋代义仓［J］．河北学刊，2006（5）.

③ 宋代太宗时于各州设此仓。于粮价涨贵时，减价向贫民粜粮，但每人不得超过一斛。真宗以后，名存实亡。南宋时，有些地方仍设有“惠民仓”。

④ “宋仁宗嘉祐二年（1057 年）八月二十三日，诏至天下广惠仓”，其实施主要以天下户绝田作为仓本，赈济百姓，福利水平较高，但在北宋时期废置不常；直到南宋乾道五年以后，广惠仓先后在各地复置，直到宋终。广惠仓与其他仓储制度的设置有着明显的不同，是专门为救济而设置的仓储，相对于其他类仓储所起作用较小。参见：孔祥军．宋代广惠仓研究［J］．金陵科技学院学报，2011（9）．王连营．论宋代的赈济制度［D］．济南：山东大学，2011：13.

⑤ 南宋官府为备荒备战而设置的粮仓，绍兴二十六年（1156 年），始置于临安府（今浙江杭州），储粮数百万石。后又在建康府（今江苏南京）、镇江府（今江苏镇江）设置，各储粮 70 万石余。四川诸地丰储仓共储粮 150 万石余。此仓之粮主要在水旱灾荒时拨充军需诸用，实行以后颇见成效。在农家青黄不接之际，或出粜其久藏之粟，或无偿救济百姓。

⑥ 漆侠．辽宋西夏金代通史［M］．北京：人民出版社，2010：616.

⑦ 赈粜指官府在灾荒期间低于市价卖米给受灾百姓。

⑧ 在宋代赈给的实施是有一定条件的。通常灾害发生后，由受灾民户到县官司报告即所谓诉灾，然后由官吏检查受灾情况，视受灾程度决定减免税赋程度。一般评定灾荒等级为几分，减免几分的赋税，通常受灾程度达到减免 7 分赋税时即施行赈给，7 分以下实行赈贷。至南宋绍兴二十八年（1158 年）以后，改为减免 5 分以上即许赈给。载于：漆侠．辽宋西夏金代通史［M］．北京：人民出版社，2010：618.

⑨ 漆侠．辽宋西夏金代通史（社会经济卷下）［M］．北京：人民出版社，2010：617.

⑩ 漆侠．辽宋西夏金代通史［M］．北京：人民出版社，2010：616.

期越来越依赖地方举办的仓储。在官方仓储衰败之时，具有民间自治性质的社仓在农村赈灾救荒中发挥着极为重要的作用，一定程度上弥补了官方仓储的衰败和不足。[①]

除了灾荒预防工作外，宋代政府的赈灾救荒行政工作从机构设置、灾荒申报审核行政程序到赈灾救荒措施等都较为完善和成熟。[②] 比如，赈灾救荒措施就包括行政性措施、市场性措施和动员民间力量救荒。[③] 行政性措施是指在政府行政职能内的赈济方式，较少考虑经济回报，最常见的有赈给、赈贷、赈粜三种，此外也包括居养、移民就粟、募兵、倚阁、蠲免、免役、宽禁捕等。市场性措施是指利用价格杠杆，以供求关系为依托，符合市场规律的一种赈济方式，主要包括罢官籴、弛禁榷、招商（减商税）、以工代赈、禁遏籴等。[④] 动员民间力量主要是指官员或者绅士积极劝谕有力之家无偿赈济贫乏或者减价出粜所积米谷以惠贫者的做法，主要包括劝分和劝粜之法。[⑤]

1.2.1.2 济贫恤穷

宋代的济贫恤穷这种常规性社会救助措施主要面向城市贫民，救济办法主要是通过设置各类济贫机构以收养老弱病残乞丐等弱势群体（有时也采取减值鬻炭[⑥]和蠲僦舍钱[⑦]等方式），以达到养老、慈幼、医病、济贫、助葬等社会救济目的。例如，当时多元化的济贫机构就较为充分地彰显了济贫恤穷功能。

1）综合性救济机构

宋代此类机构以福田院、居养院和养济院为代表。北宋初年在开封府辖地设置福田院，以养京师内“老疾孤穷丐者”，属于综合性慈善机构，初期给钱米者仅为 24 人[⑧]，最多时可收容 1 200 人[⑨]。此外，宋仁宗嘉祐二年（1057 年）在各地县城设立广惠仓，不定期向符合赈济条件的“老、幼、贫乏、疾

---

① 漆侠．辽宋西夏金代通史［M］．北京：人民出版社，2010：617.

② 漆侠．辽宋西夏金代通史［M］．北京：人民出版社，2010：617.

③ 漆侠．辽宋西夏金代通史［M］．北京：人民出版社，2010：618.

④ 漆侠．辽宋西夏金代通史［M］．北京：人民出版社，2010：618.

⑤ 漆侠．辽宋西夏金代通史［M］．北京：人民出版社，2010：618.

⑥ 一般指官府冬季低价卖炭给京城百姓，使其度过冬季寒冷时期。

⑦ 一般指官府在寒冷冬日向城郭无固定住宅百姓提供房租减免，但规定一年不许超过九日。

⑧ 王连营．论宋代赈济制度［D］．济南：山东大学，2011：38.

⑨ 邹克茹．宋代社会保障研究［D］．长春：东北师范大学，2014：42.

不能自存者”发放粮食。[①] 哲宗元符元年（1098年），“居养法”颁布，规定：“居养鳏寡孤独之人，其老者并年五十以上，许行收养，诸路依此。”[②]年逾50岁的城郭老人即有获得收养的机会，并且后来收养范围又扩展到“癃老废疾”人员，但是由于收养机构容量和地域的限制，并不是符合收养条件的就会获得相关的福利待遇。自“居养法”颁布后，各个州县开始设置类似的综合性救助机构，但多以“居养院”冠名，福田院开始消沉。到宋徽宗在位期间，由于皇帝和蔡京等人提倡和推动，居养院得到空前发展[③]，凡“城寨镇市，户及千以上者”皆许增置[④]，出现奉行过当奢侈浪费的现象。徽宗以后，居养院就逐渐衰落。到南宋多以居养院、养济院为综合性济贫机构，相对于北宋时期统一由常平司提供经费而言，南宋由于战乱、中央财政困难等因素，各地一般都是地方政府自筹经费，自行管理，甚至出现一些民办的济贫机构。

2）医疗机构

宋代的医疗机构可以分为治疗系统、药局系统和养病机构等三种类型。治疗系统分为翰林医官院、太医局两种，两者在民间疾病盛行的情况下都为民间大众提供医疗服务；药局系统，其中京师药局主要有合剂局、太平惠民局和施药局等，前两者为北宋所创，负责制售良药，以济民疾；后者创于南宋，专门负责救济民疾事宜，免费为病人医治。地方药局有由朝廷下诏设立的太平惠民药局，至南宋孝宗时期（1162—1189年）各地才开始广为设置。此外也有不少是属于地方官自筹经费兴办的，这些机构不但出售成药，也配有医工，直接为病人诊治。养病机构最初是由综合性济贫机构诸如福田院和居养院来承担，由于贫、病兼养导致疾病传染，因此于徽宗崇宁元年（1102年），宋廷下诏各路，遍置安乐坊[⑤]。同时还制定了“安乐法”，规定“凡户数上千城寨镇市，一般都要设置安济坊”[⑥]。由于朝廷不切实际大力提倡，导致地方奉行过当，安济坊弊病丛生。[⑦] 因此，徽宗大观四年（1110年）诏：

---

① 孔祥军．宋代广惠仓研究［J］．金陵科技学院学报，2011（3）．

② 宋香川．宋代城市的政府救济研究［D］．西安：陕西师范大学，2011：16.

③ 邹克茹．宋代社会保障研究［D］．长春：东北师范大学，2014：42.

④ 漆侠．辽宋西夏金代通史：社会经济卷下［M］．北京：人民出版社，2010：624.

⑤ 也有称安济坊，参见：苗书梅，葛金芳．南宋全史［M］上海：上海古籍出版社，2012：374.

⑥ 漆侠．辽宋西夏金代通史［M］．北京：人民出版社，2010：625.

⑦ 苗书梅，葛金芳．南宋全史［M］．上海：上海古籍出版社，2012：374.

"应州县以前所置居养院、安济坊、漏泽园许存留外，仰并遵守元符令条，更不施行，开封府创置坊院悉数罢，见在人并归福田院，依旧法施行。"[①] 至此，安济坊的设置有所减少，更多的是通过综合性医疗机构来收治病患。[②] 南宋以后，仍然沿用了北宋时期的安济制度，也有部分官员、士绅筹资建立的地方医疗机构，诸如建康府的安乐庐、鄂州安乐寮、广州寿安院等。

3）慈幼机构

宋代，特别是南宋，较以往任何朝代都更注重慈幼。所谓慈幼一般是指对弃婴和孤儿的救济与照顾，慈幼对象一般是10岁以内儿童。[③] 在北宋时期，福田院、居养院、广惠仓等综合性济贫机构都承担收养弃婴、孤儿的职责。南宋时期，由于弃子现象众多，慈幼普遍从其他济贫机构中分离出来，形成专门的机构，如小儿钱米所、婴儿局、慈幼庄、慈幼局等。[④] 据张文考证南宋后期建立的慈幼局有八九处。[⑤] 此外，在南宋，政府曾多次蠲免身丁税，以助民举子。[⑥] 绍兴五年（1135年），在福建部分地区实行胎养助产，凡各州县乡村皆置举子仓，遇民户生育给米一石，绍兴八年（1138年）开始在全国范围内推广。[⑦]

4）助葬机构

漏泽园是负责掩埋无主尸骨和因贫穷无力下葬而曝尸荒野的官办助葬机构。[⑧] 早在真宗、仁宗、神宗朝政府已开始出钱买土地，用于安葬无主尸骨，只是尚未形成制度和规模。[⑨] 到徽宗崇宁三年（1104年），宋廷遍诏各路，广为设置漏泽园，正式使用漏泽园一名，具体做法是：择高旷不毛之地置园，委派寺僧主之，凡寺观留槥椟无主者及暴露遗骸悉葬其中。[⑩] 经过两宋之际的丧乱，漏泽园多失于检查而废坏，豪猾人户多所请佃。[⑪] 绍兴十四年（1144

---

① 苗书梅，葛金芳．南宋全史［M］．上海：上海古籍出版社，2012：374.
② 苗书梅，葛金芳．南宋全史［M］．上海：上海古籍出版社，2012：374.
③ 漆侠．辽宋西夏金代通史：社会经济卷下［M］．北京：人民出版社，2010：621.
④ 漆侠．辽宋西夏金代通史：社会经济卷下［M］．北京：人民出版社，2010：622.
⑤ 邹克茹．宋代社会保障研究［D］．长春：东北师范大学，2014：25.
⑥ 转引漆侠．辽宋西夏金代通史：社会经济卷下［M］．北京：人民出版社，2010：622.
⑦ 转引漆侠．辽宋西夏金代通史：社会经济卷下［M］．北京：人民出版社，2010：622.
⑧ 邹克茹．宋代社会保障研究［D］．长春：东北师范大学，2014：25.
⑨ 邹克茹．宋代社会保障研究［D］．长春：东北师范大学，2014：25.
⑩ 漆侠．辽宋西夏金代通史：社会经济卷下［M］．北京：人民出版社，2010：626.
⑪ 漆侠．辽宋西夏金代通史：社会经济卷下［M］．北京：人民出版社，2010：626.

年)，经高宗批准，此后漏泽园在各地逐步恢复起来，直到宋终。①

可见，宋代一方面建立了从中央到地方的仓储备荒救灾体系和救荒行政体系，另外一方面设置了包含养老、慈幼、医病、济贫、助葬等救济事务的综合性及专门性的福利机构，这对维护社会稳定，保障人们的基本生存，促进社会生产发展和人口的增加等都有非常积极的作用。然而，宋代官方福利存在如下问题：其一，救济范围多以城郭为限，甚至不能覆盖到所有城郭百姓。宋代无论是仓储机构还是救济机构大多是在都城等大城市出现，然后向外辐射，倘若发展得较好的话，可遍及州县，但大多难及乡里。其二，救助体系建设的存续性差，如仓储机构基本都是在不同时期成立的，而且多数都经历创设与发展，废置与恢复的反复变化，其发展程度不仅在地域上，而且在时间上也呈现不均匀状态。以综合性养老机构为例，从福田院到居养院再到养济院之间更多的是一种以新替旧的关系，当然也有新旧机构并存的发展时段，也说明了其发展缺少一定的稳定性。这种现象的产生多与在位皇帝的个人喜好与主观意志有关，在中央集权政治体制下，臣子们为了获得嘉奖常常逢迎上意，因此导致福利机构发展的骤增骤降，而破坏了福利制度适应经济社会发展的自然发展趋势。当然，北宋时期变法派与保守派之间的竞争也是救济机构存废无常的一个重要因素。

另外，应以时间发展顺序来看待宋代官方福利，否则就可能会夸大官方福利水平。如对福田院、居养院、养济院不以时间顺序来考察的话，人们很可能认为宋代在同一时期设有多种救济机构；同样，如果不以动态时间顺序来考察的话，人们可能会认为宋代大多数时期都存在涵盖生老病死、衣食住行在内的全方位的官方福利制度，而忽视了制度在建设过程中反复废置与保障项目逐渐增加的动态的发展过程。②

1.2.2 明代的官方福利发展概况

总体而言，明代的官方福利制度多继承宋代旧制，并有所不同，发展相对趋于稳定。推动明代官方福利发展的原因包括：首先，传统儒家的仁、礼，佛教及西方传入的宗教劝善观的影响；其次，朱元璋早期的经历对举办官方

---

① 漆侠．辽宋西夏金代通史：社会经济卷下［M］．北京：人民出版社，2010：626.

② 如医病与慈幼救济在北宋大体都由综合性救济机构承担，直到南宋才真正地分离出安济坊与慈幼局等专门性救济机构，漏泽园也是到宋徽宗时期才广泛发展起来，后来也经过多次废置与恢复。

福利制度具有一定助推作用，他在位时期奠定了明代官办社会救济事业发展的基础；再次，明代社会经济继续向前发展，为社会福利发展提供了财富基础。总体而言，明代的官方福利大体也分赈灾救荒和恤养孤老贫残两方面。

1.2.2.1 赈灾救荒

明代政府也比较注重灾前备荒工作，建立了多种仓储备荒机构。明代建立的有别于前代的仓储机构是预备仓和惠农仓。预备仓兴于洪武元年（1368年），是明代政府锐意经营、制度较为完整的仓种，它虽与以前各代及清代的常平仓终极目的一致，但具体运作却自成一体。[①] 以往的仓储机构往往由地方百姓在征税之外，额外缴纳米谷，留存本地府库以备荒年。而预备仓是在洪武元年，由明太祖朱元璋令户部运钞二百万贯，往各府州县，预备粮储，如一县则于境内定为四所，于居民丛集之处置仓[②]，覆盖范围广阔，仓本全部来自官钞。其主要通过赈贷、赈粜和赈济等方式援助贫民。[③] 正统以后，时废时兴，其仓本也越来越依赖富民捐纳，至嘉靖中期衰败，历时 170 余年，在明代仓储中占有非常重要地位。而济农仓是明代江南苏州、松江、常州等地特有的一种仓储，是在当地在任官员的努力下创办的，以救助当地农民为主，有比较规范的管理条规，但存续时间较短，随着地方官的离任而遭到废弃。[④]

常平仓、义仓、社仓是仿前代而设。弘治（1487—1505 年）时，江西巡抚林俊才提议在全国广设常平仓，秋成谷贱籴入，春夏青黄不接之际粜卖给贫民，委难自粜，方与赈济，不必归还[⑤]，主要依靠调节市场价格的同时起到救济作用。义仓最早设于隋，在宋代得到了广泛发展，而在明代嘉靖、万历年间，各地大量兴建，据估计这应与明代主要仓储机构预备仓的衰废有关。[⑥] 义仓是以义租形式在正税之外纳于政府，由政府贮藏管理，灾荒之际赈给贫民，实质上是一种以富济贫的制度措施。[⑦] 社仓（明代最早建于 1436 年）是由政府监督提倡，民间出资、民间管理以赈贷为主、赈给为辅的仓储机构，

---

① 王卫平，黄鸿山．中国古代传统社会保障与慈善事业［M］．北京：群言出版社，2005：73.
② 林鹏旭．明代乡村社会救济研究［D］．重庆：西南大学，2008：17.
③ 林鹏旭．明代乡村社会救济研究［D］．重庆：西南大学，2008：17.
④ 林鹏旭．明代乡村社会救济研究［D］．重庆：西南大学，2008：20.
⑤ 王卫平，黄鸿山．中国古代传统社会保障与慈善事业［M］．北京：群言出版社，2005：75.
⑥ 林鹏旭．明代乡村社会救济研究［D］．成都：西南大学，2008：21.
⑦ 王卫平，黄鸿山．中国古代传统社会保障与慈善事业［M］．北京：群言出版社，2005：75.

在民间社仓的名称杂异不同，其发展一直延续到明末。①

明代灾荒时期救荒措施主要包括蠲免田赋、安辑流民、调粟（移民就粟、移粟就民和平粜）、赈济（赈谷、赈银和工赈等）、养恤（施粥、居养、赎子等）、弛禁等，总体而言，这些措施没有出宋代赈济措施之右，而且利用市场杠杆调节的救济手段较少，主要原因可能是农民出身的明代政权缺少商业的眼光和对市场的重视。

1.2.2.2 恤养孤老贫残

总体而言，尽管明代政府也比较重视对社会弱势群体的救助，但其救济水平与范围相对于宋代而言要缩水很多。但是在养老政策方面明朝却独树一帜，它在承袭了历代王朝优待老人及养老政策的同时，对老年人②的生活给予特殊关照，包括物质赏赐，免除老年人及其亲属的徭役，优免老年人的刑罚，以及举行乡饮酒礼提高老年人社会地位等。

明代救济机构有养济院，医疗机构有惠民药局，助葬机构有义冢、漏泽园。

1）养济院

养济院始建于南宋，元代承袭。至明代，明太祖于1368年下诏设立官办救济机构，于五年后（1372年），“诏天下郡县立孤老院”，后改名养济院。③为了保证制度实施，将具体规定载入《大明律》，其对收养孤老有明确规定：“凡鳏寡孤独及笃疾之人贫穷无亲属依倚不能自存，所在官司应该收养而不收养者杖六十。”就覆盖人群而言，与宋代相比，明代收养对象不是社会上所有的鳏寡孤独及废疾笃疾之人，而是其中“贫穷而无内外亲属依靠不能自存者”④。建文元年（1399年）诏，“鳏寡孤独贫无告者，岁给米三石，亲戚养之，亡亲戚者，邻里收恤”，“笃废残疾者，收养济院，例支衣粮”。⑤ 可见，明代的收养范围在法律规定上大大缩小，也强化了亲属、邻里之间的保障责任。就分布范围而言，明代养济院较为广泛和稳定。尽管与宋代相比，明代

① 王卫平，黄鸿山．中国古代传统社会保障与慈善事业［M］．北京：群言出版社，2005：75.

② 明代以60岁作为老年的开始，70岁以上的老年人则被划为高龄老人，80岁及以上的高龄老人会获得一定的物质赏赐与救济。参见：王卫平，黄鸿山．中国古代传统社会保障与慈善事业［M］．北京：群言出版社，2005：76.

③ 王卫平，黄鸿山．中国古代传统社会保障与慈善事业［M］．北京：群言出版社，2005：75.

④ 王卫平，黄鸿山．中国古代传统社会保障与慈善事业［M］．北京：群言出版社，2005：81.

⑤ 王卫平，黄鸿山．中国古代传统社会保障与慈善事业［M］．北京：群言出版社，2005：81.

的救济机构较为单一（只有养济院），但分布范围更广泛和稳定持久[①]，明代各地的养济院大都设立于建国初年，很少出现救济机构骤增骤降的现象。永乐时期，养济院已是“天下府州县俱有”，一般一州县一所，也有一州县二所的[②]，可见养济院作为一种官办的社会救济机构，已经基本在全社会普及。[③]此外，与宋代相比，明代养济院主要实施原籍救助收养原则，其收养条件注意审查入院者的籍贯、年龄、有无子女婿侄等亲属情况，而且在中后期收养条件还与道德状况相挂钩。[④] 明代养济院持之以久，直到崇祯年间仍有地方官致力于此救济事业的，“但明代中后期，由于经费短缺、地方官员及胥吏贪污腐败等原因，其救济的实际情况远未达到明代诏令律法的要求”[⑤]。至万历年间，迫于财政困难，各地对养济院的收养名额加以限制，有些地方就将不少真正孤贫残疾之人拒之门外，即使能够入院的，口粮布匹的供给也难以保证。

2）惠民药局

在北宋时开始大力兴办义诊慈善机构，至南宋蔚然成风，并作为地方官员重要善政加以鼓励。[⑥] 相比之下，元、明时，官府设立的医疗机构渐呈萎缩局面，只有惠民药局保留了下来。惠民药局是为平民诊病卖药的官方机构，掌管贮备药物，调制面药等事务，军民工匠贫病者均可在惠民药局求医问药。遇疫病流行，有时也免费提供药物。[⑦] 由于朝廷对其实行补贴政策，使其出售药品的价格远远低于市场价格，因此可以说其是介于营利与慈善之间的公立慈善机构。洪武三年（1370年）六月，明政府在京师、北平及各府州县均设惠民药局。[⑧] 明代惠民药局分为中央和地方惠民药局，属官和职能各不相同，其中地方惠民药局是主体，作为荒政体系的一部分，分布范围极广，发挥着一般诊疗、大型事件应对、社会服务等职能。[⑨] 地方惠民药局一直到16世纪初仍有所记载，但由于明代中央政府在实际工作中对其重视不够，加上明代

① 林鹏旭．明代乡村社会救济研究［D］．重庆：西南大学，2008：31－32.
② 王兴亚．明代养济院研究［J］．郑州大学学报，1989（3）．
③ 曹锦云．简论明代的社会救济制度［J］．晋中学院学报，2010（1）．
④ 王卫平，黄鸿山．中国古代传统社会保障与慈善事业［M］．北京：群言出版社，2005：81.
⑤ 林鹏旭．明代乡村社会救济研究［D］．重庆：西南大学．2008：33.
⑥ 肖英．明代社会保障制度研究［D］．长沙：湖南师范大学，2005：19.
⑦ 肖英．明代社会保障制度研究［D］．长沙：湖南师范大学，2005：19.
⑧ 肖英．明代社会保障制度研究［D］．长沙：湖南师范大学，2005：19.
⑨ 陈松．明代惠民药局研究［D］．哈尔滨：黑龙江大学，2013：1.

医事制度存在的诸多问题，到嘉靖中期（1560 年）以后，绝大部分的惠民药局已被废，惠民药局也由一个常设机构，逐渐演变为在疫灾时才运作的救济机构①，而明代百姓的疾病诊疗只能更多地依靠民间医学了。②

3）义冢、漏泽园

明朝初年，明太祖有感于民间疾苦，设立漏泽园以掩埋尸体。③“初，太祖设漏泽园葬贫民。天下府州县设立义冢（即漏泽园）。”④ 可见，明代义冢、漏泽园的存在比较普遍。洪武三年，“令民间立义冢，仍禁焚尸，若贫无地者，所在官司择近城宽闲之地立为义冢”⑤。义冢除了设在近郊之外，也有很多义冢设在乡村，还有私人设立的义冢。明末天灾人祸交织，各地一片生灵涂炭，政府运作几近瘫痪，地方社会也早已自顾不暇，漏泽园也几近荒废，“今之院犹存，而片茓不能支雨，园无主白骨尽为见天”⑥。

明代的官方福利制度大体继承宋元旧制，但不仅官方救助人群范围大范围缩水，筛选条件更加严格，而且诸如慈幼、医病等很多福利机构和福利项目被缩减甚至被取消，其较低的福利水平并不能满足当时的社会需求。当然，与宋代相比，明代官方保障城乡分野没有那么大，仓储机构及救济机构分布相对宋代而言较为稳定和均匀。

1.2.3 清代的官方福利发展概况

清代积极秉承汉族统治者的传统政治文化制度、尊孔崇儒，在社会保障政策方面对前代特别是宋明多有借鉴，但也不乏有所创新建树，在灾荒救济、尊老养老、抚育弃婴、救助鳏寡孤独等社会弱者方面，采取了一系列的政策与措施，效果也比较显著。⑦

1.2.3.1 赈灾救荒

清代的荒政集历代之大成，最为完备。⑧ 首先，与历代相比，清代救荒措

① 林鹏旭．明代乡村社会救济研究［D］．重庆：西南大学，2008：36.
② 陈松．明代惠民药局研究［D］．哈尔滨：黑龙江大学，2013：1.
③ 肖英．明代社会保障制度研究［D］．长沙：湖南师范大学，2005：21.
④ 肖英．明代社会保障制度研究［D］．长沙：湖南师范大学，2005：21.
⑤ 李文．明代山东社会保障的历史考察［D］．西宁：青海师范大学，2013：40.
⑥ 李文．明代山东社会保障的历史考察［D］．西宁：青海师范大学，2013：42.
⑦ 王卫平，黄鸿山，康丽跃．清代社会保障政策研究［J］．徐州师范大学学报，2005（4）.
⑧ 许莉．清代前期社会保障研究［D］．长沙：湖南师范大学，2006：8.

施已制度化，荒政除《大清会典》《户部则例》有明确规定外，还通过上谕“永著为例”，具有一定的法令法规效力，凡属救灾事务，皆有定例，监督查办，均据成法。① 其次，从清代荒政的内容来看，不仅涉及面广，内容庞杂，几乎历代都有重农、集谷、兴修水利、植树造林等积极备荒政策，而且也建立了一套相对完善的仓储制度。清代以常平仓、社仓、义仓积谷备荒，其中由省会至府、州、县，都建常平仓，或兼设裕备仓，乡村设社仓，市镇设义仓。② 其中常平仓恢复重建于顺治中期，是政府设立的官仓，仓谷来源为捐纳、截漕和采买，以起到平粜、出借、赈济和军需的功能③，但常平仓多位于州县衙署附近，客观上容易使市镇附近的居民占惠。④ 第三，清代的官督民办仓储机构发挥重要作用。除了常平仓之外，清代社仓、义仓等官督民办仓储在仓储体系中占有非常重要的地位，它们主要位于乡村里社，服务农村百姓。清代社仓以宋代朱子社仓为标杆，创立于康熙年间，在雍正、乾隆年间出现繁荣的局面，谷本主要源于民间捐输⑤，由民间百姓选举的社长进行管理，定期轮换，用春借秋还方法救济贫民。政府主要发挥鼓励监管作用，不直接干预。但到了嘉庆以后，各省社仓转归官吏经理，由是挪移侵渔之弊渐起，加之吏治腐败、社仓自身弊端等问题使其由盛转衰。⑥ 另外，清政府也建立了一套相对于宋、明来说更为严格的报灾、勘灾、审户、蠲免、赈济的救灾程序。而且灾后救济方法相比于明代种类更加多样，相对于宋代相关规定更加细致周全。

1.2.3.2 养济孤老残幼

清代在对孤老残幼等弱势群体的常规性救济上对宋明旧制多有继承，但也有自己的独创之处。清代在养恤贫苦孤残方面采取的措施主要体现在其设立的养济院、普济堂、育婴堂、栖流所、工艺局等社会福利机构方面。

1）养济院

养济院是清代官府承袭宋明旧制而设立的收养鳏寡孤独以及残疾无依者

---

① 许莉．清代前期社会保障研究［D］．长沙：湖南师范大学，2006：27.

② 许莉．清代前期社会保障研究［D］．长沙：湖南师范大学，2006：23.

③ 许莉．清代前期社会保障研究［D］．长沙：湖南师范大学，2006：24.

④ 许莉．清代前期社会保障研究［D］．长沙：湖南师范大学，2006：24.

⑤ 民间捐输为各省社仓普遍采用，清代政府通过赐匾、立碑刻名、捐官等奖励措施鼓励民间捐输，另外仓本来源也有以官府调拨为主、捐输为辅的情况，主要为陕西、广西两省采纳。参见：康丽跃．清代社会保障研究［D］．苏州：苏州大学，2005：11.

⑥ 康丽跃．清代社会保障研究［D］．苏州：苏州大学，2005：12.

的机构，事实上以收养贫困的残疾人为主。始创于顺治五年（1648 年），此后养济院设置渐趋普及，遍布全国县治以上城市，以每城一所的情况最为常见，举办经费来自政府，多由地方官员直接管理。[①] 收养原则也多采取属地化，人员入院时需要遵守严格的程序，制度相对完备，但收养名额往往有限，不能满足实际需求，至雍正年间其管理已现腐败弊端。至晚清时期，地方社会也多介入养济院建设与管理。[②]

2）普济堂与育婴堂

鉴于养济院不能满足实际需要，清代逐渐发展起另外一种救济机构——普济堂，在清代救济机构中占有十分重要的地位。最早的普济堂出现于康熙年间的北京地区。它是由以士绅为主体的地方有力者自发创设的民间慈善机构，其经费由民间筹措而得[③]，由出资人轮流管理，其功能与养济院相近，但以收养贫病老人为主，收养范围不受籍贯限制。[④] 因普济堂发展成效显著，遂得到清政府的鼓励号召，其发展遍及州县，甚是广泛。在乾隆年间，官方开始介入普济堂的建设与管理，但因易于滋生弊端，在太平天国战争后重建的普济堂一般都采取了官民合办的方式。[⑤] 另外，育婴堂是收养弃婴的机构，最早出现在顺治二年（1645 年），在清代社会救济事务中占有非常重要的地位，其覆盖范围非常广泛，并且由城市开始向农村普及。

3）栖留所与工艺局

为了解决城市流民问题，清政府最早在顺治十年（1653 年）在京师五城建造栖留所，用以收养流民，后至雍正年间制度渐趋完善。[⑥] 如雍正十三年议定："凡外来无依及病卧街衢者，该坊总甲报官收入该司，坊官按名登记循环簿，每名日给小米一仓升，煤炭油菜制钱一十五文，隆冬无棉衣者给粗布棉袄一件，每所各募本城诚实民人一名，月给工食五钱，责令看管房屋照料在所流民，若流民患病报官拨医调治，有在所病故及沿途卧毙者，通令报官掩埋，官给棺木，每口价银八钱，埋于义冢"，明确了栖留所的职责及救助措施。[⑦] 除了

① 王卫平，黄鸿山．中国古代传统社会保障与慈善事业［M］．北京：群言出版社，2005：112.
② 王卫平，黄鸿山．中国古代传统社会保障与慈善事业［M］．北京：群言出版社，2005：112.
③ 王卫平，黄鸿山．中国古代传统社会保障与慈善事业［M］．北京：群言出版社，2005：222.
④ 康丽跃．清代社会保障研究［D］．苏州：苏州大学，2005：27.
⑤ 康丽跃．清代社会保障研究［D］．苏州：苏州大学，2005：27.
⑥ 康丽跃．清代社会保障研究［D］．苏州：苏州大学，2005：29.
⑦ 康丽跃．清代社会保障研究［D］．苏州：苏州大学，2005：30.

北京外，清代各省城州县也多设有栖留所，其收养对象可分为两类：一为长住者，以老弱病残流民为主；二为短住者，多为年轻力壮流民。[①] 各地章程也较为完备，所需经费以地方善堂捐助为主，官府也给予部分补贴，在运营上由官府与地方善堂共同参与，因此也具有官督民办色彩。工艺局出现时间比较晚，主要是在西方思潮的影响下出现的，从光绪二十六年开始，各地开始陆续设立工艺局，并且在当时大部分省份的一些大中城市都有所建立。工艺局的功能与栖留所相似，都以流民为收容对象，但工艺局相对来说不仅注重收养，而且也开始关注到教给流民工艺，使之可以自食其力。因此，尽管工艺局收容数量有限，却有很大意义。[②]

总体而言，清代官府在孤老残幼方面的救济水平总体要高于明代，尽管在救济水平与力度上不如宋代，但其制度建设与发展也更趋于理性，而且更加注重挖掘与利用民间力量参与到社会救济事务中来。因此，就仓储备荒而言，有民间力量参与的社仓、义仓发挥着承担乡村里舍的灾荒与日常救济工作，在清代仓储体系中占有重要地位；就日常救济机构而言，诸如普济堂、育婴堂主要是由民间社会出资管理兴办的，政府所起的更多的是倡导和监督作用。甚至由清代政府主导创办的养济院、栖留所和工艺局也有由民间百姓、慈善机构捐资或者参与管理的现象。因此，清代的官方社会保障很大程度上具有官民合作的特征。

1.2.4 宋、明、清官方与民间保障关系

与西方社会早期由教会主导社会福利事业的体制不同，在我国的宗法社会家国同构的政治体制下，政府很早便跻身社会福利事务中来。不过在宋代之前的社会，政府更多承担的是对民众灾荒或者临时性的救济，对民间百姓的日常生活缺少常规性救助，而且救助范围往往局限于根据封建宗法理念所定义的“穷民”，即以下四者：老而无妻曰鳏，老而无夫曰寡，老而无子曰独，幼而无父曰孤。[③] 此四者，天下之穷民而无告者。文王发政施仁，必先斯四者。[④] 事实上，这蕴含着一个理念，即对生活困难之人的援助首先是亲属和家族的责任，“穷民无告者”政府才予以救助。而在宋代之前由于封建经济关

---

① 王卫平，黄鸿山．中国古代传统社会保障与慈善事业［M］．北京：群言出版社，2005：117.
② 王卫平，黄鸿山．中国古代传统社会保障与慈善事业［M］．北京：群言出版社，2005：118.
③ 王卫平．论中国古代慈善事业的思想基础［J］．江苏社会科学，1999（2）．
④ 王卫平．论中国古代慈善事业的思想基础［J］．江苏社会科学，1999（2）．

系，宗族组织牢固等原因，贵族与平民之间具有较强的人身依附性，贫贱个体往往依靠本宗族或者依附于某个世家大族，子孙世代效命与服务于宗子或者地主豪强，宗族、世家大族对这些个体的生老病死婚配生子等都负有不可推卸的体恤义务，而政府是超脱其外的。因此，在宋代之前，社会保障仍然主要依赖于家族、宗族之间的保障或者地主豪强对个体的庇护，国家所起的作用较小。而从宋代开始，随着我国传统宗法体系的崩溃和封建土地经济关系的转变，我国古代社会保障的发展也迈向了一个新的开端，由传统的重在救助灾荒转变为较为全面的社会保障。① 如宋代政府的救助范围不仅以传统的“穷民”为主，还根据财产的多寡将民众划分为不同的阶层，并对其中因经济贫困无法生存的个体或者家庭进行援助，因此也就把经济贫困群体纳入到救助范围，并且政府把对“穷民”和“贫民”生老病死的救助作为一项常规性事务固定了下来。而明清官方保障虽然在总体救济水平上不及宋代，但却仍然秉持对民间孤老残幼等弱势群体的日常救济责任，在社会救济事务中也发挥着重要作用。总之，从宋代开始，下至明清，官方保障都发挥了极其重要的作用。

然而，在官方保障之外，民间福利的发展也是不容忽视的。直到宋代，随着“不立田制”“不抑兼并”的新土地制度的确立，贫民和流民大幅增加。到南宋时期，战乱不断，国库空虚，政府提供的常规性救助出现资金短缺难以为继的局面，加之基层士绅阶层力量的崛起，民间福利组织起着越来越重要的作用。元朝持续时间短暂，统治者为北方游牧民族，对民政的重视程度远不及宋朝，因此，政府性社会保障产生了较大程度的倒退。② 明、清两代虽较元朝重视民政，经济实力也超过以往，但其政府性社会保障仍然有较大幅度的萎缩，取而代之的是民间慈善事业的长足发展。其主要原因：一方面在于明、清政府对宋代之前的做法又有所恢复，即强调血缘亲戚、宗族在保障事业中所发挥的作用；另一方面又在经济税收政策上“藏富于民”，注重发挥民间力量来参与保障事业，创办自治性福利组织，通过旌表、捐官等物质或精神手段对积极参与民间保障事业的群体或个人予以鼓励。特别是到了清代，政府十分注重发挥民间力量来兴办社会福利事业，民间福利组织蓬勃发展，并与官府举办的福利机构相辅相成，相互促进，构成了相对完善的官民合作

① 张文．宋朝社会保障的成就与历史地位［J］．中国人民大学学报，2014（1）．
② 张文．宋朝社会保障的成就与历史地位［J］．中国人民大学学报，2014（1）．

的社会福利体系。因此，纵观宋明清三代社会福利制度，在宋代空前发展起来的官方保障制度在后代并未得到扩展，而出现一定程度的萎缩，民间福利组织制度却在基层社会中得到较为充分的孕育和发展。在某种意义上，明清时期在社会福祉事业方面所出现的最大变化，是民间慈善活动的兴盛。①

1.3 研究意义

经过近年来的改革，我国社会保障事业在制度体系建设和覆盖人群等方面都取得了很大成就，但还有很多不足，特别是当前社会保障制度的发展仍以政府为责任主体，存在着政府介入过多，制度层次较为单一，保障的可持续能力差，以民间慈善事业和互助保障为主要表现形式的民间自治性福利组织的保障功能没有得到充分发挥等问题。如上文所述，在我国古代社会福利的发展过程中，特别是自宋代以降，民间自治性福利曾经占有非常重要的地位。尽管现阶段我国民间存在的社会福利公益组织数量超过以往任何时代，但存在资源、能力不足，缺乏自治与独立性，社会公信力差，发展不平衡等问题，使得其在我国社会保障事业中的作用比较微弱，民间自治性福利制度在保障过程中充分发挥作用的传统已经消失殆尽。而当前这种主要依靠政府为责任主体的保障制度不仅不利于我国社会保障的可持续发展，也不利于民众多样化福利需求的满足。

古语说，“知古不知今，谓之陆沉；知今不知古，谓之盲瞽”②。积极探索我国古代民间自治性福利制度的发展，充分挖掘民间自我保障、福利供给的潜力无疑具有非常重要意义。由于我国的自治性福利制度发轫于宋代，经过宋元的发展，在明代趋于组织化和完善化，不断走向成熟。但是元代属于少数民族政权统治，政治文化有诸多变动，且存续时间相对较短，因此本书拟对宋、明、清三代自治性福利观念和制度做一个较为系统性的研究，了解过去，以史为鉴，挖掘我国古代传统自治性福利制度的发展思想和制度精髓，藉此反思当前政府主导的社会保障制度所产生的诸多现实问题，为今日中国民间自助和互助的自治性福利方式的兴起提供一些理论依据和经验支持。

---

① 转引自：张文．宋朝社会保障的成就与历史地位［J］．中国人民大学学报，2014（1）．

② 王充：《论衡·谢短篇》。

2 概念界定及文献综述

2.1 概念界定

1）自治

区分“自治”与否的关键在于是否保证了内部事务的自我管理，如果内部事务完全是由自我处理的，则可以称之为“自治”，如果内部事务会受到外部人士或组织的干涉，则不能称之为“自治”。“自治性”表明具有“自治”的特点和性质。西方的“公民社会”起源于城邦文明，体现了公民对自身权利的要求，而中国的“社会”体现了在国家统一权力之下的民间活动空间。①因而在两种社会结构下产生的“自治”含义存在一定的差异。

2）福利

“福利”通常是指“社会福利”，即由国家或政府举办或出资的旨在为特殊群体提供物质帮助或者改善国民物质、精神和健康状态的社会服务组织或制度。本书探讨的福利实施主体不是国家或政府，为了与一般意义上的社会福利区分开，称之为“自治性福利”，即福利是由某一团体自我提供、自我经营管理的，而非受到国家权力的严格控制，因此它与官方福利形成区分。

3）制度

“制度”通常是指通过不断试错，根据“内生的博弈规则”演进出来的诸种规则和行为规范。本书探讨的“制度”更多指的是形成于历史与传统，而不是产生于政府权力强制实施的法律制度。制度通常是以组织为载体而得到具体的实施，两者密不可分。本书未对“组织”和“制度”加以严格区分，多以具体的福利组织机构为例分析福利制度。

综上所述，“自治性福利制度”是源自民间自愿形成的，由民间自我组织、自我管理，制度的具体实施不受政府的直接干预并且能够满足组织内部成员的物质和精神需求的组织制度。自治性福利观念是指影响民间自治性福利组织或机制形成的相关思想理念。

---

① 贾西津．历史上的民间组织与中国社会分析［J］．甘肃行政学院学报，2005（3）．

2.2 文献综述

2.2.1 宋代自治性福利研究综述

第一，对宋代官方福利进行整体概述或者就官方福利某一个或几个方面进行分析。如张文[①]从社会控制的角度研究宋代官方社会福利制度，宋香川[②]探讨了宋代政府对城市居民的救济以及相关福利机构的具体管理运营，王志航[③]梳理了宋代官府的灾害救助思想和措施，李华瑞[④]探讨了宋代的诉灾制度，救灾过程中所实施的检田、检放制度，劝分的救灾措施以及南宋荒政的新发展等。

第二，从整体上或某一个或几个方面对宋代民间福利组织进行论述。如张文[⑤]对宋代民间慈善活动，翟秀娟[⑥]对于我国宋代儒家士绅主导的民间组织——乡约，史江[⑦]对宋代的会社，郝春文[⑧]、卜秋香[⑨]、张晓磊[⑩]、宁可[⑪]等对敦煌地区的社邑以及廖志豪、李茂高[⑫]，邢铁[⑬]，王善军[⑭]等对宋代的宗族自治性福利的典范——范氏义庄制度进行的研究。

第三，对宋代官方福利和民间福利制度进行综合性论述。如漆侠对宋代官府救济和民间慈善事业的比较和分析，吴清秀以贫民这一救济主体为研究

---

① 张文．宋代社会救济研究［M］．重庆：西南师范大学出版社，2001.

② 宋香川．宋代城市的政府救济研究［D］．西安：陕西师范大学，2011：1－50.

③ 王志航．宋代荒政思想［D］．成都：四川师范大学，2012：22－63.

④ 李华瑞．视野、社会与人物——宋史、西夏史研究论文稿［M］．北京：中国社会科学出版社，2012.

⑤ 张文．宋代民间慈善研究［D］．成都：四川大学，2005：1－118.

⑥ 翟秀娟．宋代乡约制度研究［D］．济南：山东师范大学，2012：1－31.

⑦ 史江．宋代会社研究［D］．成都：四川大学，2002：102－107.

⑧ 郝春文．敦煌私社的义聚［J］．中国社会经济史研究，1989（4）：27－29.

⑨ 卜秋香．唐宋时期的邑社［J］．青海师范大学学报，2005（3）：65－68.

⑩ 张晓磊．唐五代宋初敦煌社邑的几个问题［D］．兰州：兰州大学，2011：1－38.

⑪ 宁可．述社邑［J］．首都师范大学学报，1985（1）：15.

⑫ 廖志豪，李茂高．略论范仲淹与范氏义庄［J］．学术月刊，1991（10）：71－75.

⑬ 邢铁．宋代的义庄［J］．历史教学，1987（5）：15－17.

⑭ 王善军．范氏义庄与宋代范氏家族的发展［J］．中国农史，2004（2）：89－94.

对象对宋代官方和民间保障的研究①，庄华峰、谭书龙②对宋代江南地区官方、民间福利事业发展情况的探讨以及李华瑞③对宋代特有的社会救济方式“劝分”的分析。

第四，对宋代福利观念或者救助思想进行分析。如卞国凤分析了范仲淹的民本思想及其范氏义庄的实践。④ 张福运探讨了宋代儒家士绅提出的如“及时与就地赈济思想”、“借贷方式原地安置灾民理念”、运用价格杠杆调剂丰歉与平抑粮价的新方法，“以税收优惠政策引导商人参与赈灾理念”等具体的社会救济观念。⑤

第五，对我国古代社会治理秩序进行探讨和分析。如吴钩从社会自治角度探讨了宋代的宗族、乡约、社仓等带有民间福利性的自治组织⑥；秋风提出我国古代自治性福利发轫于宋代⑦；谭景玉提出宋代乡村中民间组织在功能上是对乡村行政组织的重要支持和补充，并在形成和运转过程中，表现出了向乡村行政组织渗透的倾向，宋代民间组织在国家力量与民间力量的博弈中向前发展，表现出强烈的“官民二重性特征”⑧；钟金雁⑨对宋代东南乡村经济的变迁与乡村治理进行了研究，认为随着宋代东南乡村经济的发展和各种矛盾日益突出，国家和地方官员社会治理措施的失利，以及民间治理措施对国家治理空缺的弥补，“富民”地主阶层开始参与乡村治理，主要是在国家救荒中充当主角。宋代民间更发展出了“义田”“义役”“社仓”等血缘性、地缘性经济合作组织，对于维持宋代乡村经济秩序稳定具有非常重要的作用。

综上所述，对于宋代社会福利研究的文献资料相对比较多，为后继研究提供了比较丰富的研究素材。但纵观以往研究成果，大部分是对官方福利制度进行论述和分析，而对宋代自治性福利组织进行系统研究的相对较少。很多具有福利性质的民间自治性组织（制度）没有得到社会保障界应有的关注，

---

① 吴清秀．宋代城市穷民的社会救助［D］．金华：浙江师范大学，2012：1－72.

② 庄华峰，谭书龙．宋代江南地区慈善事业研究［J］．安徽史学，2006（6）：41－47.

③ 李华瑞．劝分与宋代救荒［J］．中国经济史研究，2010（1）：51－61.

④ 卞国凤．范仲淹宗族福利思想研究［D］．长春：吉林大学，2003：1－42.

⑤ 张福运．宋代荒政思想初探［J］．江西财经大学学报，2010（3）．

⑥ 吴钩．中国历史演进的自由线索［J］．东方论坛，2012（5）：7－23.

⑦ 姚中秋．国史纲目［M］．海口：海南出版社，2013：411－423.

⑧ 谭景玉．宋代乡村行政组织及其运转研究［D］．济南：山东大学，2005：14－157.

⑨ 钟金雁．宋代东南乡村经济的变迁与乡村治理研究［J］．昆明：云南大学，2012：20－168.

从社会自治的视角去关注宋代的民间社会福利的生发运行过程方面的研究更是近乎缺失。

2.2.2 明代自治性福利研究综述

中国古代的自治性福利制度发轫于宋代，发展于明代（逐渐变得组织化），成熟繁荣于清代。① 对明代自治性福利制度的研究主要包括福利观念和自治性福利制度两方面。

第一，自治性福利观念研究。姚中秋提出，当政府设立的救济机构覆盖范围有限、政府机构效率低下时，具有治理天下社会之主体意识的儒家士大夫在推动官方福利体系改革的同时在民间兴办大量的福利机构，形成自治性福利制度。② 朱友渔认为以博爱精神为指导的中国民间自发性救济数量远多于国家对人民的救济，且前者比后者更富有成效。③ 邓云特系统地阐述了中国历代救荒思想，对传统的救荒思想历史延续性进行了分析。④ 王子今等对我国自先秦以来传统的福利思想及其实践进行了梳理，认为传统福利思想对中国福利制度的发展有很大的指导和支持作用。⑤ 陈梧桐认为明初提出的“安民为本”“锄强扶弱”“藏富于民”的主张为明朝的社会福利制度打下了扎实的根基。⑥

第二，自治性福利制度研究。梁其姿对明清两代的善堂善会制度进行了系统的分析。⑦ 慈周认为药局、育婴社、同善会等慈善组织是由地方贤达推动而发展起来的，目的是解决贫富差距导致的社会问题。⑧ 周秋光和曾桂林的研究为明代自治性福利制度的研究提供了丰富的材料。⑨ 关于自治性福利制度专项研究，主要包括会馆、会社、同乡组织、宗族福利等。王宗培考察了中国

---

① 姚中秋．国史纲目［M］．海口：海南出版社，2013.

② 姚中秋．国史纲目［M］．海口：海南出版社，2013.

③ 朱友渔．中国慈善事业的精神：一项关于互助的研究［M］．北京：商务印书馆，2016.

④ 邓云特．中国救荒史［M］．商务印书馆，1937.

⑤ 王子今，刘跃斌，常宗虎．中国社会福利史［M］．武汉：武汉大学出版社，2013.

⑥ 陈梧桐．朱元璋治理乡村社会的理念与措施［J］．江南大学学报：人文社会科学版，2012（9）．

⑦ 梁其姿．施善与教化——明清慈善组织［M］．石家庄：河北教育出版社，2001.

⑧ 慈周．明清时期的民间慈善事业［J］．中国减灾，2005（11）．

⑨ 周秋光，曾桂林．中国慈善简史 M］．北京：人民出版社，2006.

的合会，肯定其互助和救助功能。[①] 窦季良考察和研究同乡组织，指出会馆等同乡组织的福利事业在社会公益和民间救助活动中占重要地位。[②] 方福祥、顾宪法认为会馆与慈善组织具有诸多相似性，肯定了明清时期的公馆会所的福利组织概念。[③] 陈丽华、罗彩云认为会馆具有慈善性质，慈善的经费主要来源于乐善捐资、集资分摊、商人捐输和行业提抽等。[④] 周荣、陈子敬认为同乡组织的壮大及慈善活动是明清时期两湖社会生活的主要现象，同乡组织及其慈善活动成为明清社会保障体系中重要的民间机制，在维护社会稳定的过程中发挥了巨大的作用。[⑤]

第三，关于宗族福利的研究。潘光旦、全慰天对义田问题做了很多有分量的计量统计和实证研究，为义田以及以义田为基础的福利项目的研究提供了丰富的资料。[⑥] 张翔凤认为义庄是官宦和乡绅对宗族进行捐助的主要方式，是宗族保障最主要和最重要的资金来源。[⑦] 常建华考察明代江浙赣地区的宗族制度，认为明代宗族制度有乡约化趋势，宗族的乡约化使得其更加组织化，在基层社会发挥重要的治理作用。[⑧] 周致元认为明代的宗族组织与官府一起承担内容丰富的赈济活动。[⑨]

综上所述，关于明代福利观念，已有研究侧重于考量传统的儒道佛等思想对明代福利制度的影响，但并未深入考察传统的福利思想如何影响民间自治性福利组织制度的发展和运行。对于明代自治性福利制度及其具体运行的研究成果较为丰硕，为进一步研究提供了丰富的素材。但如何在当时广阔的政治经济背景中考量民间福利制度，仍有待进一步研究，进而把握明代民间福利制度的大量出现和发展的逻辑。

---

① 王宗培．中国之合会［M］．南京合作学社，1935.

② 窦季良．同乡组织之研究［M］．正中书局，1943.

③ 方福祥，顾宪法．试论明清慈善组织与会馆公所的关联［J］．档案与史学，2003（12）．

④ 陈丽华，罗彩云．会馆慈善事业述论［J］．株洲师范高等专科学校学报，2003（1）．

⑤ 周荣，陈子敬．明清“移民社会”的同乡组织与社会保障——中国传统慈善事业的内在机制及现代启示［J］．湖北行政学院学报，2009（6）．

⑥ 潘光旦，全慰天．苏南土地改革访问记［M］．北京：三联书店，1952.

⑦ 张翔凤．近代苏州碑刻中的乡绅自治与宗族保障［J］．史林，2003（8）．

⑧ 常建华．明代江浙赣地区的宗族乡约化［J］．史林，2004（5）．

⑨ 周致元．明代徽州官府与宗族的救荒功能［J］．安徽大学学报：哲学社会科学版，2006（1）．

2.2.3　清代自治性福利研究综述

2.2.3.1　清代自治性福利观念方面的研究

自治性福利观念是清代自治性福利制度运行的基石和渊源所在。清代的自治性福利观念包含中国传统的儒家、道家、佛家思想中的慈善观念，《皇朝经世文三编》和《皇朝经世文续编》中的多篇文章记载了清人主张学习西方善举中蕴含的理念，其中包括重视教以工艺，实现“教、养并重”的思想和“别勤惰”的思想。当代学者中，蒋露曾集中介绍嘉道年间经世派官绅的荒政思想、扶贫救弱思想、重视公益事业等慈善救济思想。① 黄燕阐述了洋务派官员的慈善公益思想和实践内容，洋务派官员有意识地从消极的传统救济向积极的预防思想转变，教养兼施、以工代赈成为他们的指导思想。②

2.2.3.2　清代自治性福利制度

清代是中国古代民间慈善事业发展的鼎盛时期③，自治性福利于清代得到了极大发展且形成了其独特的时代特征，国内外的学者对这一点基本达成了一致。早在20世纪初，身为基督徒的朱友渔以英文写成《中国慈善博爱精神》(1911年)，介绍了清代的老人院、恤嫠会、义冢、施棺等各项事业，以及体现互助合作精神的宗族、行会和合会等。在他看来，中国民间的相互救济在数量上远远多于政府对人民的救济，而且卓有成效，正是这些人们的自发结社在城市中创造出了地方自治，将可以成为民主主义国家的基础。同样，现代学者们也给予了清代民间福利事业以极大的肯定，如王卫平认为民间慈善活动的兴盛是明清时期在社会保障事业方面所出现的最大变化。④

按照血缘、地缘、业缘连结纽带的不同，清代的自治性福利组织主要有宗族、善会善堂和行会会馆；根据福利供给主体的不同，清代的自治性福利制度主要是宗族保障制度、善会善堂制度和行业慈善制度。

1) 宗族保障制度

虽然不同于近代概念上的自治，清代宗族活动仍具有自治的性质⑤，清代

---

① 蒋露．嘉道年间经世派官绅的慈善救济思想和活动研究［D］．长沙：湖南师范大学，2012.

② 黄燕．洋务派官员慈善公益思想及实践研究［D］．长沙：湖南师范大学，2012.

③ 周秋光，曾桂林．中国慈善简史［M］．北京：人民出版社，2006.

④ 王卫平，等．中国传统慈善事业的近代转型［M］．北京：群言出版社，2005.

⑤ 冯尔康．简论清代宗族的“自治”性［J］．华中师范大学学报：人文社会科学版，2006(1).

宗族极具独立性和自治性[①]，清代的宗族保障主要是延续宋明以来的传统，依靠宗族内族田、义庄的族产进行福利供给，发挥着其对族众精神福利和物质福利的保障功能。[②] 清代的族田进一步扩大，义庄的数量发展到超过400例，规模得到了空前的扩张，族田的经济功能也得以增强[③]，族田义庄对族人的福利保障更实际、更稳定。在生活救济、教育资助、赡养养老、助役应差、防灾救灾等方面，宗族对其族人的救济形式多样[④]，弥补了官方救济的不足。

学者们对宗族保障的微观研究同样成果丰硕，陈瑞刻画了明清时期徽州宗族的内部救济状况：为维持族人的基本生存，明清时期徽州宗族积极设置义田、义仓、学田、义屋、义冢等开展内部救济，以帮助弱势族众渡过难关；当然在实施族内救济时，许多宗族通过增设惩罚性的附加条件对族人行为加以约束。[⑤] 仲兆宏描述了为适应社会变迁，晚清常州宗族重建或新建地方社会的慈善组织、重建传统教育体系、建立新式教育体系、从事地方社会公共工程的建设。作为一种民间力量，在地方社会事业建设和发展过程中，宗族的长袖善舞留给了历史一抹亮丽的色彩。[⑥] 王卫平着眼于北宋名臣范仲淹首创的范氏义庄自宋至清社会保障功能的演变，指出随着宗族成员的大量增加，义庄收入不敷支出，范氏义庄已从普遍福利原则转而以周济贫困为宗旨，并逐渐增加了对受助族人的道德要求。[⑦] 费成康的《中国的家法族规》的附录部分记录了清代很多宗族的族规族谱，为本书相关部分的写作提供了丰富的史料。

2）善会善堂制度

善会善堂是清代民间慈善的最典型代表。早在1927年，日本学者古家诚一通过对奉天同善堂的考察，写成《奉天同善堂调查报告》，他发现奉天同善堂拥有大量不动产等资产，是可以永远存在下去的综合性慈善机关的代表，

---

① 张研．清代族田与基层社会结构［M］．北京：中国人民大学出版社，1991.

② 卢森机．族田义庄的福利供给和保障功能研究［D］．上海：华东理工大学，2012.

③ 李文治，江太新．中国宗法宗族制与族田义庄［M］．北京：社会科学文献出版社，2000.

④ 刘峰．清代乡村社会保障体系研究［D］．杨凌：西北农林科技大学，2007.

⑤ 陈瑞．明清时期徽州宗族的内部救济［J］．中国农史，2007（1）：86.

⑥ 仲兆宏．晚清常州宗族与社会事业［D］．苏州：苏州大学，2010.

⑦ 王卫平．从普遍福利到周贫济困——范氏义庄社会保障功能的演变［J］．江苏社会科学，2009（2）.

由此认为奉天同善堂是与国家没有任何关系的民间自治机构的代表。① 对清代善会善堂制度做出最深入研究的是日本学者夫马进先生，他的著作《中国善会善堂史研究》深入研究了善会善堂制度贯穿整个清代的来龙去脉，并运用大量史料抽丝剥茧地分析了育婴堂、普济堂等善会善堂与清代政府之间的互动关系。台湾学者梁其姿从文化的角度入手，认为明清时代的慈善济贫纯粹是为了维护一些社会文化的价值，而不是基于经济理性的社会政策，善会善堂是作为整顿社会秩序的策略而出现，清代善会善堂的发展离不开社会精英对伦理秩序苦心孤诣的捍卫，施善行为与教化目的紧紧联系在一起。② 中国大陆的学者们所开展的善会善堂研究更为具体、微观。刘瑞芳通过对清代直隶慈善事业的起源、经费来源和经营状况进行探索，发现其官倡绅办的显著特征，并窥见在慈善事业中乡绅社会地位的增强。③ 王卫平、黄鸿山以清代苏州的育婴堂、普济堂、广仁堂和丰备义仓为例，梳理并对比了它们在清代前期和后期的管理方式和收入来源，研究发现：清代前期苏州慈善组织中存在着一种“官民合作”模式，但官方处在更强势的地位，晚清时期并没有改变“官民合作”模式，“社会”并未独立于“国家”④，所以，慈善组织并不能被视作近代中国所谓的“公共领域”。

3）行业慈善制度

清代的行会、会馆也发挥着一定的慈善功能。早于20世纪初，步济时以社会学理论和方法调查北京的行会，其中就谈到了行会慈善事业的普及，虽然调查的时点是1926—1927年，但大部分行会的慈善事业早在清代起就已经开始。王日根将会馆置于中国传统社会政治、经济、文化变迁的大环境中，考察会馆的演进、功能和文化内涵，他多次提到，“义举”、互助是这种自发性的社会组织的基本功能之一。⑤ 陈丽华概述了会馆是中国传统慈善事业的重要组成部分。⑥ 吴钩在厘清中国历史演进的自由线索时，注意到晚清绅商领导下的会馆、公所、行会、商会等，已不仅仅是行业内部自治的机构，广泛介

① 夫马进．中国善会善堂史研究［M］．北京：商务印书馆，2005：11.
② 梁其姿．施善与教化——明清时期的慈善组织［M］．北京：北京师范大学出版社，2013.
③ 刘瑞芳，等．从地方志看清代直隶的慈善事业［J］．社会学研究，1998（5）.
④ 王卫平，等．清代慈善组织中的国家与社会［J］．社会学研究，2007（4）.
⑤ 王日根．中国会馆史［M］．上海：中国出版集团东方出版中心，2007.
⑥ 陈丽华，等．会馆慈善事业述论［J］．株洲师范高等专科学校学报，2003（1）.

入了城市的公共治理，参与了管理福利机构、筹集福利金等活动。[①] 微观研究方面，张少婷对山西会馆慈善事业的兴盛悉心刻画，为我们展示了病老救济、失业救助、助学济困、购置义地等山西会馆慈善活动的主要内容。[②] 此外，由苏州历史博物馆、江苏师范学院历史系和南京大学明清史研究室合编的《明清苏州工商业碑刻集》（1981 年）为会馆互助研究提供了丰富的原始史料。

4）其它民间自治性福利制度

除了以上自治性福利制度，清代形形色色的合会也是出于互助的目的而自发建立，晚清的义赈组织打破了传统宗族的救济观念和地域界限，开始向现代意义上的慈善过渡[③]，清代社会精英们组织的民间救济也得到了人们的赞许和称道。日本星斌夫教授在其专著《中国社会福利政策史的研究》（1988）中认为社仓和义仓的民间色彩为研究中国封建社会的地方社会“自治”提供了一个饶有兴味的事例。

陈宝良在其著作《中国的社与会》中详尽介绍了源于互助理念的合会及其在现实中的互助功能。靳环宇从社会环境、历史地位、内部结构和领导群体的社会理想等方面介绍了晚清义赈组织，指出义赈慈善家有条件的利他主义行为才保证了中国近代民间慈善公益事业的迅速发展。[④] 李联周进一步描述了晚清义赈救灾思想的来源，不仅有中国数千年传统救济思想的积淀，同时也吸收了西方救灾中的先进做法，将西方救济理念与中国实际相结合，思想上从传统的慈善观向近代公益思想转变，为中国的社会救助事业在 19 世纪末注入了新鲜的血液。[⑤] 此外，社会精英的民间救济在清代也十分耀眼夺目。邵峰将目光投射到 1644—1875 年间的广东绅士，对广东绅士阶层热心公益活动的现象及其原因进行了详细探讨。[⑥]

综上所述，清代是我国传统社会民间福利事业发展的顶峰时期，加之在新的时代形势下，受社会经济变迁和西学东渐的影响，也产生了诸多新的福利思想和观念。而学者们对清代民间福利和观念的研究所取得的成果都颇为丰厚，在国内外已经形成多部专著和大量研究成果，其中很多研究史料详实，

① 吴钩．中国历史演进的自由线索［J］．东方论坛，2012（5）．

② 张少婷．清代山西会馆慈善事业研究［D］．兰州：西北师范大学，2012.

③ 王俊秋．中国慈善与救济［M］．北京：中国社会科学出版社，2008.

④ 靳环宇．晚清义赈组织（1876—1895 年）研究［D］．长沙：湖南师范大学，2004.

⑤ 李联周．晚清义赈救灾思想探究［D］．芜湖：安徽师范大学，2011.

⑥ 邵锋．论 1644—1875 年间广东绅士阶层的社会公益活动［D］．广州：暨南大学，2000.

研究深入细致，然而他们关注的视角仍然更多的是在福利或者慈善方面，缺少了从民间精英群体自主创办这一自治视角来加以考量。

3　研究内容与方法

3.1　研究内容

本书的研究内容包括如下五部分：第一部分为导论。第二、三、四部分鉴于宋、明、清自治性福利和思想的不同时代特色，分上中下三个独立篇章深入剖析宋、明、清自治性福利观念和制度。第五部分探讨宋、明、清三代近千年来的自治性福利观念和制度所呈现出的发展趋势和共性特点；评价自治性福利制度在我国传统社会中所起的作用和所占的地位；探究三代自治性福利制度和官方保障发展之间的关系，以及探讨在当今新的时代背景下，应该如何把握自治性福利制度的定位，如何发展当代的自治性福利制度等问题。

3.2 研究方法

1）文献研究法

钱穆先生说，“后人欲求历史智识，必从史料中觅取，若蔑弃史料而空谈史识，则史者非史，识之无识”①。为了使本研究能够较为真实地反映宋、明、清三个朝代自治性福利的发展状况，本书结合了大量原始资料和二手资料进行研究。不仅在国家图书馆古籍馆查阅了不少有关古代自治性福利的原始史料，同时阅读了很多今人对此问题的研究成果。

2）理论分析法

本书的研究在尊重历史事实的基础上，不局限于政策制度一时的利弊得失，以历史的发展的眼光对宋、明、清三个朝代自治性福利制度做了一个长时段的考察。同时对自治性福利观念和制度的研究以朝代为划分依

① 钱穆．国史大纲［M］．商务印书馆，1940：2.

据，分为宋、明、清三个独立的篇章，由此可以窥见不同朝代各自的特色，同时本书在最后一篇对三个朝代的自治性福利观念和制度做了一个整体的概括总结，以期找到民间自治性福利发展过程中超越时代的发展规律和思想精髓。同时，在研究中，以搜集到的史料为基，将相关的政治哲学、社会学等理论融入对问题的分析中，从而试图挖掘宋、明、清自治性福利制度产生的深层次原因，找出自治性福利制度得以产生和发展的本质和精髓，以期对社会保障在理论和制度上有所贡献。

上篇

宋代自治性福利观念和制度研究

宋人对于民间慈善活动的关注超过了以往任何时代，在民间慈善活动的内容上也远远超过了前代，而这些广泛的民间慈善活动正是明清时代民间慈善组织化之源。[①] 如义庄制度，不但造就了明清时期宗亲慈善组织，还直接影响到民国时期的中国乡村社会。明清时期广泛流行的善会、善堂制度，在两宋时期都能找到源头，只是那时多为慈善活动，尚未形成正式组织罢了。[②] 本书仅关注在宋代已经形成正式组织的民间自治性福利制度或者具有慈善性质的民间自治性组织。限于篇幅，对于宋代种类众多的民间慈善活动不再予以考察。为了能够更好地从长时段来反映宋代自治性福利制度的发展变化趋势，把研究范围设定为南宋和北宋两朝，也包括当时与北宋并存的汉文化政权——归义军统治区，但不包括当时并存的周边少数民族政权。

本篇的结构如下：第一章阐述宋代自治性福利制度产生的社会背景；第二章探讨宋代自治性福利产生的思想渊源和观念；第三、四、五章分析宋代自治性福利制度，分为基于血缘关系的敬宗收族制度、政府推广型的福利组织制度、地域性自治性福利制度三种类型；第六章考察宋代自治性福利制度生发的机理及对我国当前构建自治性福利组织所具有的借鉴意义。

研究认为，宋代自治性福利观念和制度产生有其深刻的历史背景。宋代社会经济结构的剧烈变迁加剧了基层百姓的生存风险，从而使百姓产生了福利需求；同时由于五代十国以来基层社会秩序混乱，统治者为了维护统治秩序，人心思治，产生了社会治理需求；而宋初政权无力对民间社会进行直接干涉和管理，民间社会出现了权力真空，留在民间的新兴儒家士绅便主动承担起了这一使命。尽管在宋代官方福利水平较高，体系较健全，然而却以城市为限，广大农村人口尽管存在诸多生存风险，但政府对其只是实施突发性的灾害救助，却缺少常规性社会救助。地方官员由于行政体制限制也无力单独兴办基层社会福利事业。因此，在宋代“重科举”和“以文治国”的宽松文化氛围中成长起来的儒家士君子积极投入到民间公共事业的建设中，在提供给民众社会福利的同时，一定程度上也改善了基层社会秩序。当然，除了儒家士君子主导之外，在民间社会不同群体或行业的人根据自身的实际需要也纷纷自发建立起具有福利互助性质的组织团体来应对生活中的个体难以承

① 张文．宋代民间慈善研究［D］．成都：四川大学，2005：112.

② 张文．宋代民间慈善研究［D］．成都：四川大学，2005：112.

担的诸多风险。

儒家思想对自治性福利制度的产生与发展影响最为深远。儒家的“仁”为儒家士君子和民间从事慈善互助活动提供了理论支持，“礼”为民间兴办自治性福利组织提供了一种规则秩序。宋代新兴的儒家士君子正是基于仁爱思想而心生利民之心，基于礼制思想而心怀重建基层秩序之梦，宋代的敬宗收族思想以及宋代的礼学思想无不是传统的“仁”“礼”思想的具体化和拓展。此外，在宋代多元开放的文化政策下，佛教、黄老与道教思想也对宋代各阶层群体都产生了不同程度的影响，使整个社会逐渐形成一种向善和互助的道德意识和生活方式，为民间自治性福利制度的发育提供了深厚的土壤。

组织制度的主要不同特色，宋代自治性福利制度主要分为三类：

第一，宗族自治性福利制度，其代表性制度是宋代“敬宗收族”制度和范氏义庄制度。敬宗收族制度在宋初即为儒家士君子所倡导，直到南宋朱熹修正和完善才最终走向定型。敬宗收族制度的创建与发展，对于统治者和儒家士大夫是维护基层社会治理的一种有效方式；对于单个宗族组织，既是宗族确保自身繁荣昌盛，万祀流长的理想要求，也是落后的个体小农经济联合起来共同抵抗风险的现实需要。具体而言，它是以族内成员祭祀和尊崇同一祖先为精神纽带，以宗族伦理的礼教为管理方式，以族产临时救济或族人互助为联合手段而组成的民间自治性制度，构成了真正的宗族福利义庄体系孕育和发展的基础。范氏义庄制度是北宋时期由深受传统宗法思想和儒家思想影响的范氏父子创办的，是对敬宗收族制度在宗族福利提供方面的系统化拓展，其福利内容包括为族人提供免费物资供给的义庄，为族内子弟提供义务教育的义学，为族内孤苦无依、没有住宅的成员提供免费住宅等一套健全的福利供给制度。义庄的运行管理体现的民主推举、权力的监督与制约、资产投资运营和绩效考核等管理经营理念是后世义庄学习的范例，也对我国当前自治性福利组织的发展富有启示。

第二，局域性的自治性福利组织，其中以敦煌私社和吕氏乡约为典型代表。敦煌私社是唐末五代十国宋初时期在敦煌地区由民间百姓自发参与组织的多种自治性活动团体，因结社目的不同而功能各异。就社会福利方面而言，主要以从事丧葬互助为主，也有的社邑兼具婚嫁、建房等互助功能。与宋代其他自治性福利组织制度相比，敦煌私社缺乏儒家士绅阶层的主导与构建，而主要是当地民众基于传统而自发组建的。除了敦煌私社所具有的互助共济功能之外，它在长期发展演化中形成的权利与义务对应性、效力履行的契约精神、组织内部相对健全的民主与自治机制都是非常值得后人学习的。局域性自治性福利制度的另一个典型代表是吕氏乡约组织。它由北宋礼学家吕大钧首创，其目的是以儒家理念重建基层社会秩序，其患难相恤条款虽具有福利性，但更多的是儒家道德理念对个体行为的约束与要求。乡约组织虽然体现一定的自治性质，然而因儒家士绅的优越心理和教化民众的性质使其并没有形成健全的监督机制。乡约亦因其“越权”行为而遭到宋代统治阶级的冷遇，在两宋时期并未得到很好推广，然而却对后世的乡村治理产生了重要影响。

第三，政府扩展型自治性福利组织，其中以义役与社仓制度为代表。义役制度产生在南宋初期，是以各地乡绅为首的民众为了应对政府繁重的差役负担而组成的风险分散团体，众多承役人通过联合出资买田并以田亩收入帮助在职役人度过官府的服役期。义役制度从建立到管理运行都体现了一定的民间自治性，并获得南宋政府下诏推广。但在发展过程中也存在缺乏对管理人员的监督，以礼制为主、缺乏法治，政府干预失当等弊端，并因其源于民众实际需求和一定程度的自愿性使义役在发展中表现出“边建边败”的现象和“喜忧兼半”的实际效果。社仓组织是以粮食作为资本，面向乡里百姓，特别是贫民提供的非营利性质的小额借贷，以保障农民顺利度过青黄不接之际、灾荒之时，其救荒效果显著，在很大程度上弥补了农村地区官方保障的不足，是乡村自治性福利组织发展的有益实践。然而社仓组织也因制度设计中缺乏对管理人员的监督，加之官督民办性质，在制度的长期发展中出现了社仓主持人与不法官员相勾结的现象，使社仓在借贷发放过程中出现了不公、贪污腐败等现象，一定程度上破坏了社仓的发展。

研究发现，自治性福利制度的存在受时人的内在需求，历史传统，宋代儒家士绅及社会各群体的福利观念以及自治性福利制度自身的特有优势等影响；自治性福利制度构建要秉持认知理性，做到遵循传统与满足人们现实需求并重；政府要为民间自治性福利制度提供良好的发展环境。制度的运行要做到制度建设礼法并重；组织内部成员要具有独立意识，并基于平等的身份参与福利组织的治理；注重健全组织机制和资产增值，等等。

1 宋代自治性福利制度产生的社会背景

影响宋代自治性福利制度发展的主要因素是宋初的社会经济状态、社会保障发展状况、地方政府的治理能力、自治性福利制度的发起人等因素。

1.1 社会变迁产生的治理需要与福利需求

由于宋初上承五代十国混乱局面，社会经济结构的变迁加剧了基层百姓的生存风险，一方面民间百姓的生存风险对社会提出了福利需求，另一方面宋代政府也需要新的治理方式来稳定社会秩序。因此，具有先觉意识的儒家士君子基于改善自身的现状、维护家族持续发展的现实需要或者基于重现“三代”之治的理念积极投入到民间自治性福利制度的建设中，在提供给民众社会福利的同时，一定程度上也改善了基层社会秩序，起到稳定社会的作用。事实上，满足百姓福利需求即是重建社会秩序的一种表现形式，重建基层社会治理秩序也可以福利的供给为手段。

1.1.1 宋初社会亟需产生新的基层治理方式

到唐末五代十国期间，藩镇割据，军阀混战，武夫称雄；前代宗族形态赖以生存的九品中正制和庄园制崩溃了，在历史上存在了数百年之久的门阀宗族制已走到末路。宗法关系紊乱、宗族观念淡化已经是社会普遍现象，基层社会失去了宗法制度的自我管理和维护，社会走向了涣散无序状态，被称之为“礼废乐坏”的时代。[①] 统治者重武轻文，漠视礼乐教化，甚至穷兵黩武。两千年来儒家的伦理纲常观念对人们的约束已经大大松弛。出于功利目的，社会上广泛流行着收养假子的风气，“臣弑其君，子弑其父”在当时已经是见怪不怪的现象。因此，后人认为五代十国期间处在“自古未之有”的“乱极”社会中，“君君臣臣父父子子之道乖，而宗庙、朝廷、人鬼皆失其序”[②]。

---

① 韦宝宏．士绅与宗族制度论略［D］．兰州：西北师范大学，2004：6.
② 韦宝宏．士绅与宗族制度论略［D］．兰州：西北师范大学，2004：7.

北宋建立之初，五代十国的混乱的社会局面没有得到根本改观，社会信仰价值系统还很松散和盲目。[①] 社会的宗法伦理道德和礼法观念已淡漠至极，基于血缘关系的人间情义几乎荡然无存。尽管宋代统治者采取一些政策试图改变这种局面，但效果不佳。因此，如何维护传统的儒家文化？如何使基层社会秩序化？这成了摆在封建统治者和儒家士绅面前的重大问题。[②] 因此，一些儒家士绅以提供民间自治性福利为手段借以维护基层社会秩序。

1.1.2　社会经济结构变化加剧了社会福利需求

由于宋代商品经济的发展，商品货币关系不断侵蚀世家大族式家族，改变了其传统生活轨道和观念，促使它内部发生剧烈的分化。[③] 地主阶级内部士庶身份等级界限的泯灭和商品货币关系的冲击，改变了世家大族凭借自己的血缘关系和门第高贵而取得富贵的局面。[④] 一些世家大族迅速没落，族众各奔东西，外出谋生，导致家族的瓦解。于是，在宋代社会形成了许多聚族而居的个体小家庭。另一方面，在宋代，官府不再授田给农民，实行了“不立田制”“不抑兼并”的土地政策，农民又要缴纳比较繁重的赋税，形成了一种“贫富无定势，田宅无定主，有钱则买，无钱则卖”的趋势。而在唐代两税法实施之前，我国历代政府的土地政策采取井田制或者均田制，官府保证每个人分得最低限度的土地，并对土地买卖政策做出限制，年老身死，土地归还官府，这会使每一个人依靠拥有土地使用权获得最低限度的保障；而宋代实施的自由土地流转制度尽管增加了农民的人身自由，但也会存在贪官豪吏们伺机兼并土地，从而使一些遭遇灾害、不善经营的农民失去最低限度的保障；加之商品经济的发展，战争的频繁使许多农村贫困人口逃向城市谋生发展，出现了大量的城市贫民人口，社会贫富也明显分化，乃至产生了一个庞大的贫困群体。因此，基层社会亟需产生一种新的福利供给方式帮助百姓应对生活中的诸多风险。

---

① 韦宝宏．士绅与宗族制度论略［D］．兰州：西北师范大学，2004：6.

② 韦宝宏．士绅与宗族制度论略［D］．兰州：西北师范大学，2004：8.

③ 徐扬杰．中国家族制度史［M］．武汉：武汉大学出版社，2012：268.

④ 徐扬杰．中国家族制度史［M］．武汉：武汉大学出版社，2012：268.

1.2 中央集权体制下官方福利供给的城乡失衡

宋代在我国福利发展史上无疑具有重要地位，吴钩称宋代俨然具有今天西方的“福利国家”气象。[①] 若按照当时生产力发展水平而言，宋代是当之无愧的福利国家。然而随着两宋时期商品经济的空前发展，出现了城乡不同户籍制度的二元分割管理局面，官方设立的救助机构覆盖范围多以城市为限，难以覆盖乡村基层民众。尽管在宋代乡村基层存在灾荒救济，但只是临时的突发事件救济，并且由于政府机构普遍存在效率低下的问题，比如面对乡村灾荒，政府官员逐级请示，难免耽误救荒最佳时机。[②] 因此，广大乡村地区俨然被排除在“福利国家”之外，在那里除了少许的仓储之外几乎是福利的真空地带。产生上述问题的主要原因在于宋代中央集权的政治体制。宋代的官方福利虽然借助于路、州（府）、县地方政府负责管理，但实质上是由中央政府主导，而对于县级行政单位以下的广大乡里地区尽管有一套救灾政策措施，却缺少常规性社会福利制度。

1.2.1 中央集权下的官方社会福利

1.2.1.1 中央政府主导下的官方社会福利

宋代社会福利机构设置的权力在中央机关“户部”，它是隶属于中央政权直接领导的最高级行政管理机关。[③] 户部中专门负责社会福利机构的高级官员有右曹侍郎，其职权范围之一是：“曰常平，掌常平、农田水利及义仓振（赈）济，户绝田产，居养鳏、寡、孤独之事。”其中以常平仓、义仓、广惠仓、常平息钱为主的常平系统是除了府库直拨之外的官办慈善机构的重要经费来源。[④] 宋代的“提举常平司”“提举常平茶盐司”“转运司”等是路级管理机关。在宋代实行朝廷、府州、县三级政制，但在朝廷与府州之间设置路，“路”尽管类似于后代的“省”，但是虚置机构，实质是中央派遣的在特定归属区巡视的特使，代表着中央的权力和旨意。具体而言，提举常平司是户部

① 吴钩．重新发现宋朝［M］．北京：九州出版社，2014：36.
② 姚中秋．国史纲目［M］．海口：海南出版社，2013：423.
③ 叶恩典．宋代泉州社会福利机构及其运作状况钩沉［J］．海交史研究，2004（1）.
④ 谭书龙．宋代官方慈善机构管理初探［J］．社会科学辑刊，2005（4）.

右曹侍郎具体管理社会福利项目。按照朝廷的规定，其职责是“掌常平、义仓、免役、市易、坊场、河渡、水利之法，视岁之丰欠而为之敛散，以惠农民……”，在熙宁初期（1068—1077 年），诸路皆设提举官。而“提举常平茶盐司”主要掌管“摘山煮海之利，以佐国用”，并对“州县不加恤者，皆劾以闻”。

南宋中兴以后，政府下诏提举常平茶盐司与常平司合一，遂并行两司之事，也掌常平、义仓、免役之政令。另外，尽管宋代的转运司并不是直接的社会福利机构，但却在一定程度上控制着地方社会福利机构的基金预算。总体而言，转运使是中央计司派往地方的特使，相当于理财官，除掌握一路或数路财赋，调节中央财富与地方财富的关系，监察地方官吏之外，还起着为常平司拨调资金的职能。这种中央政府主导的社会福利设施主要集中在宋代都城或者特大城市。在熙宁五年（1106 年），中央政府诏令在全国推行居养院、安济坊、慈幼局和漏泽园等，这些福利机构开始普及到各州县，由州县两级行政长官负责，但多由中央出资委托地方官员设置和代管，但广大农村地区仍然缺少常规性社会福利救助机构。当然到南宋时期，随着地方政府的行政权力逐渐扩大，也积极创办或者支持儒家士绅兴办本地区基层社会福利机构。可见，宋代的社会福利机构主要由中央政府主导，福利的范围主要以城市为限。

1.2.1.2　地方政府无力兴办基层社会福利

北宋经过逐步的改革，地方的军权、人事权、财权都收归中央，此外还统一了地方律例，对地方政府的诉讼司法权进行监督审核，以文官任知州、知县等，这使地方再也无力对抗中央政府。因此，地方政府通常无力兴办基层社会福利，这主要体现在如下两方面：

1）地方政府无兴办社会福利事业的财力

唐末五代以来，各地藩镇的财政收入多自己留充军费，很少上交朝廷。宋建国后，为根除藩镇割据，巩固统一政权，对地方财政等实行着严密的监督。[①] 南宋叶适说：“太祖之制诸镇，以执其财用之权为最急。”遂为夺藩镇财权采取一些列措施，如规定各地财税收入除留本地经费外，全部上缴。各路、各州理财官员由朝廷直接任命，凡担任藩镇官即节度使以下至刺史者一

① 王红信．再说宋代转运司［J］．史哲争鸣，2010（17）．

律不管理财政方面的事物，这就完全剥夺了藩镇涉足财政的权力。[①] 故宋人说地方“一毫所赋皆归于上而仰给焉”，路、州、县不过是统一财政的三个管理层次。[②] 这种体制的正常运转有两个基本要求：一是朝廷必须充分了解地方的财政收支状况，征调要适当；二是当地方需要财赋时朝廷能及时调拨。[③] 而实际上朝廷未必全面了解每个地方的人口、经济、农业发展的实际情况，因此往往会有不适当的征调。而由于朝廷和地方权力的不对等性，往往出现层层下压的局面。据时人称：“户部督州郡，不问额之虚实，州郡督县道，不问力之有无。县道无所分责，凡可凿空掠剩，贼民而害农，无所不闻。”[④] 也就是说，在地方政府不能掌握一定财权的情况下，很难结合本地实际情况来做事。对此，钱穆先生曾指出，宋代“中央集权过甚，地方事业无可建设”[⑤]。

2）地方官员行政权受限，无力兴办基层社会福利

宋代经过逐步改革，形成了路、州（府、军、监）、县三级普设的正式政区的复杂结构。[⑥] 全国各个州（府、军、监）行政组织同时受多个上级机构及多个上级首长指挥、控制和监督。由此，中国开始了一个高层政区有多个行政组织、一个组织有多个长官并立且分权的分离制时代。[⑦] 基本上每个官员的权力都会受到其他官员的制约和监督。这种政出多头的局面使一些下层官员疲于应付诸多上级而无暇顾及公事；另一方面由于一位居多人的现象，也会使一些地方官员推卸公事责任，出现相互扯皮的现象。即使有些官员试图实施地方公益事业也因上级财政拨款不及时或不到位而窘迫难行，官员上任后对社会公益事业总是感到心有余而力不足。此即“有司居济人之位而政不及焉，或牵之也”[⑧]。此外，尽管宋代的地方行政结构复杂，但是宋代正式的地方行政级别止于县，县级以下并没有正式的行政官员对当地百姓实施直接管理，而主要是借助于当地胥吏、轮差差役进行协助治理。也就是说，宋代

---

① 漆侠．辽宋西夏金代通史：社会经济卷（下）［M］．北京：人民出版社，2010：517.

② 漆侠．辽宋西夏金代通史：社会经济卷（下）［M］．北京：人民出版社，2010：541.

③ 漆侠．辽宋西夏金代通史：社会经济卷（下）［M］．北京：人民出版社，2010：541.

④ 宋燕鹏．试论南宋士人参与地方公益的外在动因［J］．宋史研究论丛，2013（12）.

⑤ 钱穆．国史大纲［M］．修订本．北京：商务印书馆，2013：308.

⑥ 漆侠．辽宋西夏金代通史：典章制度卷［M］．北京：人民出版社，2010：126. 宋代的三级行政区划路、州（府、军、监）、县也分别被称为“高层”政区、“统县”政区、县级政区。

⑦ 余蔚．完整制与分离制：宋代地方行政权力的转移［J］．历史研究，2005（4）.

⑧ 宋燕鹏．试论南宋士人参与地方公益的外在动因［J］．宋史研究论丛，2013（12）.

政府的行政结构出现了“管官的人多，管民的人少”的现象，除了财政原因以外，由于县级基层行政机构人手不够，也使地方政府建立官方基层福利组织制度不具备现实性。

1.2.2　官方福利供给的城乡失衡

1.2.2.1　宋代城市社会福利比较发达

在中国古代发展史上，宋代的经济发展可谓是一个高峰，宋代的农业、手工业和商业都得到了空前的发展，因此产生了大量的粮食剩余和商业税收，为宋代政府举办官方福利制度提供了物质基础。随着宋代商品经济的发展，宋代城市数量也大幅增加，镇邑如雨后春笋般涌现，大量外来人口涌到城市使城市贫民的数量也大量增加。为此，标榜以“仁孝治国”的宋代政府在城市建立了一套覆盖面较广的福利救济体系：赈灾方面有常平仓、义仓等，其实官府所设的各种粮仓均承担赈灾的功能，当然主要集中于各个州县；政府也设立了救助福利机构，中央政府设立的福田院属于综合性福利机构，救济老穷孤疾丐者；居养院收养鳏、寡、孤、独、癃、老、疾、废、贫乏不能自存之人；安济房与居养院功能一样，但安置医生，提供免费治疗；漏泽园提供棺柩，瘗埋贫不能葬，毙于道路之人。[①] 南宋中央政府又增设养济院，与居养院、安济房功能相近；慈幼局收养遗弃婴儿，药局为贫民提供免费治疗；[②] 南宋的州县还设有“举子仓”，由地方政府向贫家寡妇发放救济粮。[③] 尽管宋代的地方政府也设置了种种救助，然而在县级以下的广大乡里却缺少常规性社会救助。此外，宋代官方主导的社会福利随着政府财政亏空而日益难以为继。宋代政府由于冗官、冗兵、军费、战争赔款、皇族开支等诸多支出使政府财政亏空日益严重，官方福利体系日渐捉襟见肘，难以为继。因此，在宋代，尽管政府保障居于主导地位，然而随着政府财政日见不足，更多的需要依靠民间力量。[④]

1.2.2.2　宋代乡里缺少常规性官方社会福利机构

两宋期间，县级以下农村的官方常规性保障仍显空白。广大乡村除了少

---

① 姚中秋．国史纲目［M］．海口：海南出版社，2013：423.
② 姚中秋．国史纲目［M］．海口：海南出版社，2013：423.
③ 吴钩．重新发现宋朝［M］．北京：九州出版社，2014：37－38.
④ 漆侠．辽宋西夏金代通史：社会经济卷下［M］．北京：人民出版社，2010：634.

许的仓储和政府的突发灾害救济之外，没有对贫民持续的官方救济。据《宋会要辑稿》记载："自来官中赈济，多止在城郭，而不及乡村。"① 于是，民间慈善和互助填补了政府保障的空白，对社会稳定发挥着积极的作用。② 到北宋末，随着金军南侵，财政也濒临崩溃。③ 而南宋初期，由于北宋时期聚敛的财富为金军所获，宋廷几无财赋储备，甚至以大城市为中心的官方福利制度也由于财政的原因变得捉襟见肘。民间基层自治性福利制度逐渐由北宋时的补充性作用变得更加重要，广大乡村的救济多由民间完成。对此，宋高宗也承认："近世救济，止及城郭市井之内，而乡村之远者未尝及之。"④ 宋代仍然是以农业为主的，农村人口占有极大比例。漆侠先生在《宋代经济史》中估计，北宋时期……全国城市人口比重约占全国总人口的12%，而美国华裔学者赵冈先生则认为这一比率可高达20%。⑤ 即使南宋时期城市人口超过这一估算比例，在人口众多的广大偏远农村地区，官府的救济仍然远远不够。

1.3 儒家士绅阶层成为自治性福利的主导

宋代倡导"以文治国"、重科举和优待儒家士人，经过三代的孕育，到仁宗朝已经成长起一批儒家士君子群体。他们既治学、修身，拥有严格的道德自律感、宽大的胸襟，同时又忧国忧民、兼善天下，表现出强烈的"以天下为己任"的信念和"仁以行道"的入世精神。面对宋初以来的基层社会失序、礼崩乐坏，贫富差距加大，一些底层百姓面对赋役之苦、生存危机时，"身处江湖之远"的儒家士君子们积极投身于社会治理和民间公益事业中。儒家士君子阶层的觉醒对社会易风化俗、重建秩序以及推动民间自治性福利组织的建立与发展无疑起着中流砥柱作用。

1.3.1 儒家士绅阶层的发展壮大

尽管宋代地方权力极度缩减，中央集权得到了空前加强，但这并不简单

---

① 孙丰琛．宋朝乡村社会保障对象研究［D］．重庆：西南大学，2013：12.

② 孙丰琛．宋朝乡村社会保障对象研究［D］．重庆：西南大学，2013.

③ 漆侠．辽宋西夏金代通史：社会经济卷下［M］．北京：人民出版社，2010：537.

④ 转引自：漆侠．辽宋西夏金代通史：社会经济卷下［M］．北京：人民出版社，2010：634.

⑤ 转引自：郭学信，张素英．宋代商品经济发展特征及其原因分析［J］．聊城大学学报：社会科学版，2006（5）.

意味着皇权专制与黑暗，相反宋代相对来说是一个政治比较清明的朝代。对此，姚中秋指出：“赵氏之取得治理权，实乃中国历史上最为平和而体面者。”[①] 钱穆先生也指出：“宋代制度之缺点，在散、在弱，不在专与暴。”[②] 经过中唐以后之藩镇割据，五代之王朝变换，人心思治。宋太祖生逢乱世，深感于社会尚武，礼崩乐坏，兵骄将悍，人主废立无常的社会现状，即位后即采取一系列措施。

一方面，宋朝政府兴办教育，扩大科举取士规模。凡进士及第，即可获得优差，这一点刺激了文教事业高度发达，尊崇文化开始逐步成为社会风气。在仁宗朝，政府下诏各州县立学，并且在科举制的刺激下很多官宦人家也自行兴办教育，民间私塾也日益繁盛，这些都为士君子阶层的发育提供了良好的社会环境，到宋徽宗时期，24 路共有学生 16 万多人。[③] 而据傅璇琮统计，两宋共举行 118 榜科试，每种科试登科人数，以文科而言，当在 10 万人以上。即以进士而言，有 4.2 万余人，平均每科录取人数为唐朝的 18 倍，也多于明清两朝。[④] 尽管不能说凡接受儒家经典教育，科举考试获得成功者即为儒家士君子，但儒家士君子又确实来源于这一群体，他们是这一群体中具有独立人格、道德操守和治世理想者，必定会随着该群体的发展而壮大。

另一方面，宋代确立了皇帝与士大夫共治天下的格局。皇帝与士大夫共治天下，这是宋仁宗以后政治之基础性理念，儒家士大夫均具有明确而坚定之共治意识。[⑤] 范仲淹在《奏上时务书》中提到“先王建官，共理天下”；文彦博认为，“君王当与士大夫共治天下”，并得到宋神宗的认可。而使宋代君臣共治的原则得以维持的是宋代所实施的一系列“根本原则”[⑥]。太祖誓约中规定，“誓不诛大臣、言官”。并确立了“道理最大”“以规则治国”等一系列行政惯例、规则和程序，构成了宋朝的“祖宗之法”；士大夫通过“经

① 姚中秋. 国史纲目［M］. 海口：海南出版社，2013：364.
② 钱穆. 中国历代政治得失［M］. 北京：九州出版社，2012：81.
③ 姚中秋. 国史纲目［M］. 海口：海南出版社，2013：413.
④ 叶烨. 北宋文人的经济生活［M］. 南昌：江西出版集团·百花洲文艺出版社，2008：32.
⑤ 姚中秋. 国史纲目［M］. 海口：海南出版社，2013：384.
⑥ 姚中秋. 国史纲目［M］. 海口：海南出版社，2013：384.

筵"[1]"公议"[2]"台鉴"[3]等途径与皇帝共定国是，践行着共治天下的理念。

在文治的政治气氛中，士大夫群体得以相互砥砺，从容成长。到宋立国60年后的仁宗时代涌现出一批具有强烈道德理想主义精神的士大夫。随着教育规模的扩大，读书人数的增多，政府机构容纳不了众多举试人才，于是他们便纷纷留在民间，为基层社会的治理注入人才资源和新鲜血液。

1.3.2 儒家绅士成为民间自治性福利的主导

"士大夫居乡者为绅。"[4] 绅也就是缙绅，是专指那些有官职科第功名居乡而能得到乡里敬重的人士。[5]"士"则不同于在春秋时期进入某种政体中服务的职业士，而更多的是指孔子所提倡的"道义士"，在"职业上尽其行道守义之更高精神"[6]，其所为道，上则从事政治，下则从事教育，应该是只为大群着想，不为一己着想。[7] 因此，除了取得一定的科举功名外，士人最主要的是应有理想、有抱负、有修养、有品德。钱穆先生指出，这些人"因其处而在上，后世连称之曰'士大夫'；因其处而在下，后世连称之曰'士君子'"[8]。所以，理想的绅士应该具有儒家理想中的君子的责任与担当。本书将这种有担当的君子称为儒家士君子或者士绅，把居乡之士称为"乡绅"。

总之，在宋代由于中央财政入不敷出，地方财政供应不到位、地方官员权力受限等因素，一些地方公益事业在某段时期内出现真空。另外，"治官之官多，而治民之官少"，是中国封建社会政权结构的主要特征。[9] 这就迫使地方官员去借助民间力量来实施各种福利政策或者鼓励民间互助。由于宋代地方官员大多是文人出身，与当地士绅在文化上共通，具有共同的理想和情操，就使得乡绅成为地方官员首选的合作群体。

---

① 经筵是皇帝听讲读官讲解经史的场所，通常是由专门官职的儒生向皇帝传授儒家经典和历史知识。

② 公议是指士大夫以公的价值追求出发形成的对政治问题自认为是正确的看法。"公"即指合天理、合众意、去私心。

③ 台鉴是指御史台与谏院官员对国是直言上谏.

④ 费孝通，吴晗，等．皇权与绅权［M］．北京：生活·读书·新知三联书店，2013：195.

⑤ 费孝通，吴晗，等．皇权与绅权［M］．北京：生活·读书·新知三联书店，2013：195.

⑥ 钱穆．国史新论［M］．北京：生活·读书·新知三联书店，2002：120.

⑦ 钱穆．国史新论［M］．北京：生活·读书·新知三联书店，2002：128.

⑧ 钱穆．国史新论［M］．北京：生活·读书·新知三联书店，2002：121.

⑨ 韦宝宏．士绅与宗族制度论略［D］．兰州：西北师范大学，2004：4.

1.4　本章小结

宋初社会动乱荡、百姓面临的经济风险增加等社会因素使人们对社会福利的需求高于以往任何朝代。然而，尽管两宋期间官方社会福利水平比较高，体系也健全，但却未能泽被广大农村社会。于是广大农村地区，特别是偏远山区出现了巨大的福利真空。由于政治的原因，宋代对地方官府的控制较以往任何朝代都严密，地方政府的军权、财权都被中央政府所剥夺，使其举办任何公共事业都需要中央养给。在地方复杂的行政层级体系里，很多政府官员既无心也无力去兴办社会福利事业。另外，面对宋初动乱的社会局面，统治者对基层社会治理收效甚微，也亟需新的治理秩序来稳定基层社会。因此，一批热心公益的官员便积极支持儒家士君子来兴办地方福利事业，在宋代“重文抑武”的社会环境下成长起来的儒家士君子，他们中的多数人既有心怀苍生、拯救社会的理想抱负，也有经世致用的务实精神，于是便主动承担起建设乡村福利事业、重建基层社会秩序的使命。在他们的主导下，民间自治性福利制度得到了较大的发展，一定程度上弥补了官方福利保障的不足。同时，在一些地区，不同群体或行业的人根据自身的实际需要也纷纷建立起具有福利互助性质的组织团体来应对生活中的个体难以承担的诸多风险。

2 宋代自治性福利观念

张文在论及宋代慈善的动机时认为："从根本上说，英国的社会救济解决实际问题的倾向更强一些，而宋朝则更为重视社会救济的道德意义……对于皇帝来说，社会救济仍是一种行仁政的姿态；对于士人来说，是完善自身道德的一种途径；对于民间普通人来说，则是一种行善积德的过程。"① 产生这种差异的原因很重要的一个方面在于观念。自治性福利观念包括自治性观念与福利观念，有的观念更偏重自治性，而有的更偏重福利。

2.1 儒家思想及其对自治性福利的影响

儒家传统理想的最高境界是造就大同社会。《礼记·礼运》云："大道之行也，天下为公。选贤与能，讲信修睦。故人不独亲其亲，不独子其子。使老有所终，壮有所用，幼有所长，矜寡孤独废疾者皆有所养……。"从上述可知，大同社会是一个互助友爱的社会，也可以称为是一种福利性社会。但是从深层次而言，大同社会也是一种优良的社会治理秩序。而孔子为实现心目中的理想社会提出了有效的治理手段，即仁和礼。儒学价值观的实践随着时代和思想变迁也有很大变化，但后世儒学都把"仁"和"礼"作为中国传统儒家价值观的核心，其中"仁"是价值体系的思想内涵，其中蕴含深厚的社会福利理念。"礼"是价值体系的行为规范，为社会的发展运行提供了秩序准则。② "仁"与"礼"向社会主体提出了节制和限度，它将不同个体分散的状况变得整齐有序，使社会资源得到节制性利用，为行为主体间伦常关系有序化提供了必要的依据。这种儒家核心价值理念通过信念的力量维护着现行的规则体系，并成为儒家士君子政治行为的根本标准。

2.1.1 "仁"

《礼记·中庸篇》说："仁者，人也。"这说明了"仁"是人的本质，即

① 王玲. 宋代道教与劝善习俗［J］. 阴山学刊，2014（2）.

② 刘可迎. 论中国传统价值观的基本要义［J］. 佳木斯大学社会科学学报，2014（8）.

正确处理人与人之间的关系，而处理这种关系的出发点是对于他人的爱，对于他人的利益的尊重。[①]《孟子·尽心上》说："仁者以其所爱，及其所不爱。"《尽心下》说："人皆有所不忍，达之于其所忍，仁也。"《公孙丑上》说："人皆有不忍人之心。先王有不忍人之心，斯有不忍人之政矣。"《梁惠王上》说："老吾老以及人之老，幼吾幼以及人之幼，……言举斯心，加诸彼而已。"以上诸多对于"仁"的释义，一方面体现了古代儒家士人对于自身道德的践履，另一方面也体现了对于亲人或者其他群体的关爱以及利益的尊重。

从宋人，尤其是儒家士君子的价值观来看，仍遵循了传统的儒家理想，并且有了一定的新发展。如范仲淹提出的"先天下之忧而忧，后天下之乐而乐"的与民同乐思想。吕陶认为："天之生斯人，可以为善也。……夫恻隐之心而谓之仁，人皆有也。仁之失，则狗爱而少断；羞恶之心而谓之义，人皆有也，义之失，则多忍而寡恩。"[②] 刘敞也认为："夫仁人之为身，必将先义而后利，先德而后禄，以礼为法，以智为辅，以文为表，以义为内，非其道，虽加千乘之利不悦焉；非其志，虽加万钟之禄不取焉，此仁人之所以为身也。此其为身，所以无富之称也。及其为家，则正其居处以应法，薄其奉养以应礼，均其有余以济不足……。"[③] 此即宋代以"仁"为基础的民间互助互济的福利思想。而在宋人，仁的表达就是义。如宋代洪迈所说："与众共之曰义。"义仓、义社、义田、义学、义役、义井之类是也，而"与众共之"即是一种民间人与人之间的互助共享。而义仓、义社等无不是一种组织制度，可见民间自治性组织不仅是源于人们的需求，也是源于儒家仁义理念。

2.1.2　"礼"

"礼"是儒家文化的核心内容，"礼"（包括"礼乐""礼法""礼俗"）也是我国古代国家典章制度、社会生活习惯与个人行为规范的综合。[④] 儒家推崇的境界是"极高明，而道中庸"，这一价值观讲究中正、平和，意味着喜、怒、哀、乐不能太过，即要求人的生老病死、衣食住行、言行举止无不准于

① 陈祥耀．略论儒家思想的精华［J］．福建师范大学学报，1995（3）．

② 转引自：张文．宋朝民间慈善活动研究［D］．成都：四川大学，2004：116.

③ 转引自：张文．宋朝民间慈善活动研究［D］．成都：四川大学，2004：116.

④ 郑师渠，吴怀民．中国文化通史：两宋卷［M］．北京：北京师范大学出版社，总序 23.

礼法。[1]《周礼》中有“保息六养”之说，即慈幼、养老、赈穷、恤贫、宽疾、安富。[2] 由此可见，礼的本身包含有国家、家族对个体的救济，人与人之间的互助等内容规范。

但是礼的涵盖内容远远多于此，包括了人生活的方方面面，它在实质上构成了封建社会秩序的治理方式。孔子所提倡的“礼”主要是指周礼，依据李泽厚的观点，“周礼”将以祭神（祖先）为核心的原始礼仪，加以改造制作，予以系统化、扩展化，成为一整套习惯统治法规（“仪制”），以血缘父家长制为基础（亲亲）的等级制度是这套法规的骨脊，分封、世袭、井田、宗法等政治经济体制则是它的延伸扩展。[3] 礼制是规范君臣各自名位、职事的正当行为规则体系，封建社会的刑罚也是以礼制为本的，对不依据礼制规则体系做事的予以处罚，礼制混乱了，刑罚也就失去了根本。[4] 贾西津认为，“中国的社会秩序以伦理为本位，或曰伦理关系为导向，它所要达到的标准是每个人与应有的角色之‘位’的符合”，其实也就是所谓的礼制。[5] 孔子认为有了“礼”，人们的行为言谈才有所安，国家的刑罚才有所依。[6] 他说：“礼乐不兴，则刑罚不中；刑罚不中，则民无所措手足。”[7] 荀子把“礼”看成“道德之极”，认为“礼”是强国之本、功名之总、王天下之基，所以提倡“隆礼”。封建统治者“为国以礼”就看重了这一点。[8] 足见“礼”在儒家思想中的主干地位，礼乐制度一旦废阙，整个儒学大厦将倒塌。[9] 孔子处在春秋末期，面临礼崩乐坏、天子式微，诸侯逐鹿中原、战乱不断的混乱局面，于是他思考的首要问题是如何恢复“周礼”，即重塑优良的治理秩序问题，他的一生都以恢复周礼为己任。

时值北宋初期，面对人伦失常、社会失序的混乱时局，宋代儒家士人首先要考虑的也是如何维持社会的有效治理的问题。他们认为首先应该恢

---

① 刘可迎．论中国传统价值观的基本要义［J］．佳木斯大学社会科学学报，2014（8）．

② 孔润年：慈善事业与慈善文化，慈善事业与社会进步——宝鸡市“慈善事业与社会主义精神文明建设”论文集，2004 年 6 月。

③ 李泽厚．中国古代思想史论［M］．北京：生活·读书·新知三联书店，2008：4.

④ 姚中秋．国史纲目［M］．海口：海南出版社，2013：146.

⑤ 贾西津．历史上的民间组织与中国社会［J］．甘肃行政学院学报，2005（3）．

⑥ 李承贵．宋代新儒学形成中的佛教助力［J］．江南大学学报，2011（3）．

⑦ 李承贵．宋代新儒学形成中的佛教助力［J］．江南大学学报，2011（3）．

⑧ 韦宝宏．士绅与宗族制度论略［D］．兰州：西北师范大学，2004：11.

⑨ 李承贵．宋代新儒学形成中的佛教助力［J］．江南大学学报，2011（3）．

复在五代十国战乱中早已破败不堪的宗族伦理制度，以恢复民间社会治理秩序。

2.1.3　“仁”“礼”与民间自治性福利

早在先秦时期，社会思想史上就出现了具有代表性的“贫富论”，以孔子、孟子为首的儒家学派的代表人物，从“仁礼”和“性善论”的理论体系出发，认为“济贫救弱”是国君和宗族不可推卸的责任，是天下安定的最重要的手段。其中，孟子提出以“井田模式”营造一个“乡里同井，出入相友，守望相助，疾病相扶持，则百姓亲睦”的理想的宗族保障方式来解决社会成员的贫困问题。[①] 到了汉代，随着儒学被提升到国学的地位，以董仲舒为代表的儒学追随者们，把孔孟之道加以弘扬，提出了“贫者养生论”，主张以“复井田”的方式来解决社会中的贫富差距问题。[②] 他们的这些方案都带有极强的“宗族保障”特色，这与中国社会是伦理本位、家国同构的宗法社会的特点是一致的。他们认为，王朝的统治者应该本着“敬德保民”的思想原则，对鳏寡孤独这些穷弱无告者实施仁政。但限于各种条件，王政终究是有局限的，通过宗族等民间的救助主体提供各种形式的福利保障可以“补王政之穷”[③]，同时对于维护基层社会治理秩序具有至关重要作用。因此，带有浓厚血缘和亲缘特征的宗族自治性福利就成为民间救济穷弱的非常重要的组织制度。

2.2　宋代宗族福利思想的发展

中国古代的宗族制度相当于扩展的家庭保障，具有血缘关系的同一宗族成员相互之间要受到一套具有尊卑等级的宗法伦理的制约，也提供一定的物质保障。随着时代的变迁，宋代社会环境的诸多变化，这套规制宗法制度发展的伦理即所谓的“礼”遭到了破坏，传统的宗法制度没落。为了重建基层的社会秩序，宋代的儒家士绅开始着手创新符合时代发展的宗法制度，并且对传统的儒家思想“礼”加以创新改造用来规范新的宗法制度，逐渐在宋代基层社会形成了基于血缘关系的民间自治性福利制度——敬宗收族制度，及

① 卞国凤．范仲淹宗族福利思想研究［D］．长春：吉林大学，2004：7.
② 卞国凤．范仲淹宗族福利思想研究［D］．长春：吉林大学．2004：7.
③ 卞国凤．范仲淹宗族福利思想研究［D］．长春：吉林大学．2004：7.

以宗法制度和“礼”为发展依据的义庄制度，甚至出现了扩展型宗族福利制度——乡约。

2.2.1 宋代敬宗收族思想的发展

宗族作为伦理社会的一个基本单位，在古代社会具有政治、社会、经济和文化功能。① 而在宋初，五代十国期间的民间社会“仁义不存”、“宗族伦理弱化”、社会涣散无序的社会风气并没有得到根本好转。在宋代成长起来的儒家士君子为了弘扬儒家礼制，维护社会治理秩序和保持家族绵延发展，提出了再造宗族制度的构想并身体力行地去实践，其中以张载、程颐、朱熹、欧阳修、苏洵、苏轼等为代表。

为了使唐末五代以来散乱的同一宗族成员再度联合起来相互帮助、荣辱与共，儒家士绅认为其必要的手段就是对同一祖先的尊崇，只有尊崇同一祖先才能做到友爱族人，族人之间相互帮助与救济，实现“收族”的效果。苏轼认为，秦汉以后，由于官爵不能世袭，“天下无世卿”，“大宗之法不可以复立”，而可以用来收合亲族的“小宗之法”也存而不行。② 因此，北宋的习俗“不重族”完全是“有族而无宗”的缘故。“有族而无宗”，族就不能收合；族不能收合，族人就不能相亲，从而忘记祖先。③ 而宋代士大夫认为这种“族散而忘祖”的现象，使其“家遂不存”，自然也就不能保国家。由此可见，他们把复兴宗法制上升到保家卫国的高度来对待。因此，宋代一些士大夫十分重视封建宗法制度。理学家张载在《经学·理窟·宗法篇》特别强调要在基层社会恢复宗法之制。④ 张载在《西铭》里也着重阐述宗法思想，并列举了几类孝子典型来劝勉。他认为：“大君者，吾父母宗子；其大臣，宗子之家相也。”⑤ 即把君主奉为宗子，把大臣奉为家相，把封建社会的君臣与民间宗法联系在一起，于是提出“民吾同胞”的思想，并且在他看来，宗法的根本道德是“孝”。⑥ 他认为：“管摄天下人心，收宗族，厚风俗，使人不忘本，须

---

① 卞国凤．范仲淹宗族福利思想研究［D］．长春：吉林大学，2004：40.

② 杨渭生．两宋文化史［M］．杭州：浙江大学出版社，2008：258.

③ 杨渭生．两宋文化史［M］．杭州：浙江大学出版社，2008：258.

④ 杨建宏．论张载的理学思想及其实践［J］．湖南大学学报：社会科学版，2006（2）.

⑤ 邱汉生．宋明理学与宗法思想［J］．历史研究，1979（11）.

⑥ 邱汉生．宋明理学与宗法思想［J］．历史研究，1979（11）.

是明谱系世族与立宗子法。”①《孝经·广扬名》说：“君子之事亲孝，故忠可移于君；事兄悌，故顺可移于长；居家理，故治可移于官。”② 即从家族伦理可以推演出君臣之道和社会伦理。朱熹更把宗法伦理看作“天理之自然”，即把宗法提到天理的高度来认识。朱熹在《小学题辞》里指出：“元亨利贞，天道之常；仁义礼智，人性之纲。……爱亲敬兄，忠君弟长，是曰秉彝，有顺无强。”这是说宗法的道德孝悌忠敬等，是人所受的天理（秉彝）。③ 他们用“天理”的光轮把宗法崇饰起来，使之具有不可干犯的神圣性质。这是封建社会前期的宗法思想所没有的。④ 因此，违犯宗法就成为不可饶恕的违逆“天理”的罪过，要进行惩罚。⑤ 于是，在宗族组织制度里，宗子和族长的地位就被抬高了。

总之，“敬宗收族”制度试图通过增强下层民众对同一血源的祖先认同，进而形成对血缘亲属关系的家庭的认同，从而维护家族内部福利，进而促使社会秩序稳定。为此，宋代士君子对宗法制度进行了一些改良，提出把存在于门阀贵族阶层等级森严的宗法制度逐步改造为适用于社会各阶层的行为规范。

2.2.2　指导宗族之“礼”的形成

随着宋代社会的发展变化，以张载、朱熹等为代表的宋儒对“礼”的内涵的理解与以往相比也发生了深刻变化。

1）倡导平民之“礼”

随着科举取士的发展，宋代的新儒家已不复出自门第贵族。他们的“天下”和“众生”是指社会上所有的人而言，尽管此时的“士”仍然是四民之首，高于“农、工、商”其他三民，但更多的只是从文化使命的角度而言，南北朝以来那种“士庶天隔”的情况已经不存在了。同时，“四民”只代表职业上的分化，而不足以表示道德品质的高下。张载在《西铭》中的“民吾同胞”四字便是新儒家这一思想的最扼要的陈述。⑥ 以“天民之先觉”自居

① 韦宝宏．士绅与宗族制度论略［D］．兰州：西北师范大学，2004：9.
② 卞国凤．范仲淹宗族福利思想研究［D］．长春：吉林大学．2003：7.
③ 邱汉生．宋明理学与宗法思想［J］．历史研究，1979（11）．
④ 邱汉生．宋明理学与宗法思想［J］．历史研究，1979（11）．
⑤ 邱汉生．宋明理学与宗法思想［J］．历史研究，1979（11）．
⑥ 韦宝宏．士绅与宗族制度论略［D］．兰州：西北师范大学，2004：8.

的新儒家对于“四民”中之未“觉”者是一视同仁的。[①] 既然“众生平等”，那么原本被王室、世家大族所垄断的宗法制度自然也可以适用于普通百姓。因此，这种“一视同仁”就在社会意识形态领域为儒家重整社会秩序提供了前提条件。

2）“礼下庶人”与“往教”

一方面，由于对“四民”的一视同仁认识构成了礼下庶人的前提；另一方面，在宗法制度体系中，关键是维护与确立宗子地位，要保障宗子地位，关键又在于礼制规范。[②] 因为宗法制度毕竟是一套死的制度，它能够得以贯彻执行与人们对其的认可分不开，而“礼”可以培养民众的尊祖、亲疏意识。朱熹可以称为礼教的先行者。他说：“古礼繁缛，后人于礼日益疏略。然居今而行古礼，亦恐情文不相称，不若只就今人所行礼中删修，令有节文、制数、等威足矣。”[③] 为了适应乡村民众文化水平低下、智识粗陋的情况，朱熹采摘古礼之精要，借用司马光的《居家杂仪》，汇编而成《家礼》一书，用以指导宗族内部成员的日常行为，开展宗族管理教育工作，在维护家族血缘关系的同时，实现社会教化的目的。[④] 此外，朱熹提出“往教”的思想，主动去教人们学礼，这是使“礼下庶人”的有效手段，把儒家精英文化推广成庶民文化。《礼记・曲礼上》说：“礼闻取于人，不闻取人。礼闻来学，不闻往教。”即“礼”是需要想学礼之人主动投师来学，而不是师父主动上门去教礼，所谓“礼不下士人”。而朱熹的“往教”思想是对古代“礼”的局限性的很大突破。在此过程中，掌握“礼”这门知识和技能的士大夫阶层就承担了“往教”的使命，正如许衡所说：“士大夫进而在位，当以政教率天下，退而里居，当以礼教率乡人。”因此，正是从宋代开始，儒家伦理从精英层面下移或落实到社会基层，成为实践性与社会性都十分明显的大众伦理。[⑤]

3）礼、理合一思想的形成

“礼”在治国安民上的政治功用、整齐社会道德风尚上的教化意义已得到北宋君臣以及儒家学者的一致认识。[⑥] 但在北宋中前期，礼学主要是作为统治

---

① 韦宝宏．士绅与宗族制度论略［D］．兰州：西北师范大学，2004：8.

② 杨建宏．论张载的理学思想及其实践［J］．湖南大学学报：社会科学版，2006（2）.

③ 周永健．论朱熹《家礼》的社会教化功能［J］．史料研究，2011（8）.

④ 周永健．论朱熹《家礼》的社会教化功能［J］．史料研究，2011（8）.

⑤ 吾淳．宋以后中国社会的宗族伦理［J］．现代哲学，2005（4）.

⑥ 王云云．朱熹礼学思想渊源研究［D］．西安：西北大学，2013：126.

者治国安民的政治秩序需要，“礼”更多地表现为是一种程序方法或者手段，而以朱熹为代表的理学家试图探究礼存在的内在根据。孙以楷先生曾说：“原始儒学的核心是礼，但此‘礼’只是形而下的制度、规范，缺乏形而上的本体根据；而儒学的发展正是要不断寻求本体依据，‘礼’的本体提升，直到朱熹才最终实现，这就是朱子的理学。”① 因此，理学与礼学的统一不可分，是朱子的伟大贡献——“既给予礼学以本体提升，又以本体之理为观照去追求礼的更广泛的普世效应”②。朱熹的礼、理合一思想就使得天道自然运行的秩序法则落实在人伦社会的道德实践中，即“天理”内在于人心本性之中的仁、义、礼、智的“性理”发用是“实理”，这也就意味着外在人伦社会秩序的有效维持其实取决于个人内在的人性道德修养水平。这里也蕴含着通过自身的道德践履而最终达到“礼”的高度，即所谓“下学人事，便是上达天理”，是对儒家士绅的知行合一、经世致用践行思想的进一步发展。也正是在宋代理学家的积极影响和实践下，基层福利制度开始超出了一宗一族的范围，以理学家为代表的士绅积极投身到基层社会公益事业的建设，出现了对乡里提供普遍福祉的社仓、乡约制度等。

总之，儒家士大夫对“礼”的思想的新发展为宋代宗法制度的重建提供了理论支撑，也是宋代理学家在基层兴办自治性福利事业的内在道德动力。礼的另一重要的意义在于基层民众通过学“礼”而逐渐形成礼俗规则来调节人们的合作、交易、纠纷仲裁，而不需要国法出面干预。因此，礼俗构成了一道有效隔离皇权渗透的屏障，从而使得社会自治成为可能。

2.3　宋代佛教思想对自治性福利的影响

两宋时期，统治者的文化政策比较开明，尽管确立了“以文立国”，优崇儒家士人的基本国策，但是对佛家、道家文化的发展也采取嘉奖鼓励政策，僧人、道士与宋代官方和儒家士绅都有密切的往来。佛教在民间社会得到了较大的发展，佛教僧人也积极投入到各种慈善事业中。佛教的“慈悲精神”与“因果报应说”等核心思想对民间百姓的日常行为生活产生了深刻的影响，

① 王云云．朱熹礼学思想渊源研究［D］．西安：西北大学，2013：126.
② 转引自：王云云．朱熹礼学思想渊源研究［D］．西安：西北大学，2013：126.

推动人们积极向善，不仅在归义军统治的敦煌地区，在宋代的国土版图内也存在着多种佛教社团，不仅从事佛事活动，也积极从事社会救济活动。佛教文化在与儒家文化不断交流碰撞的过程中逐步本土化，佛教的思想理念在为宋代儒学的发展与复兴注入新鲜血液的同时，一定程度上对儒家士君子从事慈善活动也起到砥砺作用。

2.3.1 佛教的福利思想概述

慈悲精神是佛教教义的核心。慈善一词之用于中国即是从佛教中借鉴而来。佛教自从汉代传入中国之后，因其教义的因果报应和慈悲观念的属性，在古代中国一落根就和慈善事业紧密相联。① 根据日本学者吉田久一的研究，佛教的特征为普世主义的慈悲理念。② 慈悲者，怜爱、怜悯、同情之谓也，所以佛教在处理人际关系时，是以利他平等为旨趣的。③ 慈心是希望他人得到快乐，慈行是帮助他人得到快乐；悲心是希望他人解除痛苦，悲行是帮助他人解除痛苦，这种佛教利他主义道德观的具体实践是布施。④ 佛教认为，普通人行善包括两个方面：一是布施敬田（指佛、法、僧），二是布施悲田（指孤老贫病）。通过对敬、悲两田的施舍，即可为来世广种福田。而布施敬田不如布施悲田，对现世贫苦的救济，更能助人达至福地。而对于佛教徒本身来说，檀（即布施）施贫困，救济疾苦，亦为实现佛法之重要途径。⑤ 佛教的劝善、普度众生的宗旨，在实践中表现为给老百姓提供各种福利救助等，使它在民间社会有强烈的感染力。

因果报应学说是佛教伦理的理论基础。传统的因果报应说是“自作自受”论，即本人的善恶不会影响到他人，都由自己来承受。⑥ 这与中国传统文化中“报应的主体未必是行为者本人，也可能是他的家庭子孙”的观点有出入。⑦ 为了适应当时的需要，东晋南北朝时期的著名僧人慧远把佛教因果报应说和中国传统文化结合起来发展出“三世报应”说，指出：“经说业报有三：一曰

① 庄华峰，谭书龙．宋代江南地区慈善事业研究［J］．安徽史学，2006（6）：44.
② 吉田久一．日本社会事业的历史［M］．东京：劲草书房，1981：21.
③ 卞国凤．范仲淹宗族福利思想研究［D］．长春：吉林大学，2003：18.
④ 卞国凤．范仲淹宗族福利思想研究［D］．长春：吉林大学，2003：19.
⑤ 张文．宋朝民间慈善活动研究［D］．成都：四川大学，2004：101.
⑥ 卞国凤．范仲淹宗族福利思想研究［D］．长春：吉林大学，2003：11.
⑦ 卞国凤．范仲淹宗族福利思想研究［D］．长春：吉林大学，2003：11.

现报，二曰生报，三曰后报。现报者，善恶始于此身，即此身受；生报者，来生便受；后报者，或经二生三生、百生千生，然后乃受。”这样，“三报”说不但克服了以往“一世报应说”的缺陷，也解决了中国传统道德始终无法解决的困惑。佛教因果报应学说由此在中国社会产生了广泛的影响，深入人心。[①]

2.3.2 佛教思想对儒家士君子的影响

在宋代，佛教在社会精神生活和思想学术诸领域都持续地发挥作用，对社会各层面影响的深度和广度，较此前更为明显。[②] 宋代很多儒家士人都深受佛教文化的影响，佛教思想对自治性福利的倡导对儒家士君子群体同样产生了影响。尽管佛教自身在理论上已没有太多新的建树，然而佛教文化在与儒家文化不断交流碰撞的过程中逐步本土化，同时佛教的思想理念也为宋代儒学的发展与复兴注入新鲜血液。佛教思想资源中包含的诸多积极因素与儒、道两教特别是与儒家思孟学派的心性修养学说相融合，形成三教都非常注重内心省察、强调个人修养和道德操守的共同倾向。[③] 而对那些活跃于宋代政治舞台上儒家士君子的影响，在外则表现为兴世为民的责任与担当，同时也承担了传承佛教的重要职责，他们的参与直接促成了宋代佛教儒学化的局面。范仲淹的“先天下之忧而忧，后天下之乐而乐”的崇高人生境界与佛教对他的影响不无关系。据有关文献记述，范仲淹在年少时曾在寺院里读书学习，母亲忌日时还请高僧诵《金刚经》给母亲超度，平日里与僧人常有往来。[④] 另外，范仲淹在建置范氏义庄时，同时兴办了义塾和范氏家庙太平功德寺。苏轼也一向与佛道高人交好，在为政期间一向以普利众生为己任，在杭州建立公立医院、在湖北黄州设法使当地太守颁发禁止滥杀婴儿的法令，身体力行成立“救儿会”并延请慈悲心肠的和尚当会计，在贬谪惠州期间在城西修建了一座放生池，名为“苏东坡放生池”。这纯然是佛教思想，其基本观念是轮回思想。[⑤] 由于儒家士君子阶层是民间自治性福利的主要领导者，这种佛教

① 卞国凤．范仲淹宗族福利思想研究［D］．长春：吉林大学，2003：11.
② 张培锋．宋代士大夫佛学的道德品格初探［J］．东方丛刊，2006（9）．
③ 张培锋．宋代士大夫佛学的道德品格初探［J］．东方丛刊，2006（9）．
④ 卞国凤．范仲淹宗族福利思想研究［D］．长春：吉林大学，2003：19.
⑤ 林语堂．苏东坡传［M］．长沙：湖南文艺出版社，2012：311.

的儒家化和士大夫化使佛教的慈善思想深刻地影响着当时的民间自治性福利。

2.3.3 佛教思想与慈善行为相互促进

宋代佛教思想非常普及，不仅对儒家士君子阶层，而且对民间社会有着强烈而广泛的影响。这与佛教在社会救济、民间自治性福利等方面的突出贡献是分不开的。无论是在政府举办的各种社会福利性活动中，还是民间福利方面，僧人们往往身先士卒，贡献突出。在官方举办的各种福利机构中，僧人往往充当服务人员，尤其在医疗方面，无论何种恶疾病，僧人往往以身任之，贡献殊多。① 凡此种种慈善行为都使佛教思想在潜移默化中得以广泛地影响社会。② 甚至官方举办的福利机构的命名，如福田院、安济房等无不带有佛教色彩，可见佛教对其影响之深。反过来，佛教的慈善思想又激励着民间福利性活动，甚至影响着官府的社会福利性制度。

2.4 黄老与道教思想对自治性福利的影响

黄老与道教思想对自治性福利制度产生影响主要表现在两个方面：一是对宋代统治者治国理政理念的影响。黄老思想崇尚清静无为、包容与不扰民，可以为民间自治性组织制度的发育和形成提供良好的政治环境。二是道教对民间百姓财富观和劝人向上思想的影响。道教的“财富本为天地所共有共养人也”的财富观体现了一种与人共享财富的理念，同时道教把向善作为修道成仙的一种必经途径，使人们为了成仙或者长生不老的目的积极去做善事。黄老与道教的思想在宋代民间具有深厚的根基，特别是在民间糅合了佛教和道教思想的阴德福报观念，对民间社会救济与慈善的发展也起到了相当重要的作用。③

2.4.1 宋初统治者崇尚黄老思想

尽管宋代统治者崇尚儒学，重用儒生，然而在宋初 40 年的时间里，黄老思想一直流行并为统治者所倡导。这主要是因为赵宋王朝建立之初百废待兴，

① 张文. 宋朝民间慈善活动研究［D］. 成都：四川大学，2004：102.
② 张文. 宋朝民间慈善活动研究［D］. 成都：四川大学，2004：102.
③ 漆侠. 辽宋西夏金代通史：社会经济卷下［M］. 北京：人民出版社，2010：634.

社会经济迫切需要恢复，百姓需要安定，以“与民休息，静以致治”为核心内容的黄老思想适应了当时的社会需要。从宋太祖到宋真宗，黄老思想对其治国理政都有不同程度的影响。如道士苏澄曾对太祖说：“王者养生异於是。老子曰：‘我无为而民自化，我无欲而民自正。’无为无欲，凝神太和，黄帝、唐尧所以享国永图，得此道也。”① 太宗不仅自己信奉黄老思想，重用以黄老思想著称的大臣，且以此教诲其子（宋真宗）：“夫政治之设，在乎得人心而不扰。欲得人心莫若示之以诚信，欲不扰莫若镇之以清静。……，虽虎狼亦当驯扰，况于民乎！”② 这种政治上的不扰民也为民间形成自治性组织制度提供了良好的政治环境。同时，这种黄老思想的流行对于民间道教兴盛起到了推波助澜的作用。宋代重视道教，见之于朝廷的道士，动辄赐号，待遇之盛超过前代。

2.4.2　道教利于社会互助的财富观

道教提倡人与人之间的互助精神，主张对贫困者给予救济，在提倡修道成仙的同时，也具有较为明显的现世关怀。③ 道教的这种思想主要源于道教对于财富所持有的看法。在道教看来，个人财富的积累只是一个偶然现象，是众人赖以生存之资暂时寄存于彼而已。因此，不可单纯积累财富用于个人消费，而应实现财富的社会化，用于周济大众。“财富本为天地所共有共养人也”，因此在他人遭遇饥馑灾荒，理应互助互救。宋朝是一个非常热衷于道教的朝代，因此其对于民间自治性福利的推动无疑具有重要意义。

2.4.3　道教劝人向善的功利观

道教经过“唐宋变革”以后，世俗化色彩愈益浓厚，其教义、教规以及崇奉的各种神灵等已然深入民间④，深刻影响着人们的日常生活行为，使人们向善。道教劝人向善是带有一种功利主义色彩的。首先，道教主张向善是成仙的必经途径。道是道教神学体系的最高理念，得道成仙是道教宗教实践的

① 转引自：张其凡．吕端与宋初的黄老思想［M］//宋史研究论文集．郑州：河南人民出版社，1982：385.

② 转引自：张其凡．吕端与宋初的黄老思想［M］//宋史研究论文集．郑州：河南人民出版社，1982：385.

③ 张文．宋朝民间慈善活动研究［D］．成都：四川大学，2004：101.

④ 康武刚．宗教视野下的地方控制［J］．福建省社会主义学院学报，2012（3）.

终极目标。为了实现这一目标，道教提供了多种多样的养生修道法门，但同时又为想得道成仙之人的这些宗教实践内置了一个道德原则，即在修道过程中必须去恶为善，如果没有遵守这一原则，得道成仙就不可能实现，从而将由世人到神仙的转变过程与精神向善的运动合二为一。① 其次，道教向世人传播的理念是做善事可以改变自身的命运，并使子孙得到福报。在两宋时期的劝善运动中，出现了善书广泛流传的局面。其中，最为知名的是《太上感应篇》，清楚地言明了宋人眼里的慈善观。与佛教的因果报应说类似，道教也需要信众自己从观念上认同善恶果报的思想。所以，累积福报的方式，治心又位于第一位。当“心力”发动的时候，这种善行就开始施行。② 另外道教善书也试图告诉人们，“富贵贫贱虽是天命，然善恶行为可以使之流转”③。道教还主张承福说，认为行善可以使子孙得到福报。并且为了宣扬人们力行善事，在宋代文献中有很多记载人们因行善事而得到神仙帮助或者因为作恶而遭到天谴的故事。这些教化无疑成为道教推动善行的一个动力。

2.5 本章小结

总体而言，在宋代相对开放的文化思想市场条件下，传统儒学，宋代新发展的仁、礼思想，敬宗收族、佛教、黄老思想等都构成了民间自治性福利制度发展的思想动力。

首先，儒家的“仁”为儒家士君子从事民间慈善互助活动提供了理论支持，儒家的“礼”为民间兴办自治性福利组织提供了规则秩序。宋代新兴的儒家士君子正是基于仁爱思想而心生利民之心，基于礼制思想而心怀重建基层秩序之梦。即使是宋代的敬宗收族思想以及宋代的礼学（发展到后来成为理学）思想无不是传统的“仁”“礼”思想的具体化和拓展。因而，宋代自治性福利制度多由儒家士君子倡导和兴办。他们大多数来自社会最底层，出身微寒④，更能了解民间生活百态，体会民间疾苦。在这种环境成长起来的儒

① 王玲. 宋代道教与劝善习俗［J］. 阴山学刊，2014（8）.

② 王玲. 宋代道教与劝善习俗［J］. 阴山学刊，2014（8）.

③ 段玉明. 论道教善书的当代价值［J］. 宗教学研究，2006（6）.

④ 宋代的儒家士绅多为社会底层百姓，通常因科举取士而获得一定的社会身份和地位，由世袭获得的爵位很少.

家士君子阶层摒弃了汉唐时期绚丽浮华的文化，积极吸收佛老思想的精华，又有很多创新，展现出文化包容的胸怀和特有的“变古”精神。其次，宋代新兴的宗族观对宗族福利制度的产生也有重要的影响。由宋代儒家士绅阶层倡导实行的“小宗宗法”有利于把宋代个体小家庭基于血缘关系联结起来形成宗族性福利组织，而宋代“平民之礼”的礼俗习惯对民间百姓的影响也有利于宗族福利组织的内部治理。再次，佛教的“慈善与因果报应说”一定程度助推了民间慈善行为和兴办自治性福利组织，并且佛教对儒家士绅阶层的影响也一定程度上促使这一群体积极兴办民间福利组织。最后，黄老的“包容与不扰民”思想对宋初统治者的影响有利于其实施相对宽容的治国理政措施，一定程度上也为民间自治性组织的发育提供了相对自由的空间；道教的社会互助与劝人向善观也一定程度助推了平民百姓的慈善行为。

在上述四种思想观念中，儒家思想对自治性福利制度的产生与发展影响最为深远。而上对君王贵族，中对儒家士绅，下对平民百姓，佛、道思想对他们的思想和行为都产生了深远的影响，渗透到了人们日常的行为生活中。事实上，宋代民间自治性福利制度也是在多种观念交错之下与历史传统、社会需求碰撞而产生的。

3 宗族自治性福利制度

如前所述，在宋代社会背景的激发下及各种福利观念、自治性意识的影响下，民间社会出现了多种多样的自治性福利组织和制度。如基于血缘关系的“敬宗收族”制度和在其基础上发展起来的义庄制度；在局地盛行的如蓝田吕氏乡约、敦煌私社、流行于徽州地区（今安徽黄山市）的新安互助社、盛行于福建地区的万桂社（或称过省会）及由江西庐山地区白鹿洞书院学生自发组织的黑金社等；此外，还有开始在局部地区出现，后来经宋代政府下诏在全国推广的义役和社仓制度等。上述诸多自治性福利制度可以概括为宗族性自治性福利制度、局域性自治性福利制度与政府推广型福利制度。本章主要探讨其中的宗族自治性福利制度。

3.1 基于血缘关系的敬宗收族制度

所谓“敬宗收族”，是指通过宗族族长组织的祭祀活动，形成一个团体①，以达到收族的目的，参见图1②。具体而言，“尊祖”即是重视人之根本，“敬宗”乃“尊祖”故，同时敬重代表祖先权威的祠堂和族长也是“尊祖”的外在体现。而“尊祖”和“敬宗”通常是收族的前提和保证；“收族”的目的在于增强宗族的凝聚力，延续宗族的发展。它是在区别远近、亲疏的基础上，结合本族的族人，即使有些族人“贫而无归”，也应由富者“收之”（救济）③，是“尊祖”“敬宗”的一种体现。

在两宋时期，以张载、欧阳修、苏洵、范仲淹、朱熹等为代表的儒家士君子以重建基层社会秩序，维护社会稳定为目标，把宋代“礼”的观念与新的宗法思想相结合，在一定程度上满足了宋代农业经济个体小家庭共同抵抗风险的需求，推动了宋代敬宗收族制度的形成。他们在敬宗收族制度模式的构建、宗族管理人员的确立、族内事务的管理、族内福利事业发展等方面都起到了举足轻重的作用。

---

① 冯尔康．中国古代的宗族和祠堂［M］．北京：商务印书馆，2013：114.

② 冯尔康．中国古代的宗族和祠堂［M］．北京：商务印书馆，2013：114.

③ 杨渭生．两宋文化史［M］．杭州：浙江大学出版社，2008：264.

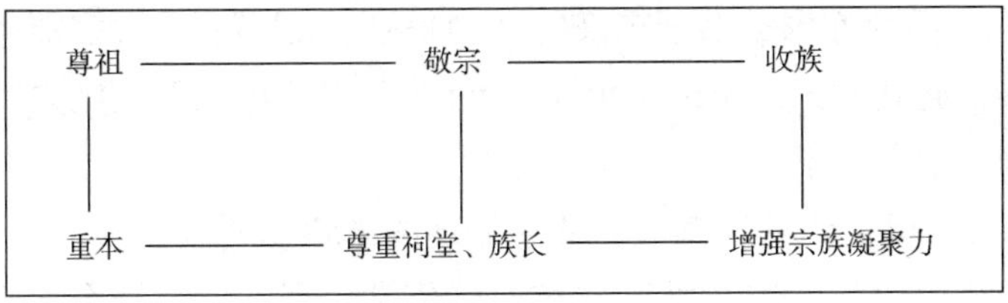

图1　敬宗收族制度示意图

3.1.1　宋代敬宗收族制度历史起源

3.1.1.1　宋代敬宗收族制度根源于传统的宗法制

早在原始父系氏族社会，宗法制就已开始萌芽。由于父家长生前的威严及子孙后代想得到父家长亡灵的庇护，以及对父家长的崇拜和敬畏使他们在父家长死后举行各种仪式来祭奠他。[①] 这是宗法制的萌芽阶段。而我国宗法制度[②]正式形成却是在西周时期，在西周王室贵族中分为大宗和小宗，实行分封制，构成了宗法制度。大小宗族都是由宗子或者宗主充当族长，主要依靠以德为基础的“礼”“乐”来稳定社会的等级秩序与亲和相处。在经历秦朝的高压政治之后，宗法制度遭到严重破坏。[③] 由于汉初朝廷推行与民休养生息的“黄老之治”，汉代士人阶层对宗族进行了修复与再造，使社会的部分自治功能得到发育[④]，宗族组织中也孕育了救济机制。[⑤] 在《四民月令》中曾记载了汉时宗族内部互助情况：三月青黄不接之际宗族领袖当“赈赡穷乏，务施九族，自亲者始”；九月，天气见凉，要“存问九族孤寡老病不能自存者，分厚彻重，以救其寒”；十月，五谷入仓，“同宗有贫窭久丧不堪葬者，则纠合宗

---

① 姚均伟．宗法制度的兴亡及其对中国社会的影响［J］．华中师范大学学报，2002（3）．

② 宗法制度分为大宗宗法和小宗宗法，比如一名宗子有数子，嫡长子继承其爵位为诸侯，其余数子为别子，各为一家开宗祖先，其嫡长子累世相继，也意味着继承祖先的爵位，这就是“大宗”。如果别子再有次子，则另立一宗，也由次子的嫡长子世世继承，称其为“继祢”，这就是小宗。大宗与小宗的主要区别是大宗宗子世世代代继承祖先基业永不改变，小宗则根据嫡庶关系、血缘亲疏等不断淘汰宗族成员，达到五世，部分成员即脱离该宗族。《礼记·大传》说：“别子为祖，继别为宗（按即大宗）；继祢者为小宗。”“有百世不迁之宗（按即大宗），有五世则迁之宗（按即小宗）。”这就是宗法制度。

③ 吴钩．中国的自由传统［M］．上海：复旦大学出版社，2014：22.

④ 吴钩．中国的自由传统［M］．上海：复旦大学出版社，2014：27.

⑤ 吴钩．中国的自由传统［M］．上海：复旦大学出版社，2014：27.

人，共与举之”[①]。亦据成书于东汉的《白虎通》记载：“大宗能率小宗，小宗能率群弟，通其有无，所以统领族人者也。”宗法组织下，昆弟“异居而同财，有余则归之宗，不足则资之宗”[②]。

3.1.1.2　儒家“礼”对敬宗收族制度的影响

中国传统的“仁”与“礼”等核心价值常表现在宗法社会关系中，又延伸为“忠”“孝”互译的价值。[③] 在宗法制的政治体制下，“礼”的第一要义即体现为宗族伦理，如《礼记·大传》中对“礼”有所记载，“人道亲亲也。亲亲故尊祖，尊祖故敬宗，敬宗故收族，收族故宗庙严，宗庙严故重社稷……”;在《礼记·曲礼》中也记载了“夫礼者，所以定亲疏，决嫌疑，别同异，明是非也”。周代的宗法制得以顺利贯彻执行也离不开对周礼的遵守。而到了宋代，儒家士绅正是通过对传统儒家“礼”的发展，与适应时代环境的敬宗收族制度相结合，促进了以族谱、族田、祠堂为主要表现形式的敬宗收族制度的发展，特别是还出现了以范氏义庄为代表的新的宗族福利组织形式。这一方面是因为经宋儒改良后的宗法制度适应了当时的社会发展环境，另一方面“礼”不仅增强了宋代儒家士绅服务社会的责任意识与使命感，也有利于基层百姓增强宗族观念，规范他们在日常生活中的人际关系与伦理秩序。

3.1.2　宋代敬宗收族制度运行

3.1.2.1　采用小宗宗法与选拔贤能管理者

宋代土地契约制和租佃制正式形成，百姓获得了相对的人身自由，人口流动速度加快，以往大规模的聚族而居已不适应社会现实。随着“平民之礼”与“礼下庶人”思想的发展，宗法制度不再是士族地主独享的权利，推动了宗法制度的平民化发展。经过两宋时期的逐渐发展和完善，形成了一套敬宗收族制度。

实行更适合民间实际情况的“小宗之法”（宗族规模较小，同宗关系止于五代以内）[④]，这套秩序使宗族内部秩序得以稳定，并且使之成为一个荣辱与

---

① 吴钩．中国历史演进的自由线索［J］．东方论坛，2012（5）．

② 连燕春．朱子社仓与道学家的社会理想［J］．合肥学院学报：社会科学版，2007（3）．

③ 刘可迎．论中国传统价值观的基本要义［J］．佳木斯大学社会科学学报，2014（8）．

④ 杨渭生．两宋文化史［M］．杭州：浙江大学出版社，2008：258.

共的亲缘组织团体。早在北宋时期，苏洵、欧阳修等一些儒家士绅即开始实行小宗宗法。南宋时，朱熹在《家礼·通礼》中规定祭祀止于高祖以下四代(高祖、曾祖、祖、父)，实行的是“小宗”制度，逐渐成为南宋后期的习俗。

在管理人员（族长）的选拔上，早在北宋仁宗时期，张载即主张“贤者居位，贤不让尊”，并注重对宗子（实指族长）的教育和培养。程颐提出的“夺宗法”，也主张以有官职的族人代替依嫡长血缘关系设立的旧有宗子，与张载的意见完全一致。[①] 这与先前的凡是宗子必须由嫡长子继承有了很大的转变，有利于宗族本身的稳定和发展。宋以后普通宗族中选取族长成为较为普遍的现象，尽管有些宗族仍然实行宗子先天法定继承，但宗子只主祭祀，其与族长的关系类似于英国的女王与首相的关系。此外，在大多数宗族组织中，族之下分房（亦称支、位、户等），设房长，统揽族中某一支房的事务；房下有家，是宗族社会的最小血缘单位。除了族长房长之外，宗族还设有许多专司某一事物的专职人员，如庄正掌族产等，其管理人员多由选举或宗族任命产生。[②] 宗族组织管理的日益严密和完善是“敬宗收族”宗族组织强化和发展的有力保障。[③]

3.1.2.2　革新宗族的组织管理方式

为了使“敬宗收族”制度得到真正贯彻和执行，宋儒改革和创新了一系列宗族组织的管理制度，规范族人在日常生活中的人际关系与伦理秩序。

1）修族谱

修族谱是对商周以来在贵族上层社会建立的宗法制度加以改良，以适应新环境下人们的需要。其中，“欧苏族谱”对后世影响最大。在仁宗皇佑(1049—1053 年)、至和（1054—1056 年）年间，欧阳修、苏洵不约而同地最先编写本家的族谱，并提出了编写族谱的方法和体例。[④] 欧阳修对家藏旧谱加以考证修订，认为“祖考”相传“遗德”是“以忠事君，以孝事亲，以廉为吏，以学立身”，希望子孙“守而不失”，并画出世系谱图传给族人；同时，又把其祖先自“安福府君”欧阳万以来的迁徙、婚嫁、官封、名谥及其行事

① 韦宝宏. 士绅与宗族制度论略［D］. 兰州：西北师范大学，2004：10.
② 漆侠. 辽宋西夏金代通史：社会经济卷上［M］. 北京：人民出版社，2010：128－129.
③ 漆侠. 辽宋西夏金代通史：社会经济卷上［M］. 北京：人民出版社，2010：129.
④ 杨渭生. 两宋文化史［M］. 杭州：浙江大学出版社，2008：263.

等编成新族谱。[①] 苏洵也认为，族谱是凝聚宗族的重要力量，所以，他编写了本族的族谱，以便使后人观谱后，“孝悌之心可以油然而生”。欧阳修、苏洵皆采用“小宗之法”（五世以外则易宗）。苏洵认为：“独小宗之法，犹可施于天下，故为族谱，其法皆从小宗。”[②] 宋代的族谱显然还属于开创阶段，加之族谱一般都是由出仕的士大夫加以修订，而这些人往往“游宦四方，归乡之日无几”，致使一般考订不够精确，同时数量也远比不上元、明、清各代。[③] 族谱经由宋代创立，经过不断发展完善，大体包括以下几方面内容：一是全族的世系和血缘关系图表，这是家谱的主要内容，一般占 90% 以上的篇幅；二是全文刊载本族有史以来制定的各种家法族规、家训家范、祖宗训诫子孙言论等；三是祠堂、祖茔、族产公田的坐落方位、形胜地图以及义田记、墓志铭、买地契等；四是家族的历史。[④]

总体而言，宋代的敬宗收族制度作为民间一种主要的自治性组织制度，“族谱”除了明确了族内成员的血缘流脉、族内公产数额等，也规定了族内成员的具体礼仪、行为规范等，同时在家训、家范或者族内规矩中也规定了族产的具体使用方式、族内福利配给方式等。

2）设祠堂

祠堂制度也是宋代凝聚宗族制度的一种重要方式。祠堂是家族的象征，每个聚族而居的家族必有一个至几个祠堂。[⑤] 祠堂制度也是逐步发展而来的，在北宋前期，祭祀祖先主要采用寝祭。尔后，任中正在住宅之外建“家祠堂”、石介在住宅之外建“祭堂”等。[⑥] 南宋时期，朱熹作《家礼》，祠堂正式成为宗族祭祀的重要场所。[⑦] 宗族建立祠堂首先是为了祭祖，一方面体现了对祖先的崇拜，另一方面通过实践孝道，也成为一种伦理教育的形式[⑧]，因此祭祀活动极为庄严和神圣，礼节也很繁复。祠堂除了祭祖这种主要敬宗活动以外，依据族众的需求和经济承受力，还开展了多种“收族”活动。如把祠

---

① 杨渭生．两宋文化史［M］．杭州：浙江大学出版社，2008：263.
② 杨渭生．两宋文化史［M］．杭州：浙江大学出版社，2008：263.
③ 杨渭生．两宋文化史［M］．杭州：浙江大学出版社，2008：264.
④ 徐扬杰．中国家族制度史［M］．武汉：武汉大学出版社，297－298.
⑤ 徐扬杰．中国家族制度史［M］．武汉：武汉大学出版社，294.
⑥ 刘雅萍．以朱熹的构想为基础的宋代祠堂［J］．黑龙江史志，2009（6）．
⑦ 刘雅萍．以朱熹的构想为基础的宋代祠堂［J］．黑龙江史志，2009（6）．
⑧ 冯尔康．中国古代的宗族和祠堂［M］．北京：商务印书馆，2013：111.

堂作为宣讲家族礼法、执行族规的场所，可谓是家族的法庭。同时祠堂也是讨论族众事务等活动的中心，族中遇有重大兴革事宜，关系全族之利害者，如推选族长、兴建祠堂、续修家谱、购置大片族产坟山、同邻族打官司等，都由族长召集全体成年族人在祠堂会议讨论，族众可以各述所长，最后由族长做出决定。① "报本反始之心，尊祖敬宗之意"，通过祠堂可以使家族守住名分，传承后世。而实际上，祠堂不仅是祭祀祖先之处，族内有重要事情都要到这里来宣布决定，甚至族人每天要到这里请示、汇报，因此祠堂也可以被看作家族福利制度的办公场所。

3.1.2.3　建族田提供族内福利

宗族共同体为了祭祀祖先、维持祠堂的各种费用、修纂族谱，以及赡养和教育族人，需要一定的资产作为经济基础，为此不少宗族设置了集体财产——族田。② 根据族田收入的用途可以分为祭田、义田、义学田三种类型。祭田的收入主要用于祭祖；义田收入主要用于赡养族人；义学田的收入用以资助族人子弟的教育或者用来兴办族学使用，以培养族人科举成名光宗耀祖。③ 当然也有的宗族将该项教育费用直接从义田收入中拨付，而不再专门设立义学田，相当多宗族由于共同族产数量较少等原因，其使用用途并没有作细致的划分。

祠堂的收入通常由专门的人来管理，根据祠堂收入的多寡，首先要保障祭祀祖先所需用度，其次再用以抚恤族人等诸项需要。朱熹认为祠堂田产应由宗子负责经营管理，其收入用于祭祀。④ 有些家族则把管理的权力交由族长，如黄干家族蒸尝田的收入，除了"每年于内拨六石充祭享及输租外，公交族长掌管"⑤。也有的选择族中精明干练之人负责，如金华吕氏家族的祭产"令子弟一人主之"⑥，有的还由诸房或子弟轮流管理。

3.1.3　对敬宗收族制度的评价

总体而言，敬宗收族制度是由以选拔或者继承充任的族长作为族内事务

---

① 徐扬杰．中国家族制度史［M］．武汉：武汉大学出版社，296.

② 冯尔康．中国宗族史［M］．上海：上海人民出版社，2009：181.

③ 冯尔康．中国宗族史［M］．上海：上海人民出版社，2009：181－188.

④ 刘雅萍．宋代祠堂的经营管理［J］．经济研究导刊，2009（6）.

⑤ 转引自：刘雅萍．宋代祠堂的经营管理［J］．经济研究导刊，2009（6）.

⑥ 转引自：刘雅萍．宋代祠堂的经营管理［J］．经济研究导刊，2009（6）.

的管理者，以基于血缘关系的宗族成员为保障对象，以基于宗族伦理的礼教为组织制度，以族内共同筹集的资产作为福利保障的民间自治性制度。由于宋代的敬宗收族制度是面向平民的小型宗法制度，限于平民家族的财力水平，敬宗收族制度主要体现在对祖先的祭祀崇拜，对宗族谱系分支的明确与族内成员礼仪行为的规范管理，在“收族”方面物质救济水平有限，具有亲疏等级差序性（对贫困者的救济由最亲近的人开始）与临时接济性。但是在经济风险急剧增大，贫富骤变的宋代，生活在宗族组织中的成员总会获得一定的安全保障和精神慰藉（传统社会，相对于物质贫穷来说，人们更把“鳏寡孤独”这四种在人伦上的缺憾视为贫人）。宋代是平民性质宗法发展的源头，它在民间的实践有利于使民间底层社会形成自组织，成为具有完全宗族福利意义的组织——义庄发展和孕育的基础，也启发和影响着地缘性民间自治性福利制度的产生和发展。

3.2 宗族自治性福利的典范——范氏义庄

自古以来，宗族即具有“赈赡贫穷”的社会保障功能，只是由于社会生产和生活较为落后，社会保障功能也比较单一，因而主要表现为对宗族贫困成员的临时物质救济。① 宋代建立的“敬宗收族”平民宗法制度更多体现的也是“敬宗”的功能，而“收族”的作用，特别是内部成员的福利供给方面比较有限，直到北宋名臣范仲淹以士绅身份始创范氏义庄后，宗族的“收族”作用才得到充分发挥。钱穆先生在《国史大纲》中指出：“义庄，此事起于范仲淹。在一个宗族单位下，来主持救贫、恤孤、公积及义务教育等事业。”② 范氏义庄不仅是对宋代宗族制度的创新，也以其完备的自治性福利制度体系持续长达近千年之久，堪称民间宗族福利的典范，对后世宗族福利的创设和发展都具有深远的影响。

3.2.1 范氏义庄制度体系

范氏家族不仅有传统宗族的族谱、祠堂等，而且它把传统的宗族以祭

---

① 王卫平．从普遍福利到周济贫困［J］．江苏社会科学，2009（2）．

② 钱穆．国史大纲［M］．北京：商务印书馆，2010：810.

祖为主要目的、附带具有救济功能的族田扩展成涵盖“义田、义宅、义学”等的宗族内部福利体系，其中仍以义（族）田为主体，构成了一个以赡养贫困族人为宗旨的宗族共同体，由推选出的族内成员负责管理族田、掌握地租收入分配。[①] 因其管理宗族福利的机构场所名为义庄，收贮和发放租米也在义庄内进行，故以“义庄”代指整个宗族福利体系。

3.2.1.1　义田

皇祐二年（1050 年），范仲淹贬知杭州，考虑到苏州的宗族尚有不少饥寒贫困族众，于是便以攒积的官俸所得在苏州长洲、吴县购买良田 10 余顷，称作“义田”，将每年所得租米作为远祖以来的族人生活费，置屋以收贮和发放义米，号称义庄。[②] 发放原则是补贴所有在苏州原籍的族人生活，不分贫富，不论其本身有无收入，一概发放，唯在外做官的人不能领取。[③] 令族中子弟为掌管人，手定《规矩》13 条，要求诸房共同遵守。[④] 其内容大致如下：①向族人发放义米、冬衣的范围和数额。规定各房五岁以上男女，计口每天给米一升，并支白米；如支糙米，即临时加折[⑤]；冬衣每口一匹，五岁至十岁给半匹；每房许给奴婢米一口，即不支衣。[⑥] ②族人嫁娶丧葬的资助规定，如“嫁女支钱三十贯，再嫁十贯”、“娶妇支钱二十贯，再娶不支”[⑦]，尊长丧葬可得钱十五至二十五贯；十岁以上至十九岁卑幼丧葬可得钱三贯至七贯。③规定了对家居官员米绢的发放办法。④领取义米的方法，规定诸房各置米历子，每月末向义庄掌管人支请，掌管人亦置簿，以诸房口数为额发放。[⑧] ⑤规定对乡里外姻亲戚的扶助。“乡里、外姻亲戚，如贫窘中非次急难，或遇年饥不能度日，诸房同共相度诣实，即于义田米内量行济助。”[⑨]

两年后，范仲淹去世，其二子范纯仁（官至宰相）也将自己官俸所得用来发展义庄，加之族人捐献使义田数量增至 3 000 亩，并向朝廷汇报建立义庄

① 卞国凤．范仲淹宗族福利思想研究［D］．长春：吉林大学，2003：8.
② 冯尔康．中国宗族史［M］．上海：上海人民出版社，2009：184.
③ 冯尔康．中国古代的宗族和祠堂［M］．北京：商务印书馆，2013：150.
④ 冯尔康．中国宗族史［M］．上海：上海人民出版社，2009：184.
⑤ 郭文佳．民间力量与宋代社会救助［J］．新乡学院学报，2008（3）.
⑥ 郭文佳．民间力量与宋代社会救助［J］．新乡学院学报，2008（3）.
⑦ 转引自：郭文佳．民间力量与宋代社会救助［J］．新乡学院学报，2008（3）.
⑧ 冯尔康．中国宗族史［M］．上海：上海人民出版社，2009：184.
⑨ 郭文佳．民间力量与宋代社会救助［J］．新乡学院学报，2008（3）.

的情况，请求政府对损害义庄利益的人按国法判处。宋英宗批准了范纯仁的请求，下令由苏州地方官对义庄进行备案，给予保护。同时他与三弟纯礼、四弟纯粹从神宗熙宁六年至徽宗政和七年间，先后十次续订规矩，名为《续订义庄规矩》，分别就教育、义庄管理、义田经营、奴婢给米、宗族财产保护等方面做了相应规定，使组织制度更加完善，具有很强的可操作性。在南宋宁宗嘉定六年，范仲淹六世孙范良器又制订《续定规矩》12 条，要点是重申和完善范仲淹所定《规矩》及保护族产[①]，注重把救济分配与受助者品行相联系。义庄初建时登记在册的族人数量为 90 口。当时的千亩义田“岁入粳稻八百斛。以其所入，给其所聚，沛然有余而无穷”[②]。此后，范氏家族人口不断增多，义田虽经过一些波折，但规模也在扩大，且逐渐稳定下来。至南宋时期，3 000 余亩的义田已赡养范氏族人数百口。在范良器兄弟使义庄“岿然复兴”之时，养活族人约 450 口，与初创时相比，已是“五倍之矣”[③]。

3.2.1.2 义学

宋代是我国历史上教育比较发达的时代，不仅官府在各州县立学，民间私塾教育也极其兴盛。义学又称义塾，不是范仲淹首创，但以义庄为经济基础的义学则源于范氏。范氏义学是在义田的基础上建立起来的，以义田的产出和收入为主要经济来源，为宗族内部提供福利教育的组织。[④] 与其他族塾的区别在于，它对族众是免费的，而在此之前的族塾对于族众是有费用要求的。[⑤]“范文正公曾建义宅，置义田、义庄，以收其宗族，又设义学以教养咸备……为其宗族者，宅于斯，学于斯。”[⑥]

尽管义学始创于范仲淹，但关于义学设立的具体规定见于范纯仁主持修订的《续订义庄规矩》，具体体现在如下三方面：①关于对科举考试的资助。子弟前去参加科举考试的，领钱十贯，再次赴考的减半。领钱不参加考试的，而没有正当理由的，追缴。[⑦] 嘉定三年（1210 年），根据物价涨动情况，为使

① 冯尔康．中国宗族史［M］．上海：上海人民出版社，2009：184.

② ［宋］范仲淹．范仲淹全集［M］．成都：四川大学出版社，2007：1169.

③ ［宋］范仲淹．范仲淹全集［M］．成都：四川大学出版社，2007：1173.

④ 卞国凤．范仲淹宗族福利思想研究［D］．长春：吉林大学，2003：10.

⑤ 卞国凤．范仲淹宗族福利思想研究［D］．长春：吉林大学，2003：10.

⑥ 卞国凤．范仲淹宗族福利思想研究［D］．长春：吉林大学，2003：10.

⑦ ［宋］范仲淹．范仲淹全集［M］．李勇先，王蓉贵，校．成都：四川大学出版社，2007：1160.

“诸房子弟知读书之美，有以激励”，又对“得贡大比者”追加奖励金额，得解赴省，支钱一百千文，中举人及补入太学者支五十千文。[①] ②教师的选择问题。诸位子弟内选年曾得解或预贡有士行者二人充诸位教授；虽不曾得解预贡而文行为众所知者，亦听选。仍诸位共议。[②] ③教师的待遇问题。学生满十人，教授每月领糙米五石；学生满八人，领糙米四石；学生不满六人，领糙米三石。[③] 而教师的报酬除了来源于义庄收入外，还鼓励各房捐款。[④] 关于范仲淹倡导兴学育才所取得的成效，元代李祁在《文正书院》中说：“学校之遍天下，自公始……而后开学校，隆师儒，诱掖劝奖，以成就天下之士，且以开万世道统之传，则公之有名教，夫岂少哉?”

范氏义学在南宋末年的混乱中被火烧毁，但受范氏义学的影响，宗族设置义学的逐渐增加。南宋刘宰说，自范仲淹作义庄始，“吴中士大夫多仿而为之”[⑤]。元初由范仲淹七世孙和八世孙邦瑞，迁至天平山麓的三让里，义学有校舍30间，设有会讲之堂。[⑥] 中祀范仲淹，分设知本、敬身二斋，还设有教师休息之地及饭堂菜园，建有围墙，是名副其实的学校。[⑦] 范氏在元代还设有文正书院，此书院中经明初的废兴，一直延续到清代，范氏定有《文正书院会课规则六条》，讲课期、出课、阅示、奖励、杜弊、供应诸事。[⑧] 范氏有义学、书院两级学校，构成了完整的宗族学校体系。[⑨]

3.2.1.3　义宅

“义宅”近于现代意义上的福利院，是“鳏、寡、孤、独、废疾者”的收养安置场所。[⑩] 义宅的首创者也是范仲淹。据《范氏复义宅记碑》中记载，“城中（苏州）有范文正公义宅，乃范仲淹知杭州归吴所创，聚族其中”[⑪]，

---

① 转引自：王卫平．从普遍福利到周贫济困［J］．江苏社会科学，2009（2）．

② ［宋］范仲淹．范仲淹全集［M］．李勇先，王蓉贵，校．成都：四川大学出版社，2007：1160.

③ ［宋］范仲淹．范仲淹全集［M］．李勇先，王蓉贵，校．成都：四川大学出版社，2007：1160.

④ 卞国凤．范仲淹宗族福利思想研究［D］．长春：吉林大学，2003：11.

⑤ 冯尔康．中国宗族史［M］．上海：上海人民出版社，2009：189.

⑥ 冯尔康．中国宗族史［M］．上海：上海人民出版社，2009：190.

⑦ 冯尔康．中国宗族史［M］．上海：上海人民出版社，2009：190.

⑧ 冯尔康．中国宗族史［M］．上海：上海人民出版社，2009：190.

⑨ 冯尔康．中国宗族史［M］．上海：上海人民出版社，2009：190.

⑩ 卞国凤．范仲淹宗族福利思想研究［D］．长春：吉林大学，2003：11.

⑪ 转引自：廖志豪，李茂高．略论范仲淹与范氏义庄［J］．学术月刊，1991（10）．

“使其族属世世居焉”①。地址在灵芝坊祖宅（今范庄前），三面环流，占地约两百亩，环境优美。“宅有二松，名堂以岁寒，阁曰松风，因广其居以为义宅，聚族其中。”② 义宅虽然与义田同时而设，义宅所提供给受济者的物资、钱财也都来源于义田的收入，但义宅的救济范围与义田不尽相同。范氏义庄的福利普及到范氏宗族成员中的每一个人，后继者也施济于宗族以外的乡邻，但义宅的救济对象仅限于本宗族中没有亲人、没有劳动能力的弱势人群，对这些人员的救济给养，使其不至流落无依。③ 若房舍需要修葺则自行解决，如果本人无力维修，义庄支钱修缮。④ 同时也对义宅的使用做了明确规定，“族人不得以义宅舍屋私相兑赁质当”⑤。而且，对义宅中收养的寡妇，对她们的“贞洁”行为给予表彰，设立贞洁牌坊，这种嘉奖在强调儒家“孝”“义”思想的过程中，加强了对族众“移风易俗”的文化宣传，自然也就会产生社会效果，以约束人们的言行。

从义田、义宅、义学的三项内容中，可以发现范仲淹的福利思想是一个联系非常紧密的体系，而且救助功能随着时代的发展不断完善。救助范围囊括领口粮、领衣料、领婚姻费、领丧葬费、领科举费、借住义庄房屋、借贷等七个方面。这一体系充分利用和发挥了宗族组织的功能，使“宗族”这一封建社会中最基本的、首要的社会结构构成要素具有了对个体更强的控制力和吸引力，从而保持了这一组织的稳定性。⑥

3.2.2 范氏义庄的主要特点

1）健全的自治性管理制度

范氏义庄健康发展、长久存续的重要原因是其有一套健全严谨的管理制度：①族内实行户口登记制度，确定宗族正式成员资格，便于发放和领取物品。族人生儿育女要在两个月内向义庄报告，说明出生者性别、出生日期、

① 转引自：张文．宋朝民间慈善活动研究［D］成都：四川大学，2004：57.

② 廖志豪，李茂高．略论范仲淹与范氏义庄［J］．学术月刊，1991（10）.

③ 卞国凤．范仲淹宗族福利思想研究［D］．长春：吉林大学，2003：11.

④ 冯尔康．中国古代的宗族和祠堂［M］．北京：商务印书馆，2013：150.

⑤［宋］范仲淹．范仲淹全集［M］，李勇先，王蓉贵，校．成都：四川大学出版社，2007：1164.

⑥ 冯尔康．中国宗族史［M］．上海：上海人民出版社，2009：184.

嫡母或生母姓氏、排行及小名。管理人经调查证实，予以登记，则为正式成员，享受应有权利。[①] 并规定，“有吉凶增减口数，尽时上簿”[②]。此条关注人口增减的及时，以防止出现纰漏。②在管理人的产生上，范仲淹在手订《规矩》中规定：管理人需经家族各房（分支）公推共举，然后由家族长老认可再遴选出来，以期让正派、公道、有声望者膺任其职。[③] 范氏义庄到南宋庆元年间（1195—1200 年）范良遂掌庄时，已经形成了一套完整的义庄管理机构：范氏义庄自掌庄之下设立主奉（宗子）、提管（掌管行政、户籍等）、主计（出纳）、典籍（会计）、塾师（司仪）等职，下辖各房（支）长后又增加房（支）长佐理，各有职守，互相补充，互相纠弹。[④] 后来虽有所增补仍以初定规矩为宗旨。③在管理人的权力上，《续订义庄规矩》规定，义庄事惟听掌管人依规处置，其族人虽是尊长，不得侵扰干预，违者许掌管人申官理断。[⑤] 这样既保证了管理人的权力不受侵犯，也可以使其承担管理责任，做到权责对应。④在管理人报酬发放方面，《义庄规矩》载明，管理人员的报酬取决于族人对其工作好坏的评定，族人甚至有权告发管理人的不公正行为，交由全族人作出判断。这种类似于今天的民主监督与绩效工资的做法无疑对管理人的日常工作具有很强的督促作用。这种古老的民主式选拔方式，确保了管理人具有广泛的家族群众基础和公认的社会声望。[⑥]

2）倡导者的道德人格魅力和门风家范

慈善事业是一项捐财助人、克己待他、泽利众生的博爱事业，它的成功运行离不开主事者，也就是组织者的号召力，特别是道德人格的号召力。范氏义庄能延绵 800 年而不绝，能在朝代更迭、战乱频仍、天灾连连中延续传承，不断发展，与范仲淹及其子孙的道德人格力量有着极大的关系，并产生一定的社会公信力。范氏义庄的建立与发展，首先离不开范仲淹的人品、学识、官阶、身份等在宗族具有的很高威望，为族众矗立起永久的精神丰碑。范仲淹的几位儿子都能遵从父训，承继志愿，光大乃父事业。在义庄慈善事

① 冯尔康．中国古代的宗族和祠堂［M］．北京：商务印书馆，2013：152.

② 范文正公文集，卷八，义庄规矩。

③ 张军．范氏义庄作为慈善机构何以运转 800 年［J］．法人文化，2013（8）．

④ 卢森机．族田义庄的福利供给和保障功能研究［D］．上海：华东理工大学，2012：24.

⑤ ［宋］范仲淹．范仲淹全集［M］．李勇先，王蓉贵，校．成都：四川大学出版社，2007：1161.

⑥ 张军．范氏义庄作为慈善机构何以运转 800 年［J］．法人文化，2013（8）．

业方面，他们不断地投入钱财和精力，完善义庄规矩。[①] 范仲淹长子范纯祐去世较早，没有参与义庄扩张、完善事务，其余三子范纯仁、范纯礼、范纯粹都积极参与义庄事务，尤其是次子范纯仁，曾两度出任宰相，在政坛上有显赫政绩。[②]《宋史》本传记载：范纯仁“自为布衣至宰相，廉俭如一，所得奉赐，皆以广义庄”[③]。元代李祁在《文正书院记》中指出：“自公贵时置义庄义学，以淑其族人，公（范仲淹）殁，而子孙世守之不废。”[④] 范氏义庄在后代王朝战乱中几经废弃，但是范仲淹的嫡系子孙始终不忘祖先的遗训与教诲，一代一代地艰难却又不懈地推行着义庄慈善事业。

3）集体资产的保护与保值、增值

在义庄资产的保护方面，《义庄规矩》为防范族人侵犯义庄财产做了一系列规定，如规定不许偷砍祖坟及其附近的竹木柴薪，不得到坟山放羊；禁止侵犯范仲淹创立的天平功德寺产业；不得霸占义庄水塘物产及妨碍佃户用水；不准以他人名义租种义庄田地，等等。违者都会根据不同程度罚没米、钱等福利的供给。[⑤] 由于《义庄规矩》得到官府认可，对族内违犯者可以究官治理，保障了规矩的权威性。另外，《义庄规矩》对于义庄田产的购买也有相关规定，如为了避免义庄资产的纠纷，规定增广义庄田产所购买的土地务必为绝田（不得为买主赎回）。上述诸多严密的防范措施避免了义庄资产遭到侵蚀。

在义庄资产保值、增值方面，范氏义庄规定其集体田产必须租给可靠的佃户租种，倘若义庄管理人不能如数收取租息，将会由管理人赔付或从其待遇中扣取，这样就基本保证了义田租息的收入，同时也可将福利分配后的剩余租息用来购买更多田亩，起到增值的效果。特别是到清朝后期，一些宗族组织也参与到工商业的经营中，将宗族族田收入发放殷实商贾生息，将庄房租给商人做店铺、货栈。另有不少宗族将族田租入交“子姓之精贸易者”营运，或资助族人经营工商业。[⑥]

① 诸葛忆兵．范仲淹与义庄［J］．文史知识，2010（8）．

② 诸葛忆兵．范仲淹与义庄［J］．文史知识，2010（8）．

③ 诸葛忆兵．范仲淹与义庄［J］．文史知识，2010（8）．

④［宋］范仲淹．范仲淹全集［M］．李勇先，王蓉贵，校．成都：四川大学出版社，2007：1190.

⑤ 冯尔康．中国古代的宗族和祠堂［M］．北京：商务印书馆，2013：152.

⑥ 卢森机．族田义庄的福利供给和保障功能研究［D］．上海：华东理工大学，2012：24.

此外，《义庄规矩》也规定了防备灾荒的储备粮提取办法，灾荒期食物轻重缓急分配办法等，如约自皇祐三年以后，每一年丰熟，务留二年之粮。若遇凶荒，除给糇粮外，一切不支。[①] 以防集体资产的过度透支，使其具有可持续性。

4）由宗族普遍性福利到周济贫困

范仲淹建立义庄的目的，一方面是周济族内穷人，另一方面也是为了促进族内成员关系的团结和睦和延续宗族的发展，因此所建立的义庄制度是自远祖以来全族范围内普遍的社会福利制度，而且保障种类较为全面，涉及族人的衣食婚嫁丧葬等诸多方面，远远超过了当时的社会救助水平。义庄初设时，范氏族人仅 90 余口，岁入租米 800 斛，故“以其所入，给其所聚，沛然有余而无穷”[②]。由于宗族成员不断增加，生齿日繁，而义田数量所增有限，且赋繁课重，普遍福利的原则虽未打破，但已窒碍难行，难以为继，逐渐向以救助族中之贫困成员为主转变。[③] 这种倾向早在北宋元符元年六月续订规矩中已见端倪，其中有“诸位子弟官已升朝，愿不请米绢钱助赡众者，听”一条，虽非义庄强行规定，但与范仲淹手定规矩已有所变化。[④] 元明时期，资料阙如，情况不明。[⑤] 清朝康熙十七年《续申义庄规矩》中规定：“体贫劝学以示教养。祖泽本以周急不以继富，嗣后子孙寡妇贫无子老至六十、贫有子老至七十者，俱计年递加优给；其家殷者，虽老无子，例不加给。”丧葬抚恤亦以贫富为实施原则，逐步明确周贫济困的救助宗旨。[⑥] 事实上，在宋代其他士绅举办的义庄以及明清诸多义庄中大多都以“周贫济困”为义庄宗旨。如宋代刘辉办义庄是出于“哀族人之不能为生者”的动机[⑦]，向子諲办义庄也是为“赡宗族贫者”[⑧]；清代松江华亭（今属上海）张氏义庄周济范围按照族人家产的多寡计算，每人若有八九亩田，收入可以度日，就不能支领。[⑨]

---

① ［宋］范仲淹．范仲淹全集［M］．李勇先，王蓉贵，校．成都：四川大学出版社，2007：799.

② 王卫平．从普遍福利到周贫济困［J］．江苏社会科学，2009（2）．

③ 王卫平．从普遍福利到周贫济困［J］．江苏社会科学，2009（2）．

④ 王卫平．从普遍福利到周贫济困［J］．江苏社会科学，2009（2）．

⑤ 王卫平．从普遍福利到周贫济困［J］．江苏社会科学，2009（2）．

⑥ 王卫平．从普遍福利到周贫济困［J］．江苏社会科学，2009（2）．

⑦ 转引自：邢铁．宋代的义庄［J］．历史教学，1987（5）．

⑧ 转引自：邢铁．宋代的义庄［J］．历史教学，1987（5）．

⑨ 冯尔康．中国古代的宗族和祠堂［M］．北京：商务印书馆，2013：153－154.

3.2.3 对范氏义庄制度发展的评价

1）范氏义庄是宗族自治性福利制度的典范

范氏义庄开创了中国民间自治性福利制度的先河。义庄的创办不仅救助了族内贫困者，使其能够生存下去，而且对官吏、士大夫起到了率先垂范的作用。[①] 特别是范仲淹及其子孙所建立起的一套自治性管理制度不仅使范氏义庄可以存续800余年，同时也为后继义庄制度的发展提供了蓝本[②]，其依靠宗族兴办教育的方式对后世的教育事业发展也产生了深远影响。在北宋时期除了范仲淹首创义庄外，见于记载者仅吴奎、韩贽、向子諲及刘辉数族而已。[③]至南宋日渐普遍，见于记载者有40族之多[④]，几乎遍及南宋全国，规模大小不同，其赡养方式也多沿袭范仲淹及其后人所订立的义庄规矩，但也有若干新的改变。而义庄的建设，经历元明的发展，到清代中后期呈现了普遍化的趋势，在民间自治性福利发展史上具有重大意义。清末的冯桂芬说"义庄之设普天下"[⑤]。北宋范仲淹创设义庄，当时人仅看作一般性义举，并不知道其深远意义。到了清朝，人们的认识已经大为改观，乾隆帝的"诗友"沈德潜就曾说，尊祖敬宗收族，以建设义庄为最好方式。钱大昕在七律《范文正公祠》中咏道："义田遗泽尚如新，古貌依稀佛地人……未登宰相输琦弼，已到真儒继孟荀。"[⑥] 清末魏源说：如果有数百个义庄，分散在各个州县，"俾自教养守卫，则鳏寡孤独废疾者皆有所养，水旱凶荒有恃，谣俗有所稽查。余小姓附之，人心维系，盘固而不动，盗贼之患不作矣"[⑦]。

2）范氏义庄制度具有一定的局限性

范氏义庄深受宗族主义思想的影响，其局限性，首先表现在受益群体限制在本乡居住的本族人内部，属于宗族内部的团体性福利制度。虽然它也救助一些与范氏有亲戚关系的外族人，但救助范围和救助程度仍然非常有限，特别是对本乡的外姓人员也会具有排斥性。其次，范氏义庄只在分配领域作

---

① 郭文佳．民间力量与宋代社会救助［J］．新乡学院学报，2008.
② 卞国凤．范仲淹宗族福利思想研究［D］．长春：吉林大学，2003：12.
③ 转引自：梁庚尧．南宋的农村经济［M］．北京：新星出版社，2006：260.
④ 转引自：梁庚尧．南宋的农村经济［M］．北京：新星出版社，2006：260.
⑤ 冯尔康．中国古代的宗族和祠堂［M］．北京：商务印书馆，2013，80.
⑥ 冯尔康．中国古代的宗族和祠堂［M］．北京：商务印书馆，2013：82.
⑦ 冯尔康．中国古代的宗族和祠堂［M］．北京：商务印书馆，2013：82.

文章，财产属族人公有，土地不能出卖，它以救济形式把收入分配给族人，基本上实行平均分配。① 因此，不利于受益者提高自我发展能力，甚至由于提供了多方面福利使部分族人产生了依赖心理。最后，义庄规矩中的行为规范成为族人行为的准则，虽然发挥了宗族组织的约束作用，但道德伦理的灌输色彩浓厚。成员之间“有善相告，有过相规”，宗族组织越强，宗族成员之间的联系越密切，道德舆论的作用也就越大。② 特别是到明清时期，道德伦理的灌输色彩较为浓厚，如歧视寡妇再嫁，以族内福利嘉奖守节的寡妇，保障其生活等。

3.3　本章小结

宋代敬宗收族制度源于我国古代的宗法思想与传统的儒家“礼”的思想。儒家传统的“礼”逐步演变为规范君臣各自名位、职事的正当行为规则体系的礼制，是对宗法制度的维护。宋代由于社会环境发生了巨大的变动，魏晋以来的世家大族式的宗法制早已破坏殆尽，宋代儒家士君子结合新的时代特点，对儒家的“礼”加以改造，在皇权不下县的两宋王朝，“礼”成为乡绅自主治理宗族的伦理规范。尽管宋代敬宗收族制度主要体现在对祖先的祭祀崇拜、对族人的规范管理方面，对族人救济水平看似有限，却是宗族福利的发展源头。

范氏义庄是由深受传统宗法思想和儒家思想影响的范氏父子创办，是宗族自治性福利组织，也为后世所效仿。它的福利内容体系、健全的自治性管理制度、资产保值增值方法以及范氏家族门风家范、人格魅力都对后世宗族福利制度的发展产生了积极影响。但范氏义庄对外族人员排斥，不利于民间合作秩序的扩展。同时，其对道德伦理的灌输也产生了一定的负面影响和异化。

---

① 廖志豪，李茂高．略论范仲淹与范氏义庄［J］．学术月刊，1991（10）．

② 卞国凤．范仲淹宗族福利思想研究［D］．长春：吉林大学，2003：13.

4 局域性自治性福利制度

局域性自治性福利制度是指超越了血缘性色彩且只在局部地区产生和发展的自治性福利制度，以敦煌私社与吕氏乡约为典型代表。另外，新安互助社是徽州地区民间百姓将私人储蓄转为公积金用于养老的一种民间互助经济组织；万桂社是流行于福建地区读书人以资助到京赴考路费为目的的一种经济互助组织；而黑金社是白鹿洞学生为了冬天取暖，共同筹资买炭，用于御寒的的福利组织。本章主要考察史料较为详尽的敦煌私社与吕氏乡约。

4.1 敦煌私社

在唐五代及宋初期间，敦煌地区的社邑有官社和私社两种形式。[①] 官社即在一定程度上具有官方强制性的民间公共事务组织，如由州县司组织实施的里巷社，即以地域组织，要求每户都要参加，除了举办例行的春秋社祭以外，有时还负有协助官府劝课农桑，催驱赋役，维持社会治安之责。[②] 私社是指民间百姓自发参与组织的自治性活动团体。宋初敦煌地区私社盛行，如互助社、佛社、巷社等，这些私社主要从事丧葬、生活互助活动，春秋坐局席餐饮聚会活动及佛事活动，或者两三类活动兼而有之。以下主要考察敦煌私社的丧葬等社会福利活动。

4.1.1 敦煌私社产生的社会背景

1）敦煌私社的建立源于当地人们的习俗和实际需求

在敦煌文献中保存的通知社人参加各种活动的社司转帖有260多件，其中最引人注目的就是“春秋坐局席转帖”和“身亡社司转帖”。[③] 就数量而言，以“春秋坐局席转帖”为多，达七十几件（包括复本和抄本等）；“身亡社司转帖”虽总数居第二位，但多为实用文书，不像“春秋坐局席转帖”那

① 陈国柱．宋代乡村救助的新特点［D］．石家庄：河北师范大学，2008：25.

② 杨际平．唐末五代宋初敦煌社邑的几个问题［J］．中国史研究，2001（2）．

③ 郝春文．再论敦煌私社的“春秋坐局席活动”［J］．敦煌学辑刊，2006（1）．

样多为不完整的抄件。[①] 春秋坐局席活动源于我国古代先民对大地的崇拜，春社的祭祀是向社神（象征着抽象的大地）祈年（丰收），秋社的祭祀是向社神报获（感恩）。[②] 可见，当地民众设立私社的初始目的之一很可能是源于祭祀神明，祈求丰收的需要。随着人们对自然的认识能力增强，人们祭祀的虔诚程度减弱，活动的时间也具有很大的灵活性，于是春秋坐局席活动更多体现社员聚会宴乐和沟通情感的需要，而私社组织的实际功能也逐渐由春秋坐局席活动转向了丧葬互助和其他生活互助活动，甚至一些私社还遗弃了春秋坐局席活动。私社活动之所以主要转向丧葬互助是源于唐宋时期人们的厚葬习俗，他们把是否为去世的长辈置办丧事和丧事花费多少视为“孝”与“不孝”的标准[③]，遇丧葬事往往竭尽家财置办丧事，消费大量财力、物力及人力。加之敦煌地区位于边疆地区，民族间战事不断，当地百姓大多生活贫苦，丧葬消费支出超出了一般家庭的经济承受能力，于是丧葬互助活动便成为当地人们的一种更具现实的需求。另外，社邑中的儒家伦理教化以及诸多佛事活动也在一定程度上满足了生活在物质匮乏、战乱年代中人们的精神需求。

2）佛教盛行对人们的互助行为产生重要影响

唐、五代、宋初，敦煌地区佛教盛行，成为多数人的信仰。今世行善轮回转世时能得到好的报应，社人通过从事佛教活动获得了宗教力量保佑的精神安慰。[④] 大多数敦煌私社都是僧俗吏民自愿结成的民间私社[⑤]，结社人数从十几人到几十人不等。[⑥] 从具体的活动内容上看，佛社与互助社混杂不清。如在敦煌私社中，互助社，时人或称为兄弟社、亲情社，以联络感情、互济互助为主要宗旨，有的还兼行一些佛事活动（主要是斋会之类活动）；佛社则以修窟、造像、燃灯、行像等为宗旨，有的还兼行丧葬互助等活动。[⑦] 从敦煌私社与寺院的关系上来看，两者关系极为密切。在聚会、丧葬活动中都有僧人

---

① 郝春文．再论敦煌私社的“春秋坐局席活动”［J］．敦煌学辑刊，2006（1）．
② 郝春文．再论敦煌私社的“春秋坐局席活动”［J］．敦煌学辑刊，2006（1）．
③ 陈国柱．宋代乡村救助的新特点［D］．石家庄：河北师范大学，2008：28.
④ 陈国柱．宋代乡村救助的新特点［D］．石家庄：河北师范大学，2008：27.
⑤ 杨际平．唐末五代宋初敦煌社邑的几个问题［J］．中国史研究，2001（2）．
⑥ 高天霞．论唐宋时期敦煌民间结社的当代意义［J］．东南学术，2012（4）．
⑦ 杨际平．唐末五代宋初敦煌社邑的几个问题［J］．中国史研究，2001（2）．

参与其中，社邑活动也经常在寺院举行。① 当然信仰佛教的社员也会积极参与佛事活动。如社邑会集中信仰佛教的成员进行营窟等大型的佛事活动，以便于宣传佛教思想，扩大佛教影响。社员除了在宗教上的信仰，更多的是祈求宗教力量保佑农业生产风调雨顺、自己和家人健康平安，它也是一种以精神为表现形式的相互救助。② 可见，当地佛教的盛行、人们对佛教的信仰与私社的互助活动密切相关。

4.1.2 敦煌私社的运行

1）敦煌私社健全的民主管理机制

敦煌遗书中有关社邑的文章约有400件左右，它们绝大部分属于唐后期到宋初之间，依据内容不同可分为“社条”、“社司转帖”、“社历”、“社文”和“社状牒”等五类。③ 其中，“社条”是社邑组织和活动的规约，相当于结社的章程。尽管各个社邑的社条不尽相同，但大体包含结社目的、活动内容、社人之权利与义务等内容。④ “社司转帖是社邑通知社人活动的通知单”；“社历是社邑的收支记录”；“社文是社邑在举行活动时所做的斋文、祭文、燃灯文、功德记等；社状牒是社邑处理投社、退社及其他事务时使用的文书 ”。⑤

根据敦煌时人摹写的《某甲等谨立社条》可大体了解私社的组织形态。其具体内容如下：

（1）社条是由全体社人通过民主协商后统一制定的。如在议定社条中要求“各取众人意怀”、“谨具社人名目，用为后凭验”；⑥ 又据祷坊巷女人社社条记载：“戊辰年（968年）正月廿四日祷坊巷女人围坐商议立条，合社商量为定。”⑦ 这些都说明了在制定社条时充分听取众社人的意见。同时，社条一经制定，即是社人的最高行为准则。为了确保社条的执行力度，众社人在参与了社条的制定后都需要具名画押。⑧

---

① 陈国柱．宋代乡村救助的新特点［D］．石家庄：河北师范大学，2008：25.
② 陈国柱．宋代乡村救助的新特点［D］．石家庄：河北师范大学，2008：25.
③ 高天霞．论唐宋时期敦煌民间结社的当代意义［J］．东南学术，2012（4）.
④ 高天霞．论唐宋时期敦煌民间结社的当代意义［J］．东南学术，2012（4）.
⑤ 宁可，郝春文．敦煌社邑文书辑校［M］．南京：江苏古籍出版社，1997：12－21.
⑥ 高天霞．论唐宋时期敦煌民间结社的当代意义［J］．东南学术，2012（4）.
⑦ 宁可，郝春文．敦煌社邑文书辑校［M］．南京：江苏古籍出版社，1997：27.
⑧ 高天霞．论唐宋时期敦煌民间结社的当代意义［J］．东南学术，2012（4）.

（2）社邑的日常事务由“三官”管理执行。一般而言，“三官”是指社长、社官和录事或者社长、社官和社老[①]，由社人推举，具有对社邑的治理处罚权。“立条以后，一取三官裁之”，“凡为事理，一定至终。只取三官获裁，不许众社紊乱”，说明了“三官”依照“社条”对社邑日常事务进行管理，也说明了“三官”的权威。在“三官”中，社长多为名誉首领，真正主事的是社官，录事负责行文发帖以及社邑活动的日常筹备工作。据相关社条记载，一旦社人不服从“三官”的命令，通过处以杖罚来保障“三官”的权威。[②]但当社长、社官、社录三人意见不一发生冲突时，社条明确规定要求三官遇事一定商量决定，如 B4960 文书[③]规定：“或有不享社礼，不知君臣上下者，当便三人商量。”[④] 通常而言，社长、社官、录事三者职权相互牵制。[⑤] 社人要对录事的发帖通知严格执行，不得延误，否则将会受到处罚。如据该社条样稿记载，“忽若录事贴行，不拣三更半夜”[⑥]，即说明不管三更半夜，只要贴至诸家即需签押传递，不得延误。另外，当社人违背社条，处罚主要有诸如罚麦、罚酒、决杖甚至是开除出社等具体规定。[⑦]

（3）社人大会具有最高的权力，包括制定社邑的最高法规“社条”以及选举、弹劾和罢免“三官”。据敦煌相关文书记载，由于三官之一的录事不听社官指挥，导致“功德难办”，于是社人罢免了他的职务，重新选出了合适的管理者，而且不论是新社官还是社人，对于商议后制定的条式都要“专情而行，不得违背”。[⑧] 可见，在社邑中，真正拥有权力的是社人大会。

（4）社务公开原则。敦煌的私人结社对于凡重要的事都有文字记录，如社条、集会通知、处罚决定、社人退社申请、提议提案等。此外，详细和严格记录社文和各种往来账目。如在发现的 43 件记载各种收支账目的社历中，绝大多数是使用过的；身故纳赠历是社人和社司对亡故的社人或相关人员的

---

① 孟宪实．论唐宋时期敦煌民间结社的组织形态［J］．敦煌研究，2002（1）．

② 宁可，郝春文．敦煌社邑文书辑校［M］．南京：江苏古籍出版社，1997：38.

③ 这是敦煌遗书文书编号，因历史原因敦煌遗书收藏在不同国家的博物馆，因此文书编号的方式会有所不同，此编号为来自北京图书馆藏敦煌遗书编号。

④ 党晓虹．中国传统乡规民约研究［D］．杨凌：西北农林科技大学，2011：27.

⑤ 金滢坤．论唐五代宋元的社条与乡约［J］．敦煌研究，2008（1）．

⑥ 高天霞．论唐宋时期敦煌民间结社的当代意义［J］．东南学术，2012（4）．

⑦ 张晓磊．唐五代宋初敦煌社邑的几个问题［J］．兰州：兰州大学，2011：39.

⑧ 高天霞．论唐宋时期敦煌民间结社的当代意义［J］．东南学术，2012（4）．

捐赠记录。[①] 这显然有利于社人对“三官”和社内其他成员的监督。[②]

2）敦煌私社的福利性活动

敦煌私社中具有福利性的活动主要体现在丧葬互助、帮助社人营办婚嫁和垒屋等方面，但以丧葬互助活动为主。另外，社邑还通过提供麦粟油面等物品的借贷在起到互助作用的同时，也增加了社邑公共物品的积累。总体而言，社邑作为一个具有乡村社会救助功能的民间组织，它在社人的权利义务，资产的来源与运营、救助与赏罚标准等方面都有明确的规定。

（1）社人的丧葬权利与义务相对应原则。由于社众的家庭规模大小不一，如果社人的每位家属都有获赠（指死后获得助葬）权利，那么单身或一夫一妻家庭与上有数位老人的大家庭在权利、义务上就难以相对平衡。[③] 针对这种情况，许多施行丧葬互助的社邑对吊唁对象加以限制，有的仅限于社人本身，有的限于社人本身及其妻、父母，有的限于社人家内三人，有的限于社内十岁以上三人。这后两种情况即所谓“三驮”或“三赠”[④]，是指先由社人在入社规定的期限内比其他社人额外多缴纳三驮米粟，即可享受三个符合规定的家庭成员获得丧葬补助的权利，即“三赠”。其中实行“三驮”办法的社邑约占实行丧葬互助社邑的半数。[⑤] 另外，在敦煌私社中，大多社邑规条规定社邑成员身份具有世袭性[⑥]，如 S5637[⑦] 背载：“乃立文案，结为邑社，世代追崇”；敦煌汉文写本第 3730 号背载：“凡为立社，切要久居，本身若云亡，便须子孙承受，不得妄说辞理。格例合追□游，直至绝嗣无人，不得遣他枝眷。”[⑧] 这不仅有利于社邑组织的稳定发展，同时也体现了权利与义务的继承性，这是对同代人权利义务不平衡的一种有效补充手段，具有现代意义上的权利平等与契约精神。

（2）丧葬互助的具体实施方式。社邑中丧葬互助的规定不尽相同，不同

① 孟宪实．论唐宋时期敦煌民间结社的组织形态［J］．敦煌研究，2002（1）．
② 孟宪实．论唐宋时期敦煌民间结社的组织形态［J］．敦煌研究，2002（1）．
③ 杨际平．唐末五代宋初敦煌社邑的几个问题［J］．中国史研究，2001（2）．
④ 杨际平．唐末五代宋初敦煌社邑的几个问题［J］．中国史研究，2001（2）．
⑤ 杨际平．唐末五代宋初敦煌社邑的几个问题［J］．中国史研究，2001（2）．
⑥ 卜秋香．唐宋时期的邑社［J］．青海师范大学学报：哲学社会科学版，2005（3）．
⑦ 伦敦英国国家图书馆馆藏敦煌遗书斯坦因（Stein）编号．
⑧ 卜秋香．唐宋时期的邑社［J］．青海师范大学学报：哲学社会科学版，2005（3）．

社邑之间互助的亲属数目、物品种类和互助程度存在着不同。[①] 一般来说，当社邑内有社人或者规定的互助亲属死亡时，社邑的负责人发放转帖，按照社条的规定进行操办。[②] 首先，社人需要按照社邑转帖规定交纳自己的一份助葬物品，并把它送到指定地点。如具斯 2242 号录事发帖文书《某年七月三日张昌进身亡亲情社转帖》记载：

"右缘张昌进身亡，准例合有吊酒一瓮，人各粟一斗，褐布色物二丈。帖至立便于凶家取。齐，捉二人后到，罚酒一角，全不来罚酒半瓮。其帖立递速分付，不得停滞，如滞帖者，准条科罚。帖周却赴（付）本司，用凭告罚。七月三日录事令狐押牙。"[③]

由此帖可见助葬物品有酒、粟、布（除了这三样以外，在其他社司转帖中也有使用饼、油、柴、绫绢等助葬物品），并且数量一般已经达到一种定例，同时规定了对于违反命令的处罚办法。其次，社司（应该等同于"社官"）是社邑丧葬互助活动的组织者，他负责助葬物品的缴纳记录、收纳、丧葬的组织等活动。[④] 再次，在社条规定的社人助葬物品之外，有的社邑还规定了送葬的办法并要求对死者表现出应有的哀痛。[⑤] 如伯 4525 太平兴国七年（982 年）二月社条："或若荣葬之日，不得一推一后，须要荣（勾）勿，临去之日，尽需齐会，攀棺擎上此车，合有弟酒一瓮，随车浇醉，就此坟墓，一齐号叩。"[⑥] "社人在丧葬活动中全体参与解决了丧葬家庭人力不足的问题，还让丧葬家庭感受到社邑组织的人文关怀。"[⑦] 最后，有些社邑对社人除了丧葬以外的其他家庭重大开支项目，比如修建房屋、男女婚姻、远行等也采取了类似的救助方式，甚至有的社邑到一定时期会把社邑的公共积累分给社人，如伯 3108[⑧] 背就有"社司付社人黄麻历"的记载，但多数情况可能是在民间节日前从"义聚"中拿出一部分物品作为节料支付给社人。[⑨]

---

① 张晓磊．唐五代宋初敦煌社邑的几个问题［J］．兰州：兰州大学，2011：33.
② 张晓磊．唐五代宋初敦煌社邑的几个问题［J］．兰州：兰州大学，2011：33.
③ 转引自：张晓磊．唐五代宋初敦煌社邑的几个问题［J］．兰州：兰州大学，2011：33.
④ 陈国柱．宋代乡村救助的新特点［D］．石家庄：河北师范大学，2008：28.
⑤ 张晓磊．唐五代宋初敦煌社邑的几个问题［J］．兰州：兰州大学，2011：36.
⑥ 转引自：陈国柱．宋代乡村救助的新特点［D］．石家庄：河北师范大学，2008：29.
⑦ 陈国柱．宋代乡村救助的新特点［D］．石家庄：河北师范大学，2008：29.
⑧ 注：巴黎法国国立图书馆藏敦煌遗书伯希和（Pelliot）编号。
⑨ 郝春文．敦煌私社的"义聚"［J］．中国社会经济史研究，1989（4）.

（3）社邑公益资产的积累。在大部分敦煌私社的丧葬互助等救助活动、春秋坐局席宴饮聚会及因事聚会等事务中，饮食用度等物品来源通常是根据社邑转帖由社人临时准备聚集。随着社邑组织的发展成熟，在敦煌为数众多的私社中，有一部分置有“义聚”①。“义聚”是私社的公共积累，用于社邑的公共活动和社内成员遇到危难时的赈济帮助。如据“唐大中某年儒风坊西巷社补充社条”中云：“所置义聚，备凝凶祸相共助诚，益期赈济急难。”② 敦煌私社公共资产积累包括的范围十分广泛，有面、麦、粟、黄麻、油等，甚至还有土地，置有“义聚”的私社一般都有自己的仓库以供贮存物品之用。③

“义聚”贮备的资财都是来源于社人，社人的资财通过以下四种方式进入社邑“义聚”内：一是社人在入社时缴纳的，在敦煌私社中，在采用“立三驮名目”办法的社内，社人要取得遇到丧亡时其他社人纳赠较丰厚的物品的权利，其条件之一就是须事先一次或分批向社内缴三驮粮食，这些粮食也就成了社邑的公共积累；二是社邑在举行营葬活动、参加春秋坐局席活动时社人缴纳物品的盈余；三是社人受罚时所交的物品，社人如有违反社条、不听社内首领指挥、不参加社的活动等行为都要受到处罚，其最常见的处罚就是勒令被罚者向社司交纳一定数量的物品；四是社邑把“义聚”的物品出贷给社人，收取利息，也是“义聚”物资增值的一个因素。④ 关于敦煌社邑的借贷职能，在社邑文书的便物历中得到了明确的反映。据记载，通常在春季乏粮时把粮、油、面、麦、粟、种子、黄麻等基本生活物品贷给社人，到秋收后加利收还，一般要收取50%的利息，低者利率也会达到1/3左右。⑤

4.1.3　敦煌私社的发展特点

1）经历长期的发展演化

私社具有悠久的历史起源，是经过长期发展演化而逐步形成的民间自治团体组织。从先秦时代开始，社邑（社）即作为中国古代的一种基层社会组织。早在汉代，传统的社邑就出现了私人化和自愿化的倾向，在官社之外有

① 郝春文．敦煌私社的“义聚”［J］．中国社会经济史研究，1989（4）．
② 郝春文．敦煌私社的“义聚”［J］．中国社会经济史研究，1989（4）．
③ 郝春文．敦煌私社的“义聚”［J］．中国社会经济史研究，1989（4）．
④ 郝春文．敦煌私社的“义聚”［J］．中国社会经济史研究，1989（4）．
⑤ 张晓磊．唐五代宋初敦煌社邑的几个问题［D］．兰州：兰州大学，2011：33.

部分居民自己建立了私社，到汉末三国两晋南北朝时期，私社的职能可能增添了除了传统的社祭之外的其他职能，其性质和活动内容已与私社没有多大区别了；到唐五代时期，私社发展繁盛；而到了宋代，地域性的私社开始遍布城乡。

社邑的发展经由传统习惯发展为成文条约，然后再形成新的传统习惯的动态过程。[①] 在社邑出现之前，乡村就有临时性的私人救助活动，对于个体家庭无力负担的筑屋、营葬等大型活动，乡村中也大多集众人之力解决临时的负担困难。[②] 这种救助方式表现比较松散，缺乏必要的制度性约束，很容易解体。[③] 社邑的社条则在情感约束的基础之上制定了社邑活动的模式和惩罚标准，为乡村的社会救助活动提供了制度保障。

2）相对成熟的民主自治性

敦煌私社民主自治的程度很高。首先，敦煌私社具有民主和法治原则的意味。在敦煌私社中社人大会地位最高，有制定和修改社条、选举和罢免社官、决定重大事务等权力，社条为社内行为的最高准则。其次，敦煌私社中施行社人权利平等原则。尽管社人仍然受传统社会的封建礼俗影响，提倡长幼尊卑，但是所有的社条中对社人权利义务的规定都一样，对“三官”和一般社人义务不作区分，在惩罚规定上“三官”也没有特殊的免责权，其权限只是在社条规定之内执行管理，“三官”并不凌驾在社条之上。社邑成员在享受社邑给予的支援项目上也是同等的，成员的平等地位是由其对社邑的实际贡献与获得同等酬报决定。最后，敦煌私社实施社务公开原则。

3）组织形式和福利内容灵活多样

敦煌的各类私社的结社宗旨大致相同，即主要为赈济互助。社邑组织形态大多也比较健全，结社的具体活动内容围绕结社目的而进行。[④] 私社组织形式多样，其中有以性别为特征的，如兄弟社和女人社；也有以职业为特征的，如有军人、官吏结成的社邑等；还有以同姓宗族为特征的，以及以乡邻关系为特征的，等等。社邑的不同名称反映了不同职业、性别、宗族、地域的差别。福利内容上也多种多样，除了丧葬、婚姻、远行互助等，还有困难的周

---

① 陈国柱．宋代乡村救助的新特点［D］．石家庄：河北师范大学，2008：30.

② 陈国柱．宋代乡村救助的新特点［D］．石家庄：河北师范大学，2008：30.

③ 陈国柱．宋代乡村救助的新特点［D］．石家庄：河北师范大学，2008：30.

④ 史江．宋代经济互助会社研究［J］．中国社会经济史研究，2003（2）：95.

济、疾病的慰问、宴集娱乐等，也有集体合资买牛而建立的牛社，集体修建灌溉水利的渠社，甚至基于共同的精神信仰——佛教而组成的佛社，为了共同抵抗盗贼所成立的各种乡社等。

4.1.4 对敦煌私社的评价

4.1.4.1 敦煌私社所具有的积极意义

1）有效的社会救助功能

敦煌社邑是经过长期演化在民间自发形成的，它集众人之力进行社会救助，使基层百姓的基本生活得到一定程度保障，有利于乡村生活的稳定。① 社邑很好地组织了同一地域或同一行业之间的相互救助活动，满足了个体家庭维持生产和生活稳定的需要。② 敦煌社邑也被认为是后世的经济互助会社——合会发展的源头之一。

2）最具现代意义的自治性组织

敦煌私社的自治性主要体现在两方面：一方面，敦煌私社最能体现权利与义务对等关系和一定的契约精神。另一方面，敦煌私社非儒家士绅所主导，每个社人是社内事务的真正参与者，民主参与程度高。所有社人基本都是所在乡里的平民百姓，而非某个或几个儒家士绅起主导作用建立起来的。比如每个社人对于社条的制定、社司转帖等社内公共事务都需要亲自画押。

4.1.4.2 敦煌私社发展中存在的问题

1）存在家族化发展倾向

敦煌私社在发展中表现出一定的家族化倾向，这是由于敦煌私社尽管并非是由儒家士君子主导所建立的，却也深受传统宗法伦理和儒家礼教文化的影响。在隋唐时期，民间的私社组织有宗社与邑义之分。③ 宗社多为由同一宗族成员组成的结社组织；邑义多指聚居在同一村落的异姓成员的义聚组织。但由于古代宗法制度发达，多宗族住在同一村落，所以“邑”与“社”的区分本质上并不明显，通常情况下“邑”“社”互称。④ 因此，一些社邑即带有

① 张晓磊．唐五代宋初敦煌社邑的几个问题［J］．兰州：兰州大学，2011：24.

② 张晓磊．唐五代宋初敦煌社邑的几个问题［J］．兰州：兰州大学，2011：24.

③ 卜秋香．唐宋时期的邑社［J］．青海师范大学学报：哲学社会科学版，2005（3）.

④ 卜秋香．唐宋时期的邑社［J］．青海师范大学学报：哲学社会科学版，2005（3）.

宗法伦理色彩。如以 ѝx11038 号文书①《索望社案一道》为例："谨立索望社案一道，盖闻人须知总约宗亲。四海一流之水，出于昆仑之峰；万木初是一根，分修垂拔引叶。今有仑之索望骨肉，敦煌极传英豪，索静弥为一派，渐渐异息为房。见此逐物意移，绝无尊卑之礼，长幼各不忍见，恐辱先代名宗……。②由此可见，索望一族立社的原因不仅在于社人互助，还有通过对社人进行宗族伦理教化，实现宗族认同，增强宗族凝聚力，达到尊祖敬宗的目的。而传统儒家文化倡导的仁、礼等思想除了维护传统的宗族伦理秩序，也增强了人与人之间的互助情怀。敦煌社邑文书的社条中经常会出现敦煌胜境，"家家不失于尊卑，坊巷传于孝义"之类的记载，这虽是溢美之辞，却是社人良好的愿望和追求。中国古代"出入相友，守望相助，疾病（则）相救，民是以和睦"即是儒家伦理所倡导的，亦深深影响民众的心理。③ 虽然传统的宗法伦理与儒家文化对于人们之间结社相助，增强情感慰藉和人文关怀具有重要推动作用，却也容易使敦煌社邑自治福利团体组织打上家族化倾向的烙印，不利于自治性组织的壮大和扩展。当然这与中国传统农耕文明的经济生产方式有着莫大关系。

2）出现费用负担过重现象

敦煌地区，大多数私社不同程度地受到地方寺院的影响甚至控制，在举行经济互助活动的同时，兼行佛教活动，其成员的负担就比单纯的佛社和私社重得多，有些家贫的社人因此更加贫困，不得不要求退社，敦煌遗书斯5698 载社司准予社户罗神奴请求除名状即为一例。④ 另外，敦煌大多数私社的财物筹集机制特别强调权利与义务对等，社人不论家庭贫富都需携带一样的物品（承担均等的义务），缺少对特殊困难人群的必要照顾。另外，敦煌私社内存在春秋坐局席等定期不定期的饮酒聚会活动，也会耗费社人一定的财物，更加重了贫困社人的经济负担。

---

① 俄罗斯联邦科学院东方研究所圣彼得堡分所藏敦煌遗书编号。
② 张晓磊．唐五代宋初敦煌社邑的几个问题［D］．兰州：兰州大学，2011：39.
③ 卜秋香．唐宋时期的邑社［J］．青海师范大学学报：哲学社会科学版，2005（3）．
④ 史江．宋代经济互助会社研究［J］．中国社会经济史研究，2003（2）．

4.2 吕氏乡约

乡约是乡村社会出于自我约束而形成的管理规范和组织。① 具体而言，乡约是由士绅自主发起，以一定的地缘和血缘为纽带，以社会教化为主要目的而共同设立的一种民间基层组织形式及生活规则。② 最早的乡约是在北宋熙宁年间由理学家吕大钧创立推行，史称“吕氏乡约”③。吕氏乡约是后世乡约的发展源头和榜样，特别是对明清乡约的发展产生了深远的影响，构成了我国古代一种重要的乡村基层自治制度。士绅发起乡约制度的目的是教化乡里，重建基层社会秩序，“成吾里仁之美”④，而乡约中“患难相恤”条款明确规定了入约者的相互救助的权利与义务，体现了一定的社会福利特性，这也是吸引民众入约的直接因素。

4.2.1 吕氏乡约产生的社会背景

1）礼治败坏的基层社会环境

首先，宋代处于唐末五代十国以来传统的宗法制度解体的时代，导致了血缘关系对民众的凝聚作用减弱，出现了道德败坏、伦理失序的乱象，加之宋初与周边的战乱，不抑田制、土地兼并等造成的社会矛盾激化，产生了重建基层社会治理秩序的现实需求。

其次，宋代基层礼治败坏的发生与政府对基层治理的方式也有很大关系。在中国古代传统社会，政府对乡里社会的管理与控制一直处于比较松散的状态，乡里教化在维护乡里社会正常运行中起着十分重要的作用。⑤ 起到这种教化功能的通常是在乡里具有一定身份地位和道德威望的乡官，然而到了唐代中后期，中国古代乡里制度开始由乡官制向职役制转变，社会教化功能大大降低。到宋仁宗时期，职役制已经成为乡里制度的主流。⑥ 宋代政府赋予乡里

---

① 翟秀娟．宋代乡约制度研究［D］．济南：山东师范大学，2012：5.

② 翟秀娟．宋代乡约制度研究［D］．济南：山东师范大学，2012：5.

③ 周扬波．宋代士绅结社研究［D］．杭州：浙江大学，2005：15.

④ ［宋］吕大临，等．蓝田吕氏遗著辑校·吕氏乡约乡仪篇［M］．陈俊民，辑校．北京：中华书局，1993：567.

⑤ 翟秀娟．宋代乡约制度研究［D］．济南：山东师范大学，2012：15.

⑥ 翟秀娟．宋代乡约制度研究［D］．济南：山东师范大学，2012：15.

管理人员的职责权限也使其管理基层社会能力下降。在宋代，乡里管理人员几乎很少有收入，而且权小责大，负担繁重，社会威望大大降低，他们往往疲于应付官府的差遣，甚至还弄得倾家荡产、妻离子散，自身处境十分堪忧，也就更谈不上实施对乡里社会的教化。特别是在熙宁三年王安石推行保甲法之后，乡里领袖已由原来的乡官彻底沦为州县官任意驱使的役职。保甲法虽然在一定程度上起到了抵御外敌的作用，但也造成了百姓征调负担加重，基层社会秩序混乱的负面影响，并且使乡里社会承担的教化功能也丧失殆尽。①

2）礼学思想的影响

在礼治败坏的基层社会环境下，乡约之所以最先出现在陕西蓝田与关东礼学的盛行有很大关系。张载作为关学学派的奠基者，开创关学“躬行礼教，崇尚气节”之风和汉唐之后伦理社会化之先河。② 张载把“礼”由形而下之器，发展为形而上之道，以此作为宋代社会与国家秩序重构的哲学依据。③ 张载倡导“平民之礼”“礼下庶人”“往教”等思想无不对乡约的产生具有理论指导意义。④ 黄百家称：“横渠之教，以礼为先。先生条为乡约，关中风俗为之一变。”⑤

面对基层社会仁义尽失，伦理失序的社会现状，而官府的管理能力尤其是教化能力的萎缩，饱学宿儒吕大钧制订乡约纲领，并且率先组织人力将其予以推行，体现了宋代士绅阶层，利用民间力量自发恢复社会秩序的可贵尝试。

3）民间自发结社组织的启示

宋代民间自发结社组织对乡约的产生也有重要启示意义。在《吕氏乡约》产生之前，宋代社会已出现了民间自发的社会组织。吕大钧与其兄的书信中说：“今小民有所聚集，犹自推神头、行老之目。”⑥ 与其友人刘平叔书信中则云：“今庠序则有学规，市井则有行条，村野则有社案，皆其比也，何独至于”乡约“而疑之乎？”⑦ 可见，乡约的产生已经有一定的社会基础，受到民

① 翟秀娟．宋代乡约制度研究［D］．济南：山东师范大学，2012：15.
② 魏涛．张载“以礼为教”思想探析［D］．西安：陕西师范大学，2005.
③ 杨建宏．论张载的礼学思想及其实践［J］．湖南大学学报：社会科学版，2006（2）．
④ 魏涛．张载“以礼为教”思想探析［D］．西安：陕西师范大学，2005：2.
⑤ ［元］脱脱．吕范诸儒学案：宋元学案：六卷三十一［M］．北京：中华书局，1986：1097.
⑥ 杨建宏．宋代基层与礼制社会控制研究［D］．成都：四川大学，2006：96　.
⑦ 杨建宏．宋代基层与礼制社会控制研究［D］．成都：四川大学，2006：96　.

间聚会以及学规、行条、社案等约法形式的影响。①

4.2.2 吕氏乡约的内容与运行

4.2.2.1 吕氏乡约的主要内容

《吕氏乡约》纲领由吕大钧制订于熙宁九年（1076年）十二月初五。② 吕大钧在丁父忧后闲居在家数年，专心讲道劝义。“吕氏乡约”是他在乡“讲道劝义”的一个组成部分，在制订出纲领后随即与同道在乡间推行。此后南宋理学家朱熹将《吕氏乡约》重新编改修订成《增损吕氏乡约》。

《吕氏乡约》是第一部比较完整的乡约，主要包括乡约和乡仪两部分：乡约主要内容有德业相劝、过失相规、法共行之和患难相恤四个方面；乡仪主要规定乡间的行为规范和礼仪。③《增损吕氏乡约》的主要内容有德业相劝、过失相规、礼俗相交、患难相恤和月旦集会读约之礼五个部分。④ 其中，“礼俗相交”是朱熹结合《吕氏乡约》“法共行之”条和“乡仪”而成。⑤ 在乡约的四部分内容中，每部分又包括若干条款，对言行举止、服饰礼仪、长幼秩序作了详细规定，其核心内容分别为赏善、惩恶、礼仪、救济。⑥ 具体如下：

“德业相劝”规定了居乡之人所应具备的善行，分为“德”“业”两部分，“德”要求“见善必行，闻过必改”。“德”的具体标准包括“能广施惠，能受寄托，能救患难，能导人为善，能规人过失”等方面，这不仅体现了儒家的“仁义”理念，也为“患难相恤”条款提供了道德标准。“业”主要是指居家在外的一些为人处事标准。

“过失相规”主要论述了犯规的诸种形式，分为犯义之过、犯约之过（违背乡约的过失）、不修之过三部分。实际上是用儒家礼教来匡正乡民，使其在德业、修行、交友、礼俗等方面不失儒家礼教，并以礼教作为行为准则。⑦

“礼俗相交”一款主要是对同约中人日常交往的礼节加以规定，要求“凡

---

① 杨建宏．宋代基层与礼制社会控制研究［D］．成都：四川大学，2006：96 .
② 周扬波．宋代士绅结社研究［D］．杭州：浙江大学，2005：16.
③ 陈国柱．宋代乡村救助的新特点［D］．石家庄：河北师范大学，2008：18.
④ 陈国柱．宋代乡村救助的新特点［D］．石家庄：河北师范大学，2008：18.
⑤ 陈国柱．宋代乡村救助的新特点［D］．石家庄：河北师范大学，2008：18.
⑥ 翟秀娟．宋代乡约制度研究［D］．济南：山东师范大学，2012：15.
⑦ 金滢坤．论唐五代宋元的社条与乡约［J］．敦煌研究，2008（1）.

与乡人相接及往还书问，当众议一法共行之”[①]。即儒家礼制与乡民日常活动结合，使乡民在日常婚丧、交友活动中有礼可循。[②] 在此条款中，通过共同约定的礼俗来规范约内成员的往还礼节，其中蕴含了大量的人与人之间的互助内容。如规定：“凡遇庆吊，每家只家长一人，与同约者皆往，其书问亦如之。……所助之事，所遗之物，亦临时聚议，各量其力，裁定名物及多少之数。若契分浅深不同，则各从其情之厚薄。凡遗物婚嫁及庆吊，……计所直多少，多不过三千，少至一二百……。凡助事谓，助其力所不足者，婚嫁则借助器用，丧葬则又借助人夫……。”[③] 可见，“礼俗相交”通过规范约内成员在生老病死、婚丧嫁娶等日常事务中的“礼尚往来”，为约内成员提供了一定的物质帮助及生活援助。

4.2.2.2　吕氏乡约的“患难相恤”条款

“患难相恤”是乡约中最具福利性质的条款，体现了人与人之间的合作与互助，其条款规定了水火、盗贼、疾病、死丧、孤弱、诬枉、贫乏等七种急难的情况下约中成员的具体义务帮助事宜。[④] 其条款内容具有如下特点：

1）全方位的社会救助

救助种类涵盖安全保障（水火、盗贼方面的援助），疾病、丧葬救助，孤弱者的生活与教育救助，法律援助，贫困者的生活救助甚至涉及生产救助等生老病死婚丧嫁娶、生产生活等各个环节。

---

① 翟秀娟．宋代乡约制度研究［D］．济南：山东师范大学，2012：8.

② 金滢坤．论唐五代宋元的社条与乡约［J］．敦煌研究，2008（1）.

③ 翟秀娟．宋代乡约制度研究［D］．济南：山东师范大学，2012：9.

④ “患难相恤条款”的具体内容：一曰水火。小则遣人救之，大则亲往多率人救之，并吊之耳。二曰盗贼。居之近者，同力捕之。力不能捕，则告于同约者，及白于官司，尽力防捕之。三曰疾病。小则遣人问之，稍甚则亲为访医药。贫无资者，助其养疾之费。四曰死丧。缺人员则往财其事，缺财则赙物及与借贷吊问。五曰孤弱。孤遗无所依者，若其家有财可以自赡，则为之处理，或问于官，或择近亲与邻里可托者主之，无令人欺罔；可教者，为择人教之，及为求婚姻；无财不能自存者，叶力济之，无令失所，若为人所欺罔，众人力与辨理；若稍长而放逸不检，亦防察约束之，无令于不义也。六曰诬枉。有为诬枉过，恶不能目申者，势可以闻于官府，则为言之有，方略可以解则为解之，或其家因而失所者，众以财济之。七曰贫乏。有安贫守分而生计大不足者，众以财济之，或为之假贷置产，以岁月偿之。凡同约者，财物器用车马人仆，皆有无相。假若不急之用，及有所妨者，亦不必借。可借而不借及逾期不还，及损坏借物者，皆有罚。凡事之急者，自遣人遍告，同约事之缓者，所居相近及知者，告于主事，主事遍告之。凡有患难，虽非同约其所知者，亦当救恤，事重则率同约者共行之。转引自：翟秀娟．宋代乡约制度研究［D］．济南：山东师范大学，2012：9.

2）有限水平的救助

约内成员之间相互救助是量自身的财力状况，同时也根据患难者所遭灾祸的大小等实际情况予以援助。如对孤弱者的救助，“孤遗无所依者，若其家有财可以自赡，则为之处理……无财不能自存者，叶力济之，无令失所”。亦如对贫乏的救助，规定：“有安贫守分而生计大不足者，众以财济之，或为之假贷置产，以岁月偿之。凡同约者，财物器用车马人仆，皆有无相。假若不急之用，及有所妨者，亦不必借。可借而不借及逾期不还，及损坏借物者，皆有罚。”这些都体现了根据约内成员与患难者的实际情况，秉持量力相助原则。

3）提供的救助满足患难者的实际需要

约内成员基本都是同一乡里的百姓，了解彼此的情况，当一方遭受灾祸时其他约内成员既能提供第一时间的援助，同时提供的援助也最符合患难者的实际需要，帮助其尽快走出困境，恢复生产生活。

4）具有精神救助性质

无论是在礼俗相交中所规定的对于婚丧嫁娶、遗物等的庆吊，还是对于孤弱者的“托人主之，择人教之，为求婚姻，勿令失所”，还是为人“亲访医药，为人解诬枉”，都含有一种人与人之间的关怀友爱。此外，乡约规定了凡乡人有患难之事，即使其人非入约者，约中人也应当对之进行救恤，体现了乡约全面整合乡里秩序的抱负和情怀。①

4.2.2.3 乡约的组织模式与活动方式

宋代乡约作为由民间士绅主导的民间组织，有其明确的组织模式和活动方式。② 乡约设“主事”负责管理事务，分为“约正”和“直月”两种。“约正”一至二人，作为乡约最高领袖掌管决断赏罚之权，由成员推选正直不阿者担任。“直月”一人，按年龄依次担任，一月一更，选举的原则是“不以高下，依长少输次为之”，负责管理约中杂事。③ 该组织采取定期聚会的活动方式，每月一小聚，每季一大聚，聚会时将入约之人近期的善恶之行悉数记录下来，并按照规定行使赏罚，同时成员们也可以在聚会时提出平时遇到的各种问题，由所有成员共同商讨应对。而乡约成员入约的方式则是“来者亦

① 周扬波．宋代士绅结社研究［D］．杭州：浙江大学，2005：17.

② 陈国柱．宋代乡村救助的新特点［D］．石家庄：河北师范大学，2008：20.

③ 周扬波．宋代士绅结社研究［D］．杭州：浙江大学，2005：16.

不拒，去者亦不追”，是一种自愿参与的方式，面向对象是广大乡人。乡约一般采取众议的方式来解决约内事务，在同约之人犯大过后，多采聚众议的方式决定是否驱逐其出约。《增损吕氏乡约》也规定犯大过不能改或劝之不服的约民“听其出约”①。

4.2.3　吕氏乡约的特点

1）以重建基层礼制秩序为目标

《吕氏乡约》的创立目标是教化民众，移风易俗，是士绅利用民间力量自发恢复社会秩序的代表性尝试。②《乡约》前三部分“德业相劝”“过失相规”“礼俗相交”分别涉及乡里社会的教育、管理、礼仪等，是以儒家修、齐、治、平思想来教化、整齐乡里。“患难相恤”的条款主要目的也是为了维护基层社会稳定，实现“礼仁”社会秩序目标而设定。

2）具有社会教化功能，强化互助意识

乡约制度规定了入约乡民修身、治业、立家、交游应当遵循的行为规范，同时还为过往迎送、婚丧嫁娶等种种活动制定了礼仪俗规，这些行为规范和礼仪俗规都是“礼”在实际生活中的体现。③ 此外，在乡约条款中通过月旦聚会读约之礼的教化宣传、乡约成员执行乡约好坏程度的赏罚等措施来确保乡约条款的有效实施，一定程度上弥补了宋代基层职役制度对民间社会教化的不足，对民间社会起到移风化俗的功用，有利于民间秩序的稳定。乡约还有利于乡民之间互相救助观念的形成。乡约条款规定在约内成员遇到婚丧嫁娶、灾害、远行等重大事件时携带规定数量的物品去慰问或者帮助出力操办等，不仅给约内成员以物质援助，同时也使其得到精神慰藉。在这种相互“礼尚往来”之中，强化了人们之间的互相救助意识。

3）具有一定的基层自治性

乡约具有一定的自治性：①乡约的活动内容和组织规则得到乡约成员的认可。④ 虽然《吕氏乡约》是由吕大钧撰写，其兄弟参与制订的，但乡约制度是乡民自愿加入，乡约的组织活动内容及其规则得到了成员的认可。②乡

① 陈国柱．宋代乡村救助的新特点［D］．石家庄：河北师范大学，2008：20.
② 周扬波．宋代士绅结社研究［D］．杭州：浙江大学，2005：16.
③ 陈国柱．宋代乡村救助的新特点［D］．石家庄：河北师范大学，2008：21.
④ 翟秀娟．宋代乡约制度研究［D］．济南：山东师范大学，2012：17.

约的领导者是由乡约成员共同推举出来的，即“众推正直不阿者为之，专主平决赏罚当否”。③乡约内部的事务由乡约所有成员共同商议和处理，特别是在同约之人犯大过后，多采聚众议的方式决定是否驱逐其出约。

4）对管理层权力的制约不足

乡约主事的设置直接参照了私社的组织模式，但有所不同。乡约在某种程序上扩大了约正的权力，取代了私社中社长、社官、录事的相互牵制，而设月直逐月轮流替代，减弱了民主决策管理程序，增加了约正的权威。[①] 不论乡约的管理者约正是一人还是朱熹在《增损吕氏乡约》中把约正增至两人，都不能起到相互制约作用，因为月直只是乡约内日常杂事的管理者，每月轮流更替，不可能掌握乡约制度内的实际权力。[②] 这源于《乡约》设计之初就以乡村上层绅士来重建基层社会秩序，恢复礼制，教化民众的目的使然，有意加强“约正”的权威，使其“专主平决”，使约内成员共同商议事务的权利减弱。[③]

4.2.4 对吕氏乡约的评价

1）乡约对后世乡村社会治理具有重要意义

乡约对于基层社会福利发展的意义在于，其教化功能有助于人们之间在宗法制社会背景下形成超越家庭与家族之外的人与人之间的互助观念，有利于陌生人之间社会互助的产生和扩展。乡约更重要的意义在于它具有的乡治价值。在我国历史上，自秦汉以来历朝官府对基层社会主要依靠乡官来进行组织管理，形成了比较精细的管理组织体系。[④] 但到了宋代，职役制逐渐代替乡官制成为乡里制度的主流，朝廷在乡间的代理人由职官变成了职役，管理乡里社会的能力也大大下降。在出现权力真空的情况下，宋代乡约制度的产生为基层社会治理提供了一种新的范式，即以当地乡绅为主体自主管理民间社会，官府的权力与基层社会之间出现了士绅阶层这一屏障，使命令与执行之间出现了一个可以迂回的弹性地带。此种范式成为宋代以降，特别是明清政府治理基层的一种有效手段。

---

① 金滢坤．论唐五代宋元的社条与乡约［J］．敦煌研究，2008（1）．
② 金滢坤．论唐五代宋元的社条与乡约［J］．敦煌研究，2008（1）．
③ 金滢坤．论唐五代宋元的社条与乡约［J］．敦煌研究，2008（1）．
④ 翟秀娟．宋代乡约制度研究［D］．济南：山东师范大学，2012：21.

2）在宋代乡约未能得到有效推行

吕氏乡约虽然对后世特别是明清两代产生了深远的影响，在宋代尽管也得到一些热心公共事业的理学家诸如阳枋、胡泳、程永奇、潘柄等的推广和践行，但终究取得的成效有限。除了乡约条款本身存在一些问题外，比如个别条目繁简失当、宽猛失中等，主要有如下原因：

（1）乡约不能完全反映人们的现实需求。乡约的主要内容是道德教化，经济互助只是一小部分的内容。乡约的四项内容中，只有“患难相恤”与乡民的经济生活密切相关，其他三项都是乡约的发起者以儒家的道德礼教来约束乡民的思想和行为。① 道德教化与乡民的生活实际需求之间存在巨大鸿沟，乡民作为社会底层的劳动者，参加社邑等民间的社会互助性组织更符合他们的真实需要。并且在民众入约后，各种礼仪和惩戒措施使民众很难适应，在政府没有赋予乡约制度以一定的强制力的情况下，乡约的条款订得过于苛刻，乡约成员基于出入约自由的原则就会脱离乡约制度，使得乡约不能在更大范围内推行。②

（2）乡约未能获得政府的有效支持。在整个宋代存续时期，乡约并未像义役、社仓等组织那样得到官府的支持和推广。究其原因，乡约作为在野士绅试图重建基层社会治理秩序的探索，是对官府治理权威的一种挑战，甚至吕大钧在朝为官的仲兄吕大防都对此提出了质疑。为了保证政治的稳妥和安全，吕大防建议把乡约改为家仪。吕大钧对此做出的回应是认为将乡约改为家仪“于义不安”，因为乡人相约的德业相劝、过失相规主要是针对乡里行为的约定，并不适合家庭生活，而礼俗相成、患难相恤则是家庭生活的常识行为，根本不需要另行倡导。③ 同时也指出乡约是一项善举，并非只官员才可举办此类的社会公共事业。然而，宋代官府对于此种“异事”虽未强加禁止亦未予以支持，因而其发展有限。然而自宋代以降的明清社会，由于有政权统治力量作为乡约在民间实施的后盾，乡约制度在官方与地方士绅合作的情况下在基层社会得到有效贯彻，成为影响明清社会重要的基层社会治理方式，当然，在某种程度上它们也失去了宋代的民间自治性质。

---

① 翟秀娟．宋代乡约制度研究［D］．济南：山东师范大学，2012：30.

② 翟秀娟．宋代乡约制度研究［D］．济南：山东师范大学，2012：30.

③ 周扬波．宋代乡约的推行状况［J］．杭州：浙江大学学报：人文社会科学版，2005（5）．

4.3 本章小结

就地域而言，敦煌私社与吕氏乡约都产生在西北地区；按发展的历史来看，敦煌私社是经过长期发展演化而逐步形成的民间自治性团体组织；早在汉代就出现了具有私人化和自愿倾向的私社，而在唐、五代、宋初达到发展的繁盛时期。乡约制度的创办主要是源于吕大钧以儒家理念重建基层社会秩序的理想。就实际运行情况而言，敦煌私社盛行于敦煌民间社会，而乡约在两宋期间并未获得有效推行。究其原因，敦煌私社的社条往往是经全体社人共同商议，由当地的乡土文人、低级官吏以及有文化的僧尼担当执笔起草的，是基层民众为了患难相恤、斋会、敬佛等真实需求才自发相与结社，具有很强的社会救助功能；而由吕大钧所拟定的《乡约》是作者从自己的政治理想出发，试图以儒家礼教为核心的《乡约》来教化、治理乡村民众，重建基层社会秩序。社会互助只是作为教化治理的一种辅助性手段或者淳化民风的一种标志，并未充分反映民众的真实需要，对民众的吸引力不大。尽管乡约在明清社会基层得到很好推行，却是基于官府权力的渗透，失去了民众自愿出入约的自由。此外，尽管敦煌私社也存在受寺院剥削、社人费用负担过重、家族伦理化倾向等弊端，然而其内部民主自治机制相对健全；而儒家士绅主导的乡约制度内部管理民主水平较低，其或许源于儒家士绅的自身道德优越感。

5 政府推广型自治性福利制度

义役和社仓制度都出现在南宋初期，而且都曾经由孝宗皇帝下诏推广。义役制度在初创时期由当地乡绅牵头，在民间自发组织形成；后来政府加以推广。虽然官府介入，但义役的管理者仍然是民间人士，官府不得直接干预义役制度的具体运行，所以仍然具有自治的性质。社仓制度虽然在一开始筹资兴办时即获得政府的物质援助，但社仓事务的管理掌握在乡绅士君子手中，政府只起到提供一定的法律保障和监督的作用，具有较强的民间自治属性。当然，后来由于地方政府权力对义役和社仓制度进行直接干预，两项制度都出现了一定程度的异化。

5.1 义役

经过北宋160多年矛盾的堆积，义役制度终于在南宋初期催生出来。它是指“众出田谷助役户轮充”，即由多位应役户联合出田或者出资买田，并由承役人员协商按户等排定役次，以田产供当役户承役①，具有自治性特点。此外，义役还具有福利的特性，因为义役是由众人出田或者出钱财，共助役户，从经济上支援了服役者，纵使有所赔费，他们也可指望得到一定的补偿，减轻了自己的负担，财产得到保全。② 在南宋，民间义役早期的创立者汪灌就认为义役是一项福利制度，曾指出义役“名虽役而实仰给于众”。因此，义役是一项民间自治性福利组织。但在后来由于官府干预失当，这种自治性质的福利组织出现了异化。

5.1.1 义役制度产生的背景

义役制度的产生根源于北宋建国以来实施的乡役制度。乡役是指宋代政府以居住在乡里的百姓家资水平划分的户口等级为依据，依据户等水平高低而轮流为政府充当不同种类役职服务的徭役制度。在乡村服役者即为乡役人，

① 周扬波．南宋义役的利弊：以社团为角度的考察［J］．金华：浙江师范大学学报，2007（2）．

② 何高济．南宋的义役［M］//邓广铭，郦家驹，等．宋史研究论文集．郑州：河南人民出版社，2006：166.

包括里正、户长、乡书手、耆长、壮丁、弓手等，其中里正、户长、乡书手在乡里承担督课赋税、参与民户徭役差派等职责，他们当中以里正为首；而耆长、壮丁是逐捕盗贼和防止烟火，负责乡里治安的，其中以耆长为首。在差派过程中，乡役人不仅没有报酬，还要承担多种义务，一旦不能按时完成督税任务或者使政府财产遭受意外损失，需要自掏腰包向政府赔付损失，因此轮差的乡役人往往面临倾家荡产的风险；并且也有些役职诸如耆长、弓手等免费服役时限长，令民间百姓叫苦不堪。此外，在宋代由于户口等级划分不合理以及户口升降核查期限过久等原因，致使不同财富水平的百姓承担的徭役轻重差距过大，差役制度缺乏一定的公正性，这也给一些胥吏敲诈和鱼肉百姓以可乘之机。总之，乡役制度的实施给民间百姓造成了极大的困苦，也危害了基层社会的稳定与发展。

在此背景下，王安石在熙宁年间进行了役法改革，实行以应役民户交纳一定数量的免役钱募人应役来代替本人亲自应役的制度，被称为募役法。改革因为其自上而下的建构性质没有真正缓解老百姓疾苦反而出现新的弊端，最终在党争之下遭到废止，在元祐元年差役法复行，即史上所称的元祐更化。相较于北宋的乡役制度，南宋时期徭役之苦更是有过之而无不及。在宋室南渡之初，深受北宋末年差役与募役交相激荡的影响，在两害交乘之下，官府既长期向民间征收役钱，又强迫民户操持劳役而不给付任何酬偿，使百姓的差役负担更加繁重，遂形成了南宋 150 年间的变质差役——“乡都职役制度”，承役人地位更是一落千丈，沦落为人人厌恶、家家畏惧的贱役。

5.1.2 义役制度发展情况

在义役的初创阶段，以民间为主导，而在乾道七年（1171 年）进入政府推广阶段之后，义役遂向“官督民办”方向演化。①

5.1.2.1 民间主导型义役

关于民间义役的产生，学界通常认为最早是在绍兴十二年（1142 年）左右，在两浙路婺州金华县长仙乡，由 11 家役户首创的。绍兴十九年（1149 年），汪灌等人在浙江婺州金华县的另一所乡村——西山乡（今浙江金华）创立的义役通常被认为是民间义役的典范，其实施效果好，且持续时间也较长

① 葛金芳．两宋社会经济研究［M］．天津：天津古籍出版社，2010：129.

久。其记载如下：

当地人汪灌见乡役病民，聚大姓谋曰：吾乡之人，非父兄则子弟，顾哄于役，隳恩弛义，为耆老羞，职是嚣竞者，追胥科繇之惮耳。“率为里正，一岁长短相覆，亡虑费三十万”，于是他召集乡里大姓，建议“吾侪盍自实其资为三等，定著役之差次于籍，众裒金以畀当役者，役之先后视其籍，金之多寡视其等，他日户有升降，则告于众而进退之焉！名虽役而实仰给于众，尚何惮?”众杂然称善。即日立要束，无违者，既又以裒金之烦也，则众割田百亩庾之，约成，登其书于县而各藏其副于家，岁三月，乡众咸会，击豕釃酒，旧里正以田授新里正，成礼而退。自绍兴己巳迄于今几三十年，西山役讼不至于公门，君少以货补将仕郎”[①]。

由于义役起源于民间的自发创造，在政府推广之前各地的义役做法并不一致[②]，然而却具备由组织内部设立规则、成员对组织具有最低限度的认同、外部力量对组织非直接干预等自治性特征。

1）以当地乡绅为主导

深受差役之害的乡绅是倡导和操办义役的主体力量。乡绅群体积极动员当地民众筹办义役组织，为义役的兴办而竭尽心智。如王自中“尝以差役为风俗害，率同志为义社，第资产以定役次，由是乡间息争”[③]。金华义役也是由当地乡绅汪灌见乡役病民，聚大姓谋而最终创立。此外，乡绅也勇于为义役制度裒金捐田。如黟县程叔达“剖私产倡义役”，茅宗愈“亟捐膏腴数十亩倡之”，饶州德兴的董琦“义役法行，首出田粟倡之，事以时定，里人赖之”，萧元斋“乃走白上官，稽其物产而甲乙之编为义役”，婺州富人胡潜“捐田为义役，倡规划井然”等，都是当地乡绅富家主动出资倡导义役的例证。[④]

2）资产筹集主要来自民间

民间义役出资一般是视田产广狭、家资丰杀而定，田广丰资者多出。典型者如汪灌倡立的金华义役，21 户乡绅约定：“吾侪盍自实其资为三等……金之多寡视其等”，经费来源于众人按户等高低的摊派，即所谓“力出于众而

① 转引自：周扬波．宋代士绅结社研究［D］．杭州：浙江大学，2005：38.

② 葛金芳．两宋社会经济研究［M］．天津：天津古籍出版社，2010：129.

③ 周扬波．南宋义役的利弊——以社团为角度的考察［J］．浙江师范大学学报：社会科学版，2007（2）．

④ 转引自：葛金芳．两宋社会经济研究［M］．天津：天津古籍出版社，2010：130.

不偏弊于一家，事定于豫而不骤费于一日，又权不在官而吏无所容其私”①。另外，部分义役资产来自于当地乡绅的捐献，甚至有些乡里也会由少数富民出资，贫下户不必摊派。即便发展到政府推广阶段，大多数义役的资产也来自民间。②

3）义户参与的自愿性

义役制度主要是由当地乡绅倡导而建立起来的，但大多数乡绅多采用鼓励和劝说的办法，并不对乡间百姓实施强制。以宋儒孙应时在家乡余姚（今浙江余姚）乡居时组织的义役为例，在他写给余姚监丞施宿的信中说到：“年来所至，民物凋瘁，役户绝稀。惟义役略可救之，然议者多不主此说，未识仁侯以为何如？某居乡，每辄以此劝邻曲而不敢强，今所居一都稍稍乐从，渐欲就绪。”由此可见，义役在初创时期并不被乡户所认可，而是由当地士绅劝导，一定程度上体现了义役参与的自愿性。

4）承役人员享有役次排定的主动权

在役次的排序上，以往差役制度中常常由官府胥吏认定，现在转到义役制度中承役人员自主协商拟定。这就使“权不在官而吏无所容其私”，义役不再受胥吏们的干扰。③ 很多地区在义役排定上往往由义役成员“自相推评，排比役次，以名闻官”④，“自第名次，有司勿预”⑤，如王自中义役“第资产以定役次”，婺州金华汪灌义役“吾侪盍自实其资为三等，定著役之差次于籍，众裒金以畀当役者，役之先后视其籍，金之多寡视其等，他日户有升降，则告于众而进退之焉！名虽役而实仰给于众，尚何惮?”众杂然称善。⑥ 可见，在义役制度中承役次序的先后是民间众人根据资产多寡而自主达成的。此外，还有一种义役的简化形式，也被称之为“议役”，更能体现民众具有排定役次的权利。议役与一般性义役不同的是，役户毋须出田捐粟，亦不设置义役田产，唯诉诸公众评议的程序，来订立各家役户资产的等级，编排役次的先后秩序，分别役期的年月起讫，以促使役次的顺利接替，从而平息了许多无谓

① 张文. 宋朝民间慈善研究［D］. 成都：四川大学，2004：86.

② 张文. 宋朝民间慈善研究［D］. 成都：四川大学，2004：86.

③ 漆侠. 宋代经济史上册［M］. 上海：上海人民出版社，1987：496.

④ 葛金芳. 两宋社会经济研究［M］. 天津：天津古籍出版社，2010：133.

⑤ 葛金芳. 宋社会经济研究［M］. 天津：天津古籍出版社，2010：133.

⑥ 转引自：周扬波. 宋代士绅结社研究［D］. 杭州：浙江大学，2005：38.

的争讼。①

5）义役制度的规章、管理与监督

义役制度规章（要束）通常由成员共同商定，并以书面的形式记录成文。② 规章内容主要明确规定了应役民户的出资多少、役次排定规则、承役时间、对在役人员的资助水平及其他各种管理事项。由于百姓服役的对象是面向官府，也为了获得官府的认可，具有执行效力，所以规约的存放形式为向官府交纳一本，其余作为副册发给每位成员，被称为“义役册”。③ 并且内部管理者也多为推选产生，常被称为役首（有些地方也称“措置”），他们受托管理役田的营运、田租的出纳、役次的排比、役事的分配等事宜，成为义役实施的董理者。④ 除了役首之外，各地因实际需要也会另设数位内部管理人员。并且管理者也会有一定的任期，每隔一定时间会再次进行推举。然而义役制度内部对于役首的监察并不到位，据葛金芳考证，目前所见义役仅常熟一例，设机察以纠役首之弊。具体如下：

该县九乡五十都共置义役田地五万余亩，悉数在官司簿书上设置砧基而系于常平业物，不许公私典卖变易。通过众人评议，制定了义庄规约，将义田每岁收租约两万五千石米麦，按都份之大小、役事之轻重分拨给各都保正长役人，以助其执役之劳费。每都推举贤良役户各一户，主司义庄米麦分配事宜，名曰“措置”，另又选置“机察”一名，俾随时纠正义役运作的偏失。合计全县五十都自治干部有100人（户），义役法的营运，便可在合乎民意的形态下自行运作，从而排除胥吏乘机舞弄的机会，颇能矫正差役偏失，为乡民役户谋得实质上的福利。⑤

事实也证明，役首在无人监督的情况下易生化公为私、以权谋私等事，因此不少民间义役也败于义首徇私舞弊之上。⑥

---

① 黄繁光：南宋义役的综合研究［M］//林徐典．汉学研究回顾与前瞻．下册．北京：中华书局，1995：89.

② 周扬波．宋代士绅结社研究［D］．杭州．浙江大学，2005：39.

③ 周扬波．宋代士绅结社研究［D］．杭州：浙江大学，2005：39.

④ 黄繁光．南宋义役的综合研究［M］//林徐典．汉学研究回顾与前瞻．下册．北京：中华书局，1995：90.

⑤ 黄繁光．南宋义役的综合研究［M］//林徐典．汉学研究回顾与前瞻．下册．北京：中华书局，1995：91.

⑥ 葛金芳．两宋社会经济研究［M］．天津：天津古籍出版社，2010：133－134.

6）义役资产运营与分配

义役制度的营运通常分为两种：一是由承役民户按家资多少直接出粟，继而以粟募人代役，如江东路德州饶兴县即“按民产高下，各使出谷，名曰义庄，募人充户长”①。二是通过役户输钱、输田或者乡绅捐田等，新置一块属于义役制度的共同永业（或称为“义田”“义庄”），共推信义之家董理其事，是为“役首”。役首或者岁收永业田产出息，雇佣专人代役，以应办官司差遣，役户本身得以释下职役的负担；或者将义役田直接交给役户自行生产经营。如汪灌建立的义役制度，把义役田交给当役之户生产经营，每年三月举行仪式，“旧里正以田授新里正”②；或者岁取役田所产，轮流资助受差现役人户，使应役户得以顺利办妥艰难的差遣任务，而不至于陷入破家的危机，即形成了将差役弊害堵塞起来的互助式义役。③ 通常来讲，后者为各地常用之法，因为田产经营经久，可以取息，甚至用剩余息钱购买更多的义役田，所以从资金供给方面为制度的长久发展提供了保障。南宋中叶程洵说，“臣尝即是数者观之，莫徐行如出田者可以久者”。可见，义役是具有持续经营能力的互助组织。

5.1.2.2 政府推广型义役

政府推广型义役始于范成大给朝廷的奏陈。④ 事实上，政府推广阶段的义役与民间主导型义役并不是完全断裂的，两者不仅在时间上，而且所涉内容与实施规则都有一定的重合或者前后相承性，它们的区别主要体现在政府对义役制度的干预方式与程度上的区别。政府推广型义役主要特点如下：

1）官府逐渐成为义役实施的推动者

孝宗乾道四年（1168 年）八月，处州郡守范成大在处州松阳县倡行义役。⑤ 据淳熙十年（1184 年）十月四日蒋继周言：乾道五年五月（1169 年），

---

① 葛金芳．两宋社会经济研究［M］．天津：天津古籍出版社，2010：132.

② 转引自：刘云，刁培俊．南宋义役田的产权分析［J］．史学月刊，2009（4）．

③ 黄繁光．南宋义役的综合研究［C］//林徐典．汉学研究回顾与前瞻．下册．北京：中华书局，1995：89.

④ 另一种说法认为政府普遍推广义役源于绍兴二十七年中进士第的谢鄂，在未第之前曾在家乡临江军新喻县建立过义役，并编制义役法一书。其后，以此书闻奏朝廷，颁行诸路，行义役法。义役遂在各地普遍建立。载于：张文．宋朝民间慈善研究［D］．成都：四川大学，2004：86.

⑤ 葛金芳．两宋社会经济研究［M］．天津：天津古籍出版社，2010：127.

范氏“奏陈”处州松阳县行义役之事，要求朝廷让各地县官“依此劝诱”[①]。乾道七年（1171年）正月，范成大为中书舍人，上《义役札子》乞令“见知处州胡沂日下将六县已结义役规约，详细缮写成册，缴送以闻”。孝宗“闻之大喜，颁其法诸路”[②]。至此，政府将其作为正式制度加以推广。义役遂由民间创设渐向“官督民办”方向发展。各地郡守县令成为义役的推进力量。如李舜臣为饶州德兴宰时“以税数低昂定役久远，为义役”[③]。施宿知余姚，劝民义役。[④] 淳熙间，蜀人李文昭为宰，“教民为义役”，其后德兴明卓君也“按民产高下，各使出谷，名曰义庄，募人充户长。三十七都之人，贤者相劝勉，富者相倡率，奉明府令莫敢有违”[⑤] 等。

2）政府对义役予以一定物质援助

南宋政府地方官员在积极推广义役制度时，针对较为贫困的乡、都实施鼓励政策。如理宗初年，“知婺州魏豹文、王梦龙相继奏行义役，随役户田亩之数通计之，约雇役费用之需而均率之……又虑其事力单寡，承应不继，则拨官田及给官钱买田以助之，各都分厘为三等，上等事力有余，无待于助，次则酌中助之，下等助之加厚”[⑥]；江西袁州萍乡知县孙逢吉“与钱市田，教之义役”[⑦]；两浙路镇江府金坛县游仙乡21都的义役田产，先是由吕宗恪等人捐钱购买，其后由官府将没官田拨入充作义役田。[⑧] 另外官府还协助建立义役田产的储备与特别资助制度。如常熟县管理制度规定：“本县各都保正长，虽已分拨田租以充役费，而其间穷窄都分，或遇水旱，则役户必难支吾。今将诸郡率到官民户余剩助役钱及拘到端平二年三年不差苗长旧义役米钱，并本县拨到官钱共二万二千三百贯文官会，约可买田八百余亩，可得租米六百余石，别项桩积，于桩积米内斟酌均拨，支付役户，以助其用，申县照会。如宽都偶遇水旱特甚，委是费力，亦与量行给助。”[⑨] 而常熟县的管理制度是根

---

① 葛金芳．两宋社会经济研究［M］．天津：天津古籍出版社，2010：127.
② 葛金芳．两宋社会经济研究［M］．天津：天津古籍出版社，2010：127.
③ 葛金芳．两宋社会经济研究［M］．天津：天津古籍出版社，2010：130.
④ 葛金芳．两宋社会经济研究［M］．天津：天津古籍出版社，2010：130.
⑤ 葛金芳．两宋社会经济研究［M］．天津：天津古籍出版社，2010：130.
⑥ 葛金芳．两宋社会经济研究［M］．天津：天津古籍出版社，2010：132.
⑦ 葛金芳．两宋社会经济研究［M］．天津：天津古籍出版社，2010：132.
⑧ 转引自：刘云，刁培俊．南宋义役田的产权分析［J］．史学月刊，2009（4）.
⑨ 转引自：刘云，刁培俊．南宋义役田的产权分析［J］．史学月刊，2009（4）.

据嘉熙元年八月尚书省下发的《义役省札》制定的。可见，南宋政府建立义田储备与特别资助制度具有一定的普遍性。

3）地方官员干预义役资产的筹集与使用

尽管南宋政府明确强调地方官员不得干涉义役制度的具体运行，然而在义役资产筹集的过程中，地方政府权力仍有介入现象。如在按民户资产摊派资金购买义役田产时，具体承办差事的地方胥吏借推行义役之机把本在差役法中不需入役或者役事较轻的下户也被纳入义役分担资金，以伺机攫取贿赂之财，使下户贫苦百姓负担加重。如朱熹在淳熙年间任提举浙东常平司时指出，“下户只有田一二亩者亦皆出田，令出钱买田入官，上户田多之人或却计会减缩，所出殊少”，从而“贫民以资上户，此一未尽善也”①。此外，有些地方政府干预义役资产的使用。有的地方义役庄甚至被政府作为一个非正式的领饷机构。如王柏就曾向官方建议，要消灭“乡村恶少”这种潜在盗贼，可以采取借力打力的办法，即把他们中“武艺精者或补刺军额”，稍次的“充巡尉司弓手”，“又次者，或给贩济口券，或责付义役庄量给康，稍使充本都缉捕盗贼”，即将这些恶少募为缉捕盗贼的壮丁，而募役的资金则部分源于义役庄的收入。②

5.1.3 义役制度发展的特点

1）义役是乡绅改善徭役困境的努力

宋代统治者注重“以文治国”，采取“科举取士”与优待儒家士大夫等一系列政策措施，在乡村成长起一大批代表地方与民间利益的儒家士绅阶层，构成民间自治的主导力量。乡绅倡导义役不仅基于减轻自身的徭役负担，也源于他们服务乡里、改善社会风气的内在道德动机，这就使他们能够在差役危害乡里时敢为人先，奔走相劝，力求乡里的团结和睦与秩序稳固；同时，乡绅在民间社会有很高的威望和领导力，使民众信任他们并甘于接受他们的领导。

2）义役制度运营倚重礼制和道德

宋代社会有个显著特点：即儒家士人（在乡村主要是以乡绅为主）具有

① 周扬波．宋代士绅结社研究［D］．杭州：浙江大学，2005：41.
② 周扬波．宋代士绅结社研究［D］．杭州：浙江大学，2005：40.

教化性权威。儒家士人一向以位于“士农工商”的“四民”之首自居，具有“礼下士人”、易风化俗的使命。尽管他们不是官员，但是仍然具有知识上的权威，掌握着化民的“礼”，因此在民间社会实际上存在着以士绅为主导的教化性权威。因此，在义役制度内部也涵盖长幼有序等礼俗的成分。如在汪灌所发起的金华义役中称新旧里正交接的仪式为“礼成而退”。在这种礼制环境中，对于组织领导者的人品和道德有很高的要求。一旦后继领导者人品败坏，便很容易产生腐败和不公现象，义役制度成员便可能纷纷要求退回自己的出资或者田产，最终以失败告终。另外，参与义役制度的乡绅、士大夫过于强调道德的力量，又普遍认为典章制度难臻完善，只要不断致力于教育宣导，提升人心向上，便足以促使社会福利事业水到渠成，从而忽略了义役制度章程与管理制度的适时修订与更新，以及监督的重要性。

3）义役制度存在政府不当干预现象

一方面，政府在义役制度实施过程中扮演着积极的角色。比如在义役实施过程中，保管民间出资契约，如在汪灌金华义役中，“……众割田百亩庾之，约成，登其书于县而各藏其副于家”，即政府帮助义役制度界定产权归属问题。另外，政府通过制定一系列原则规范，比如规定义役制度必须设置“机察”，以纠义首之弊，但并不直接派官员做“机察”工作，而是要求由义役制度内部自行选出。

另一方面，出现了政府干预失当的状况。尽管宋代施行“仁孝治国”的政治理念，政治较为清明，但宋代却是高度中央集权的政治体制，在宋孝宗“颁法诸路”后，政府权力开始向义役制度渗透，义役制度由自下而上的民间自治性福利组织开始演变成政府自上而下推行的一项制度。民间义役效果很大程度上与当地官员贤愚有莫大关系。很多地方义役的推行忽略了当地条件是否适宜的因素。另外，有的地方政府干涉义役制度资产筹集与使用。如常熟县将义役田产“并系常平物业，不许公私典卖，亦不许移易转换，违者按法坐罪”。嘉兴府华亭县的义役田产，亦“充常平义役官产，他日不许役户盗卖执复，亦不许官户持射妄佃其业，亦不许复与名下抱租”，这无异于将民间集体私产公然掠夺充公，大大挫伤了民间兴办义役的积极性。①

淳熙十年，右正言蒋继周上奏认为义役本为“狭乡民贫，私相借助以供

① 葛金芳．两宋社会经济研究［M］．天津：天津古籍出版社，2010：138.

公上”的“乡里常情”，由于范成大“张大其事”成通行的官方制度，导致义役田的功能成了为“贿赂胥吏有常数”的设置。[①] 次年，监察御史谢愕将蒋继周的意见进一步阐发，认为义役是民间为应付官府“追扰”而创的便利措施。他以饶州德兴与吉州吉水役户受扰为例，认为要使义役成为良法，“当从民便，外其不愿义役及自有争讼，乃行差役”。显然，蒋继周、谢愕等都认为义役是民间自己的事情，政府不应该横加干涉。马端临在《文献通考》中认为，吏民矛盾在义役法推行过程中的日益突出，其祸首正是起于政府将其官方化造成的异化。[②]

5.1.4 对义役制度发展的评价

1）义役制度具有较强的生命力

义役自南宋初年在浙东出现，此后逐步推行于浙西、江西、福建等路。从发展数量上看，据葛金芳教授推测，在义役发展最繁盛期即南宋中叶，全境之中推行义役的乡（都）不会超过1/10。[③] 这是由于义役的推广也是需要一定条件的，如当地乡绅是否积极参与、当地经济发展状况、地方官是否秉公推行等。然而义役制度在南宋一朝与差役始终处在并行状态[④]，甚至在元代也得到了大规模的发展。这表明义役制度尽管在实施中存在诸多问题，却有着较强的生命力。一是义役制度反映了当时人们的实际需求。二是义役制度是基于自愿原则建立起来的，乡里民众基于义役制度运转的实际情况，可以有自由的进出权。一旦义役制度运转不良或者出现不公正、腐败等现象，民众至少可以“用脚投票”，退出该组织。因此，义役制度在一些地方总是有需求。然而由于制度本身设计不公、制度变异、管理不善、胥吏破坏、政府干涉等问题败坏了义役制度，所以其发展几乎总处在“有建有败”“边建边败”“边败边建”的状态中。

2）义役制度实施效果喜忧参半

民间自发义役制度的实施效果总体来说在实行初期效果较好，后期异化。因为首倡义役的大多是当地为民兴利的良绅。但是由于缺乏有效监督，义役

---

① 周扬波．宋代士绅结社研究［D］．杭州：浙江大学，2005：41.
② 周扬波．宋代士绅结社研究［D］．杭州：浙江大学，2005：43.
③ 葛金芳．从南宋义役看江南治理秩序重建［J］．中华文史论丛，总第85辑．
④ 葛金芳．两宋社会经济研究［M］．天津：天津古籍出版社，2010：124.

制度发展到后来由于当地豪绅列强的把持，往往就变成通过义役转移自身徭役负担，谋取私利的工具。

政府推广型义役也有不少成功案例，特别是政府颁布《义役省札》使义役在各地得到一定程度的推广；政府对义役在物质上的援助也缓解了部分承役人员的负担。但相较于民间主导阶段义役而言，政府推广阶段义役存在的问题更加严重，演化成一种“不义之役”。主要原因是政府的不当干预使义役制度发生了异化。“淳熙十一年，御史谢谔言：‘义役之行，当从民便，其不愿者，乃行差役。’上然之。”① 经宋孝宗批准，南宋役法开始实行“义役差役，各从民便”的双轨制。②

5.2　社仓

社仓是由南宋理学家朱熹及其好友创设的一种救济乡里贫困农民，保障其基本生活，发展农业生产的民间自治性福利组织。首先，社仓在运行中由地方政府或者乡里富家提供粮谷，设置贷本，以低利或者无息借贷给贫困农民作为农业资本或生活费用。③ 它以贫困农民为借贷主体，以保障农民生产生活为目标。其次，尽管社仓制度在运行过程中获得南宋政府一定的物质援助，受到当地政府官员的监督，然而社仓的实际管理人员是当地乡绅士君子而不是政府官员。另外，尽管南宋政府下诏推广社仓制度，实质上是一种道德号召，社仓制度真正得以在各地推广实施从根本上来说是社会现实需求和儒家理想交互作用的结果。④

5.2.1　社仓产生的社会背景

促使朱熹及其同门好友魏掞之在乡里创设社仓的直接原因是当时民间灾荒，百姓食艰，而南宋政府对农村社会救助缺位。宋代于宋太宗醇化三年(992 年) 在京师设立常平仓，后来陆续推广至全国各地，由政府拨钱作籴本，于谷贱时增价收籴，于谷贵时减价出粜，起到稳定粮价的作用，偶尔也

① ［元］脱脱，等. 宋史：役法下［M］. 北京：中华书局，1999.

② 周扬波. 宋代士绅结社研究［D］. 杭州：浙江大学，2005：41.

③ 梁庚尧. 南宋的社仓［J］. 史学评论，1982（4）.

④ 梁庚尧. 南宋的社仓［J］. 史学评论，1982（4）.

有贷放的情形；另外宋朝政府也于仁宗嘉祐二年（1057 年），诏天下置广惠仓，用于赈济州县城郭之中老幼贫疾不能自存之人。① 然而这些官方机构发展定型后都设置在州县城邑，故救济所及只是城市之民，而乡野之民较少得到恩泽，救济成效受到一定限制。② 而在南宋时期，政府财力日益窘迫，用来救灾的粮食储备仓——义仓更是时设时废，远远不能满足民间的切实需求。因此，每逢灾荒，乡里贫弱百姓常常饥饿致死，而强悍百姓为求生存，往往聚众为盗，闹得民间沸腾一片狼藉。于是，以朱熹为代表的理学家创设社仓而得到士绅的响应，成为南宋乡村社会重要的自治性福利制度。

5.2.2 社仓制度产生的渊源

社仓虽然是以朱熹为代表的理学家创建的，但其并非一全新制度，其渊源远可追溯至隋代的义仓，近则取法于北宋王安石新法中的青苗法，朱熹针对现实问题而将旧有制度加以变化，使其具有新的意义。③

1）远借隋代“当社立仓”的理念

隋代的义仓又称为社仓，南宋社仓的名称实渊源于此。隋代地方有社制，仿效先秦，以 25 家为一社，为共同的祭祀单位。隋代义仓初设置时，是当社立仓，劝课百姓及军人，在收成之时，随所得之多寡捐献粟麦，储于仓中，遇欠收或饥馑时用以赈给。可知义仓最初设于乡里，粮谷出自富家自愿捐献而非强制随税负缴纳，其形态和后世朱熹所创社仓相近。但不久之后，社仓发生很大的改变，不当社置仓而移于州县，粮谷不出自劝课而强制随赋税缴纳。形态改变后的义仓才是后世义仓的起源，后义仓之制经唐代沿用至宋代，虽然设于州县，但士大夫往往能够识别其置于乡里与民间自治互助的本意。尽管作为基层社会组织的社制已经不存在，但因社自古以来就有乡之义，因而社仓之名相沿不改。

2）近改青苗法实施之流弊

南宋的社仓虽然可以溯源自隋代的义仓，然而经营方式却与义仓不同，义仓粮谷用于荒年赈给饥民，社仓则是常年贷放收息，这种经营方式取法自北宋的青苗法。青苗法是一种以抑制农村高利贷为目标的农贷措施，王安石

---

① ［元］脱脱，等. 宋史：卷一七六：食货上：四［M］. 北京：中华书局，1999：2867.

② 许秀文. 浅议南宋社仓制度［J］. 河北学刊，2007（4）.

③ 转引自：梁庚尧. 南宋的社仓［J］. 史学评论，1982（4）.

在做地方官时施行此法，成效较好。宋神宗时王安石执政，于熙宁二年（1069年）九月在全国正式推行此法。他以常平、广惠仓的粮食作为贷本，改变了旧有常平仓制度的“遇贵量减市价粜，遇贱量增市价籴”的呆板做法，灵活地将常平仓、广惠仓的储粮折算为本钱，以20%的年利率贷给农民、城市手工业者，以缓和民间高利贷盘剥的现象，同时增加政府的财政收入，力图改善北宋“积贫”的现象。虽然青苗法主要为农民而设，但因为常平、广惠仓均设于州县，故于地理位置而言存在着与义仓相同的问题。

此外，青苗法在实际执行中也存在诸多问题：①青苗法存在强制抑配的问题。由于青苗法服务于王安石变法“富国”的目的，因此青苗法在实施中强调“不得亏损官本”，甚至要有所盈利。并且王安石为了推行此政，还给各地下达了贷款指标，规定必须贷出去多少，上缴多少利息。[①] 因此地方官员为了自身的业绩，不敢将青苗谷物借贷给贫户，常常按人民之财力，自富至贫，将官款定比分配。贷款规则犹如今日商业银行信用贷款一样，穷困户具备很少，甚至不具备贷款信用额度，如若贷款往往需要保甲内的户等较高人户担保。急需款物的贫困农民得不到救济，而实际上不需要借贷的富户不得不承受借贷之息。②青苗法利息负担重。尽管青苗法定的标准是年息二分，即贷款一万，借期一年，利息两千，较民间放贷还是低一些。然而，实施中具体做法是：“今放青苗钱，凡春贷十千，半年之内便令纳利二千，秋再放十千，至终岁又令纳利二千，则是贷万钱者，不问远近，岁令出息四千。”[②]不管是否发生饥荒，没有减免等例外。此外，农民在贷还青苗钱时还存在着金钱与实物折算使利息增高的问题。借款人实际上借的和还的可能都是粮食，但要折钱计算，借时按当时的粮价折钱，还时却按丰收时粮价折钱。借时青黄不接，粮价高，丰收时粮价低，虽然归还的本金在钱数上没有变化，而粮食数却比借时增加了许多。[③] 因此，借贷者必须以多于一倍甚至更多的实物去换钱还贷，这使借款人在规定的利息以外又负担了一笔无形的高息。加之在俵散和收纳青苗钱时，官吏从中作弊勒索贫下之户，结果青苗钱“盖名则二分之息，而实有八分之息”[④]。③青苗法存在“诱以便利，督以威刑”的恶果。正如当

---

① 老任．青苗法实施中存在的问题［J］．历史教学，2008（4）．

② ［元］脱脱，等．宋史：卷一七六：食货上：四［M］．北京：中华书局，1999：2870．

③ 张全明．社仓制与青苗法比较刍议［J］．史学月刊，1994（1）．

④ 张全明．社仓制与青苗法比较刍议［J］．史学月刊，1994（1）．

时知山阴县的陈舜俞所说："方今小民匮乏，愿贷之人往往有之。譬如孺子见饴蜜，孰不染指争食？然父母疾止之，恐其积甘足以生病。故耆老戒其乡党，父兄诲其子弟，未尝不以贷贳为不善治生。今乃官自出举，诱以便利，督以威刑，非王道之举也。"① 并且，官府贷款强调不亏损官本，一旦遇到灾荒，百姓不能偿还贷款就会出现官府逼债的现象。如翰林学士承旨韩维曾对神宗皇帝说："畿县近督青苗甚急，往往鞭挞取足，民至伐桑为薪以易钱。旱灾之际，重罹此苦。"② 同时也出现了贫民为了避免欠贷所引起的牢狱之灾，"复举贷于兼并之家，出倍称之息以偿官逋"。鉴于青苗法在执行中存在的诸多问题，北宋时期因为新旧党争，青苗法几经兴废，终于南宋一朝不再施行。

青苗法的上述弊端主要源于政府的强制力和刚性特征，正是因为政府的强制权力，故才能出现抑配现象，故可以"督以威刑"；正是由于官府的刚性特征，所以征收的利息为统一利率，不能因时因地因事得到及时调整变动。朱熹对青苗法存在的弊端认识深刻，并在此基础上创设了社仓制度。

5.2.3 社仓的制度运行

乾道四年（1168 年），为了革除旧仓储赈济制度与青苗法之弊，更有利于防灾救荒，朱熹在福建路崇安县境建起了第一所社仓。当时建宁府一带大饥，他一面请县府救济，同时劝豪民发藏粟以赈之。至秋，灾民喜获丰收，于是如数归还官府赈米 600 石。随之，朱熹即以此设仓于社，藏粮于乡，以备饥歉。此后，社仓制不断改进，日益完备。经过 14 年的实践后，朱熹详奏条规，请诏天下。随后各建社仓之州县，皆仿朱子法设仓于社，并经孝宗（1127—1194 年）特谕成为一种定制，社仓成为农村自治性储粮备荒救灾以及临时借济的主要形式，并逐渐形成了一整套系统的设置和管理方法。

5.2.3.1 社仓的场址选择

以往国家虽有常平、义仓之设，但弊病很多。一是只在出现大范围饥荒的情况下才开仓救济，小范围的局部饥荒往往被忽视，特别是对部分人在某一时节出现的缺粮情况则根本不予救助；二是这些粮仓都由官府控制，开仓放粮的审批手续十分繁琐，往往耽搁救荒的最佳时机；三是这些粮仓都集中

---

① ［元］脱脱，等．宋史：卷一七六：食货上：四［M］．中华书局．1999：2872.

② ［元］脱脱，等．宋史：卷一七六：食货上：四［M］．中华书局．1999：2872.

于城邑，难以覆盖广大乡村；四是官员为自己政绩考虑，常常瞒报灾情，使出现应该救助的灾情时，往往得不到救助。[①] 朱熹在《建宁府崇安县五夫社仓记》中明确指出："……独常平义仓尚有古法之遗意，然皆藏于州县，所恩不过市井惰游辈，至于深山长谷力穑远输之民，则虽饥饿，濒死而不能及也。又其为法太密，使吏之避事畏法者视民之殍而不肯发，往往全其封鐍，递相付授，至或累数十年不一昔省，一旦甚不获已，然后发之，则已化为浮埃聚坏而不可食矣。"[②] 所以，他主张乡里就地建立社仓，"既以舒民之急，又得易新以藏"。常平仓集中于州县，加上仓储有限，远离县城的农村，由于交通不便，信息不灵，往往得不到赈济，即使能够得到一些赈济，也须扶老携幼、弃家离舍、风餐露宿，日夜困守于仓门之外，既影响生产自救，又劳民伤财。[③]

以上诸因素导致国家粮仓的救荒效果十分有限，社仓之设就是要弥补国家粮仓在救灾方面的不足。为了惠及乡里百姓，基于乡间百姓的现实需求，朱熹对设仓地点的选定有两个最基本的原则：一是必须建立在"社"，以便社民就近贷还；二是因地制宜，不侵占耕地。[④] 朱熹认为："所谓社仓者，聚可食之物，于乡井荒闲之处而主之"，一方面可以减少占用耕地，另一方面民众贷还仓米也可"无远劳之患"。[⑤]

5.2.3.2　仓本的来源及运作方式

社仓仓粮存储主要由两部分组成：一是初立社仓时的米本，另一部分是社仓运行过程中因收息而得的资本。[⑥] 社仓原始米本的来源主要有官府贷米、富豪义捐、百姓筹集或靠专有仓田收租备粮等多种形式。[⑦] 在张文先生所统计的 69 项南宋社仓的出资来源中，官方出资 33 项，约占总数的 47.8%；民间出资 24 项，约占总数的 34.8%；官方与民间共同出资 4 项，约占总数的

---

① 余全有．从社仓看古代民间机构的保障功能［J］．中外粮情研究，2011（4）．

② 转引自：张品端．朱熹社仓法的基本内容及其社会保障作用［J］．中国社会科学院研究生学报，2009（3）．

③ 转引自：张品端．朱熹社仓法的基本内容及其社会保障作用［J］．中国社会科学院研究生学报，2009（3）．

④ 张全明．社仓制与青苗法比较刍议［J］．史学月刊，1994（1）．

⑤ 张全明．社仓制与青苗法比较刍议［J］．史学月刊，1994（1）．

⑥ 陈国柱．宋代乡村社会救助的新特点［D］．石家庄：河北师范大学，2009：9.

⑦ 张全明．社仓制与青苗法比较刍议［J］．史学月刊，1994（1）．

5.8%；不详8项，约占总数的11.6%。[①] 可见，官府出资的比例要高于民间捐助。但社仓通过放贷收息的办法会积累一定的利息资本，当运营达到一定规模后会偿还官府借贷和民间捐助的米本，除非民间原主愿意无偿捐助才作罢。通常而言，社仓仓物由常平仓米为主到以息为本，再到只收耗米，是由官方出资逐渐转化为乡民集资自主运营的过程。这也就使得社仓仓本充足，同时又不像常平仓、义仓等仓储时常会有移为官费的风险，社仓这种"不移为官费"体现了其具有的财务独立性，这也构成了民间自治性的基础。

5.2.3.3 贷还的管理办法

关于贷还办法，朱熹克服了青苗法"其行之也，以聚敛亟疾之意，而不以惨怛忠利之心"的弊病，对支贷、赈济的对象、数量、时间及其偿还办法等都作了详细的规定。[②] 具体如下：①借贷对象以贫困群体为主。《社仓事目》中规定："若遇饥歉，则开仓专赈贷深山穷谷耕田之民"，而"有停藏逃军，及作过无形之人"等信誉不好的人户[③]和"产钱六百文以上及有营运、衣食不缺，不得请贷"[④]。又如《宋史·食货志》所说："凡借贷者，十家为甲，甲推其人为之首，五十家则择一通晓者为社首。其有逃军及无行之人，与有税钱衣食不缺者，并不得入甲。其应入甲者，又问其愿与不愿。"可见，赈济支贷的对象明确、具体，主要接济贫穷农民。[⑤] ②借贷的数额限制。支贷数量由自己呈报的人口而定，大人一石，小孩减半，荒年酌情增加，官吏一律不得勉强多借或少贷。[⑥] ③借贷利息规定。《社仓事目》对借贷利息有如下规定："每石量收息米二斗"，"或遇小歉，即蠲其息之半"；"大饥，即尽蠲之"。[⑦] 等到"收到息米十倍本米之数，即送元米还官，却将息米敛散，每石只收耗米三升"。若是本米由富豪义捐，社民义聚，就不收息米。[⑧] 夏借冬还，每石收息米二斗。规定利率主要是为了使仓米不断增值，以丰补歉，达到赈

---

① 张文．宋朝民间慈善活动研究［D］．成都：四川大学，2004：10－11.

② 张全明．社仓制与青苗法比较刍议［J］．史学月刊，1994（1）.

③ 陈国柱．宋代乡村社会救助的新特点［D］．石家庄：河北师范大学，2009：12.

④ 张全明．社仓制与青苗法比较刍议［J］．史学月刊，1994（1）.

⑤ 张全明．社仓制与青苗法比较刍议［J］．史学月刊，1994（1）.

⑥ 张全明．社仓制与青苗法比较刍议［J］．史学月刊，1994（1）.

⑦ 转引自：张品端．朱熹社仓法的基本内容及其社会保障作用［J］．中国社会科学院研究生学报，2009（3）.

⑧ 转引自：张全明．社仓制与青苗法比较刍议［J］．史学月刊，1994（1）.

灾的目的。[1] ④借贷的次数与时间规定。至于支贷时间，规定每年借贷一次，“逐年五月下旬，新陈未接之际，预于四月上旬申府乞依例给贷”[2]。若遇荒年，“至七八月而产户愿请者听”。若支发不时，须予以批评或惩处。[3] ⑤借贷程序要求。社仓为了解决经营管理中“借出容易收回难”的问题，《社仓事目》规定：“借贷社仓米必须由社具状结保，不具保者不贷；贷户如拖欠不还或者逃亡，由具保户“均备纳足”。这项规定可以起到贷户自我约束、互相监督、共同负责的作用，使贷出之米能及时如数还仓，不致发生“仓廪空匮，难以为继”的问题。[4] 另外，为了适应乡里商品经济不发达的现实情况，避免借贷农民因为粮价的波动而造成的借贷利息畸轻畸重的现象，贷还皆以实物计。可见，《社仓事目》条制清楚，责任分明，且借贷者负担轻而实惠。这与朱熹的理学理念是分不开的，他认为“救弊之道，在今日极是要严，不严如何得实惠及此等细民”。

5.2.4　社仓制度的主要特点

5.2.4.1　理学同道的热心倡导

社仓的创设是理学家对仁的实践。朱熹创办社仓很大程度也是缘于其理学理念。宋代理学家的社会思想是传统儒家思想在宋代的新发展，导源自仁。仁是孔子的中心思想，也是宋代理学家讨论的重要问题。朱熹努力动员儒生参与民间社会公共救助活动，相信参与社仓可以培养同道的认同感和对仁的体认。[5] 创办社仓的人诸如诸葛千能、张洽、李燔、赵师夏为朱熹的门人，真德秀、赵景纬为朱熹再传弟子，万镇为三传弟子，魏了翁、李道传、李大有则为私淑朱熹之学者；其他如陆九韶为陆九渊家兄，和朱熹是时相论学的好友，丰有俊为陆九渊的门人，张宰为张栻再传弟子，潘景宪为吕祖谦门人，也都是理学同道。[6] 因此，创办社仓也是理学同道政治理想的实践。

---

① 张品端. 朱熹社仓法的基本内容及其社会保障作用［J］. 中国社会科学院研究生学报，2009（3）.

② 张全明. 社仓制与青苗法比较刍议［J］. 史学月刊，1994（1）.

③ 张全明. 社仓制与青苗法比较刍议［J］. 史学月刊，1994（1）.

④ 张品端. 朱熹社仓法的基本内容及其社会保障作用［J］. 中国社会科学院研究生学报，2009（3）.

⑤ 田浩. 朱熹的思维世界［M］. 南京：江苏人民出版社，2011：109.

⑥ 转引自：梁庚尧. 南宋的农村经济［M］. 北京：新星出版社，2006：243.

5.2.4.2 社仓管理上的官督民办

大多数社仓是由民间士绅组织兴办的，具有一定的民间自治性。据明嘉靖《建宁府志·古迹》所载："社仓，非官司所掌，其原出于乡先生、乡大夫，念饥民苟求一饱而轻犯刑辟者，于是与里人仗义协力，买田积谷，立为社仓。"① 据《社仓事目》载：朱熹在吸取青苗法"其职之也，以官吏而不以乡人士君子"的教训的同时，规定每一社仓必须选一名品行端正而家中稍殷实的人为社首，收支时"务要均平，不得循私容情，别生奸弊"。开仓须由仓子负责，有社首和社副的监督，其他人不得开仓或入仓。②《社仓事目》就编制贷放的保簿规定"如有漏落，及妄有增添一户一口不实，即许人告"及如果受贷乡民发现救助过程中的作弊问题也有向官府申告权利。③ 许人告也从受贷人户方面制约了社仓管理者在执行救济过程中的徇私舞弊，增加了社会救济的透明性。④

另外，无论仓本结构如何，大体上都以民间自我管理为主，有些官方出资的则由官方派员督导。⑤ 社仓的官督色彩主要体现在《社仓事目》中的诸多规定：①社米的贷放、收回，事先须报经州县批准；②贷放和收回时，县府须派"清官"到场监视，并携带仓子、斗子，用官斗平量；③出纳完毕，社仓主持人须将收支数额报州县备案。这些规定都体现在官方对社仓的监督，但并不是直接干预管理，以防止官方移用，防止抑配。⑥ 其目的是使州县政府能够了解仓储及赈济情况，防止各种奸弊发生。可见，社仓官督民办的色彩浓厚。⑦

5.2.4.3 社仓制度实施的便民性

社仓设立是应对粮食短缺，救助困难群体，不像青苗法具有一定的营利目的。它不像官府举办的义仓制度只是在发生大规模的灾荒才放仓赈济，而

① 张品端．朱熹社仓法的基本内容及其社会保障作用［J］．中国社会科学院研究生学报，2009（3）．

② 张全明．社仓制与青苗法比较刍议［J］．史学月刊，1994（1）．

③ 陈国柱．宋代乡村社会救助的新特点［D］．石家庄：河北师范大学，2009：12.

④ 陈国柱．宋代乡村社会救助的新特点［D］．石家庄：河北师范大学，2009：12.

⑤ 张文．宋朝民间慈善活动研究［D］．成都：四川大学，2004：11.

⑥ 汪圣铎，毕玉娇．南宋推行朱熹社仓法给人的启示［J］．宋史研究论丛，2011（12）．

⑦ 张品端．朱熹社仓法的基本内容及其社会保障作用［J］．中国社会科学院研究生学报，2009（3）．

是注重在平常年份对贫民百姓的救济，即在每年春夏之交青黄不接之际，都会对困难群众进行借贷。尽管社仓对借贷人群是有限制的，但不像青苗法通过抑配的方式把米钱更多地借给富民，而是倾向于借贷给那些真正有需要的人。另外，社仓场所选择乡里而不是郡县，其贷以粮食实物而不是金钱，管理者是了解当地情况的乡人士君子，“如有乡土风俗不同者，更许随宜立约，申官遵守”①，这些都体现了利民性。正如朱熹在把社仓与青苗法对比所作的评价一样：“……青苗者，其立法之本意，固未为不善也。但其给之也而以金不以谷，其处之也以县而不以乡，其职之也以官吏而不以乡人士君子，其行之也以聚敛亟疾之意而不以惨怛忠利之心，是以王氏能以行之于一邑而不能以行于天下。”②

5.2.4.4　社仓制度经营的可持续性

社仓制度经营的可持续性体现在如下两方面：①社仓根据不同地方实际环境作出调整。到南宋晚期时，社仓遍布全国，虽常以崇安（朱子）社仓为蓝本，但是也有许多社仓，为适应特殊的环境或解决现实的难题，发展出不同的形态。③ 若以社仓经营形态划分则南宋社仓可分为“贷而不粜”和“粜而不贷”两类。前者即沿袭朱熹之法，而后者其功能类似于官府的常平仓，只是更方便服务于乡里百姓，起到稳定物价的作用。这种多样性的发展大多符合当地实际需求。②社仓的米本具有可持续性。朱子创立的社仓由于采取贷而收息的办法，所以除了能够不断使社仓的米谷去旧纳新之外，也可以使米本保持在一定的数量不至减少。在放贷的过程中，为了保证息米的收回，每年三月重置保簿，将有前科和没有信誉的人户排除在受贷户口之外，还将保簿内的人口十人结为一保，互相担保，如果有逃亡人户由保内其他人共同还贷，这样社仓粮不至因人户逃亡而不能收回。④ 另外，社仓发展到后来也有一些地方以其所收的利息买田，通过收取田租从事贷放活动，在当时的社会条件下进行投资运营活动。如《黄氏日抄》卷八七《抚州金溪县李氏社仓记》载黄震改革后的广德军社仓：以其收息买田600亩，永贷人户纳息，且使常年不贷，惟荒年贷之而不复收息。总之，社仓用息米自身求发展，荒年

---

① 转引自：梁庚尧．南宋的农村经济［M］．北京：新星出版社，2006：236.

② 转引自：梁庚尧．南宋的社仓［J］．史学评论，1982（4）．

③ 梁庚尧．南宋的农村经济［M］．北京：新星出版社，2006：244.

④ 陈国柱．宋代乡村社会救助的新特点［D］．石家庄：河北师范大学，2009：13.

赈济灾民，在中国救荒史上占有重要地位。①

5.2.5 对南宋社仓制度发展的评价

5.2.5.1 社仓发展的积极作用

首先，社仓的救荒效果显著，有利于维护社会稳定。例如，南宋庆元初年，潭州长沙县建社仓28所。南宋嘉定八年（1215年），潭州发生饥荒，其他县未立社仓，百姓生计窘迫；只长沙一县百姓依赖社仓贷给的种子和粮食，平安度过荒年。② 而《免斋集》卷一八《建宁社仓利病》中记载了建宁府农民在未设社仓之前及社仓停止贷放之后，必须忍受米价高涨的痛苦，无法忍受时只有起而劫粮；而在社仓发挥作用的20余年间，农民于春夏乏粮时获得社仓的贷借，生活无忧，富家也无法操纵米价，乡里生活平静安定。③ 由此可见，有无社仓蓄积在当时与民众生活关系很大，直接影响到灾年时的社会稳定。④ 朱熹作为士大夫，创办社仓，极力推行社仓法，其目的是为了发挥其社会稳定机制作用，惠活鳏寡，塞祸乱源。⑤

其次，社仓是民间自治性福利制度的有益实践。朱熹社仓法的主要特点之一是社仓不由地方官直接管理，警惕政府权力渗透到社仓的管理中，造成社仓粮被官府移作他用和贪官污吏盘剥百姓；⑥ 同时，发挥地方士绅在制度管理上的灵活性，使之更加适用本地实际情况。因此，社仓保持了一定的民间自治性。并且社仓制度能够在发展演变的过程中，吸收其他制度的长处，和其他组织相结合，而没有完全丧失本身民间组织的性质，即使政府对社仓的控制加强，却始终没有因此而取代民间组织。南宋社仓之所以能继续发展，其保持扶助农民的功用是重要的因素。否则如果完全成为政府组织，则不免会由于行政上的方便和财政上的融通，而使仓储移置于郡邑（因宋代最低一级行政单位为县级），不复用之于农民。而社仓的民间组织性质之所以能够维持不坠，就其本身组成而论，实系于负责主持管理的乡居士人。这些士人，以家乡为根基，出则仕宦，退则居乡，生活在乡里之中。加之受儒学的熏陶，

---

① 张品端．从社仓法看朱熹的社会保障思想［J］．徽州师专学报，1997（3）．

② 许秀文．浅议南宋社仓制度［J］．河北学刊，2007（4）．

③ 转引自：梁庚尧．南宋的农村经济［M］．北京：新星出版社，2006：251.

④ 许秀文．浅议南宋社仓制度［J］．河北学刊，2007（4）．

⑤ 张品端．从社仓法看朱熹的社会保障思想［J］．徽州师专学报，1997（3）．

⑥ 汪圣铎，毕玉娇．南宋推行朱熹社仓法给人的启示［J］．宋史研究论丛，2011（12）．

自必关心其间的一切，于是以他们的学识能力，在家乡主持各项事业，造福乡里。由于民间有这一类士人存在，所以社仓才不必完全依赖政府的管理。儒家思想便是在这种社会结构中，转化成为社仓此一制度，而发挥其稳定社会的力量。

此外，社仓制度的实施在一定程度上减轻了国家财政负担，改变了受灾民众单纯依靠国家拨粮救济的思想，有效地培养了农民自我保障意识。

5.2.5.2 社仓发展中存在的问题

社仓发展中存在的主要问题是易出现社仓主持人与不法官员相勾结的现象，破坏社仓的发展。这主要是由于社仓制度设计中对主持人的规范不周造成的。社仓主持人是社仓的核心、关键，而朱熹在制定的《社仓事目》中几乎很少有约束社仓主持人的相关规定。这使得社仓在推行过程中出问题成为势所必然的。① 朱熹深刻地认识到乡绅自主管理的重要性；但同时，他也认识到在当时社会条件下创办社仓没有政府的积极支持是很难做到的，因此朱熹在社仓制度设计中又包含了官府要积极支持兴办社仓，必要时提供本谷或本钱；官府履行监督职能，特别是每年要派员监贷、监纳，惩处严重违规者，包括查处贪污、营私舞弊、故意欠账不还等。② 然而，一方面，由于社仓制度设计中对主持人的约束不周，加之非每一个社首都如朱熹所设想的由乡人士君子充当；另一方面，由于地方官员对社仓的贷放、出纳有监督权，而其在实践中可能过当使用自己的监督权力，出现主持人与官方相勾结、共同牟利的状况，那么社仓的自治性质也即遭受破坏。例如持续比较久的金华社仓，到13世纪中叶，地方胥吏开始接管金华社仓，只在荒年发放谷物，并且要求以现金偿还借贷的谷物，朱熹希望由儒家士君子常年监督救济照顾农民的设想，变成了地方官僚系统赈灾的另一个工具。③

5.3 本章小结

义役制度是南宋乡绅为缓解自身及乡里百姓沉重的职役负担，而联合出资分担役职风险的一种自愿合作性质的民间福利组织。首先它体现了以乡绅

---

① 汪圣铎，毕玉娇．南宋推行朱熹社仓法给人的启示［J］．宋史研究论丛，2011（12）．

② 汪圣铎，毕玉娇．南宋推行朱熹社仓法给人的启示［J］．宋史研究论丛，2011（12）．

③ 田浩．朱熹的思维世界［M］．南京：江苏人民出版社，2011：110.

为首的服役民众权利主体意识的提升，使役次排定之权由官府转到服役人手中。另外，义役制度也具有役户参与的自愿性，一定程度的民主自治管理，明确的资产分配方式，通过资产增值以减轻服役人财力负担、维持组织长期运转等特点。虽然出现了一些弊端，但总体而言对缓解服役人员的职役负担具有重要作用。社仓是由以朱熹为代表的南宋理学同道在地方政府援助下而创办的以帮助乡村百姓生产自救为目的的民间组织。它以乡村贫困百姓为服务主体，以士绅自治、官府监管为管理模式，以获得谷本利息为资产运营方式，有利于缓解百姓青黄不接之急，促进农业生产发展，维护基层社会秩序稳定。

义役与社仓作为由政府推广型的民间自治性福利组织在发展中存在着一些共性的问题。义役与社仓都深受儒家礼制传统影响，或倚重礼制运营（如义役），或以儒家士绅进行管理（社仓），民主管理机制不健全，缺乏对领导者的约束监督。经年累月，各地政府官员干预力度逐渐加大，出现了组织的管理者与官员相互勾结、欺上瞒下鱼肉百姓的现象，因此有些义役也就成了不义之役，社仓也弊病百出。可见，自治性福利组织能否长期健全发展与组织机构健全程度、官府作为、管理理念（崇“礼”是否也重“法”）有着莫大的关系。

6　对构建现代自治性福利制度的启示

“以史为鉴，所借鉴的是‘历史传统精神’，‘历史传统’是要在变动中寻找它不变的本源精神，传统愈久，应该此大本大原之可靠性愈大。”① 发展我国当前自治性福利应该挖掘宋代自治性福利制度发展的经验。以下主要考察如下问题：自治性福利制度为什么能够在宋代生发？构建自治性福利制度的一般性规则是什么？自治性福利制度的具体运行需具备什么样的基本条件？

6.1　自治性福利制度的生发机理

6.1.1　自治性福利制度源于民众实际需求

民众的实际需求是自治性福利制度产生的最根本原因。随着宋代社会政治经济变迁，民间百姓的生存风险加大，产生了福利的需求。如敬宗收族、义庄制度是小型化、核心化家庭出于宗族延续、情感慰藉和个体小农经济抵抗生存风险的需求；敦煌私社也是基于各种实际需求结社，根据时人观念以丧葬互助为首；此外，也有基于水利灌溉需求而成立的渠社，基于佛教信仰而从事营造石窟等大规模佛事活动结成的佛社；义役是南宋乡里百姓基于分散职役风险而成立的；社仓是基于乡里百姓在青黄不接、灾荒之际难以为生而由儒家士君子主导创办的。至于乡约制度，虽然有士绅重建基层礼制秩序的理想在内，然而吸引民众入约的根源恰恰是民众的互助需求。总之，民众的实际需求是自治性福利制度产生的最重要原因。现代自治性福利制度的创建也要根据时代的发展变化调整具体的福利内容与福利提供方式，以解决人们的实际需求为目的。

6.1.2　自治性福利制度源于历史传统

历史传统类似于人类的文化基因，总会对人们的观念产生影响，而人的观念在一定程度上影响着人们的需求。此外，自治性福利制度的产生源于历

① 钱穆．中国历代政治的得失［M］．北京：九州出版社，2012：56.

史传统的原因还在于制度变迁的路径依赖。① 该理论认为路径依赖类似于物理学中的“惯性”，一旦进入某一路径（无论是“好”的还是“坏”的）就可能对这种路径产生依赖。制度变迁如同技术演进一样，也存在着报酬递增和自我强化机制。这种机制使制度变迁一旦走上了某一条路径，它的既定方向会在以后的发展中得到自强化。所以，“人们过去作出的选择决定了他们现在可能的选择”。以中国古代的宗法制为例，宗法制度正式形成于西周。春秋之后，随着生产方式的变化，典型的宗法制度开始解体，转而以另外的形态存在，宗法制度深入到社会生活的各个方面，形成了“宗法社会”②。在这种社会中，人们的权利、义务、地位和行为都有着严格而且固定的规范。③ 尽管在秦朝的高压政治统治下，宗法制度遭到严重破坏；④ 但到汉初，汉代士人阶层对宗族进行了修复与再造；随着政治经济环境的变化，到了魏晋时代发展成门阀士族宗法制度；到了唐末五代十国，由于社会、经济、战乱等原因，门阀士族宗法制度消失殆尽；然而到了宋代，以儒家士君子为首又开始着手创建“敬宗收族”制度；甚至在明清时代整个社会结构仍属于宗法社会。可见，自治性福利制度的产生在一定程度上会受到历史传统制度模式的影响。

6.1.3 自治性福利组织具有自身优势

相对于政府举办的福利组织，民间自治性福利组织的优势主要体现在如下两方面：

1）民间自治性福利组织有利于实现资源优化配置，满足个体偏好

因为每个人都是自身偏好和需要的最熟知者，民间自治性组织是其成员自愿组建的，其目标与福利原则也都来自内部成员的集体协商，所以更能反映他们的偏好与需求，从而把资源投入到他们最需要的地方。另外，生活在某一地区的居民通常比局外人更能了解该地区的风土人情、文化传统等具体情境知识，因此由本地人自主管理福利组织更有利于充分利用他们所熟知的情境知识，制定的法规也更能适应当地的实际情况，从而实现知识利用的最

① 路径依赖理论由道格拉斯·诺斯首先提出，他因用“路径依赖”理论成功地阐释了经济制度的演进规律，从而获得了1993年的诺贝尔经济学奖.

② 徐蒙，陈功. 宗法制度对中国古代尊老、恤老制度的影响［J］. 西北人口，2009（2）.

③ 徐蒙，陈功. 宗法制度对中国古代尊老、恤老制度的影响［J］. 西北人口，2009（2）.

④ 吴钩. 中国的自由传统［M］. 上海：复旦大学出版社，2014：22.

大化。如乡约组织中，内部成员基本都是同一乡里的百姓，能够很好地了解彼此的情况，当一方遇到生活灾祸时，其他约内成员既能提供及时的援助，同时所提供的援助也最符合患难者的实际需要，帮助其尽快走出困境，恢复生产生活。义役发展过程中，范成大向孝宗所呈上的《义役札子》本来是根据民间六县实施义役的成功经验缮写的，可是一旦“颁法诸路”，即现弊端。再以青苗法为例，王安石在任鄞县县令时施行此法，成效较好，然而当王安石执政在全国正式推行青苗法时，却出现了诸多问题。

2）自治性福利组织的发展具有一定的弹性

相对于政府福利组织而言，民间自治性福利组织的规则来自于内部成员，因此政策制定、调整，甚至组织团体解散都具有一定的灵活性，能够顺应环境而及时变化。此外，这种灵活性还在于民间自治性组织在运营失败时所承担的制度解体成本要远远低于政府组织。这种“低死亡成本”也就为民间福利组织通过“试错”去寻找优良制度提供了广阔空间。

因此，政府即使有足够的经济实力全面包揽社会保障事业的发展，基于个体的福利偏好、福利提供的效率以及制度转型成本等诸多政府失灵问题，也有充足的理由为民间力量发展福利事业留出广阔的空间，并要对民间自治性福利的发展提供政策支持，激发民间兴办社会保障事业的活力。

6.1.4　宋代福利观念及有力领导群体的影响

宋代出现众多的自治性福利组织与当时的福利观念和有力的领导群体也是分不开的。宋代新兴的儒家士君子正是基于仁爱思想而心生利民之心，基于礼制思想而心怀重建基层秩序之梦，进而积极投身到社会公共事业的建设中来。由于“礼下士人”“往教”使民间基层百姓也深受儒家的仁礼思想的熏陶，加之民间佛道思想的盛行，在民间社会一定程度上形成了向善、互助的风俗。这些观念往往构成自治性福利制度创建的道德动机，对自治性福利制度的产生和发展起到助推作用。

同时，儒家士绅群体的发展壮大对两宋自治性福利制度发展同样具有重要作用。当然，值得警惕的是，部分儒家士绅在举办各种公共事业时，更多的是基于自己内心的道德理想，对人们的实际需求关注度不够，因而创建的制度可能并不符合当地的实际需求，因而难以得到百姓的积极支持。

6.2 自治性福利制度构建的外在条件及基本原则

6.2.1 政府应为自治性福利组织发展提供良好的环境

6.2.1.1 政体及政策对自治性福利制度发展的影响

政府可以通过引导和制定抽象的普遍性的规则，促进民间自治性福利组织的发展。

第一，从政体层面来讲，高度集中的政治体制对地方自治有负面影响。埃莉诺·奥斯特罗姆认为："高度集中的体制试图在其统治范围内的所有地方实行同一操作规则。在那种情况下，为了实现地方自治，自治组织将会耗费大量成本来促使中央政府改变在所有相似情形地区共同使用的规则，或说服政府使用例外原则。①他们在说服政府方面将耗费大量时间成本，如此波及面广的制度也会涉及多方利益相关者的博弈。因此，能为自治营造良好外部环境的政府通常是分权与制衡型政府。

宋代中央集权得到了加强，但中央政府的"皇帝与士大夫共治天下"及一系列"祖宗之法"无疑对皇权有所制衡；宋太祖实施的从中央到地方的政府体制、官员职权的改革也使官权受到制衡；加之，北宋政府出现的"管官的人多，管民的人少"的现象使地方百姓的自由程度相对较高，这些都有利于宋代民间自治性福利组织的发育。

第二，从政策层面看，政府应该充当自治性福利组织的产权界定者、公正的裁判者和民间政策制定、运营的积极引导者，而不是直接干预者。比如，在义役制度实施过程中，南宋政府予以物质援助，保管民间出资契约，确定义役资产产权，明确规定对义役内部组织管理不予直接干预等，这些无疑具有积极作用。然而也出现了地方政府从资产筹集、参加人员、资产使用等诸多方面进行干涉的现象，无疑给义役制度的发展造成了负面影响。又比如，在社仓制度中，社米的贷放、出纳、收回等诸多环节都由政府官员监督实施，以避免营私舞弊现象的发生，有助于社仓制度的发展，然而由于政府权力出

① 埃莉诺·奥斯特罗姆. 公共事务治理之道［M］. 余逊达，陈旭东，译. 上海：上海译文出版社，2012：232.

界，出现了官员与管理人员相勾结的现象，破坏了民间自治性组织的发展。

6.2.1.2　官方福利制度对自治性福利组织发展的影响

官方福利与民间自治性福利存在着相互冲突的关系。政府提供的福利水平过高（相对于当时的经济发展水平而言）会在一定程度上挤压民间自治性福利组织的发展空间。北宋时期，由于官府是社会救济事业的主体，提供的福利水平也相对较高，民间自治性保障发展较弱。而到南宋时期，随着政府财政日趋困难，遂积极鼓励民间互助和兴办慈善事业。中央政府主管社会救济事业的能力弱化①，也使地方政府获得一定的自主权力发展地方公共事业。加之南宋时期社会士绅精英群体大量增加，他们在地方官府的政治支持下积极参与到社会福利事业中来，使南宋自治性福利发展成为政府之外的重要主体。②

相较于北宋而言，南宋政府在社会救济上也更加趋向理性化。一方面，南宋政府压缩以往的福利水平，以维持大多数人的基本生存需要为目标，同时注重救济人群范围（如更加重视幼儿、老人、妇女等弱势群体的救济）和福利项目的扩展（如设立慈幼局和婴儿所）；另一方面，南宋政府救济手段更加多样化，并开始向市场化和社会化转向。在北宋时期多以诸如赈给、赈贷、施粥、募兵、移民就粟等行政性救济措施为主，而到南宋时期社会救助更多采取劝分③、招商、以工代赈、罢官籴等市场化措施。④ 社会救济也更加依靠社会力量，民间在政府鼓励下兴办各种济贫机构（如各种济贫机构、养病机构、社仓等），各种自治性福利组织、民间的自发性救济行为也大为增加。由此可见，南宋民间自治性福利组织的活跃发展与南宋官方的官方福利水平较低和政府所采取的社会福利政策是分不开的。

6.2.2　秉持认知理性，既重传统又重现实

6.2.2.1　自治性福利制度的产生符合认知理性

在西方政治经济学中有两种截然相反的观点，一种观点认为一项优良制

---

① 南宋以后中央政府管理地方财物运输的转运司权力下降，主管地方赈济事务的常平司所辖仓储常被军需挪用，时常无力负担地方救济事业，使地方政府负责地方公共事业的权力有所加大。

② 苗书梅，葛金芳，等．南宋全史·四［M］．上海：上海古籍出版社，2012：337.

③ 指国家于灾荒年间劝谕有力之家无偿赈济贫乏，或使富户减价出粜所积米谷以惠贫者的做法。

④ 苗书梅，葛金芳，等．南宋全史·四［M］．上海：上海古籍出版社，2012：337.

度的产生是经过人为设计的，被称为建构理性。该派观点认为个体理性推理是所有知识来源的基础，理性是超越任何经验知识的先验存在[①]，基于每个人都具有智识，倾向于理性行动和对个人善的假设，认为理性具有至上的地位，因此凭藉个人理性，个人足以知道并能根据社会成员的偏好而考虑到型构社会制度所必需境况的所有细节。[②] 而另一派观点认为，一项优良的制度是在长期的历史文化演化中形成的，即演化理性。该派尽管也承认人类具有主观能动性，但不对人的理性抱有如此乐观的态度，认为理性不是孤立的或超越所有文化背景的，而是内嵌于各种习俗、惯例、法律、制度、语言、历史等文化制度中。[③] 不同的文化制度将型构或演化出不同的理性内涵，理性本身是内嵌于一个更宏大的历史演化过程之中，并且也和其他知识共同演化，因而理性并不具备构成其他知识来源的优先权。[④] 总体而言，建构理性十分强调理性对于制度构建的作用；而演化理性基于人类理性的有限性，强调制度发展的自发演化。如果两种观点发展到极端的话，即变成完全建构理性与完全演化理性状态的时候，那么前者将信奉“人为自然立法”，后者将信奉“自然为人立法”。[⑤] 由于没有对自然选择和个人选择的力量做任何限制，两种理论在本质上是相通的，即都信奉一种超越经验世界的理性，只不过前者将理性诉诸于无所不能的自然选择，后者则将理性诉诸于无所不能的个体选择。[⑥]

宋代自治性福利制度的产生既有来自个体有意识的理性设计的成分（建构理性），也有来自对文化演化出来的传统的遵循（演化理性）。诸如“敬宗收族”“社仓”“敦煌私社”等制度都有悠久的历史传统，追溯这些制度的起源会发现它们在很大程度上遵循着演化发展路径，但其中也不乏宋人对制度的创新和发展，如儒家士君子对敬宗收族制度的改革，采用“小宗宗法”“修订族谱”“设祠堂”等；社仓制度有来自朱子的创见；敦煌私社发展也有后人的改革与创新。另外，像义庄、义役、乡约等制度尽管来自宋代儒家士君子

① 姚中秋．自发秩序与理性［M］．杭州：浙江大学出版社，2008：176.

② 弗里德利希·冯·哈耶克．自由秩序原理［M］．邓正来，译．北京：生活·读书·新知三联书店，1997：13.

③ 姚中秋．自发秩序与理性［M］．杭州：浙江大学出版社，2008：177.

④ 姚中秋．自发秩序与理性［M］．杭州：浙江大学出版社，2008：177.

⑤ 姚中秋．自发秩序与理性［M］．杭州：浙江大学出版社，2008：181.

⑥ 姚中秋．自发秩序与理性［M］．杭州：浙江大学出版社，2008：181.

群体理性建构的成分会更多一些，然而也含有传统理念或制度影响的成分，如义庄制度的创建是基于传统的宗法思想理念，为了团结宗族成员，维持宗族繁荣发展而兴建的；义役制度尽管由时人创建，但有来自王安石的免役法及现实的需求等传统的或经验成分的影响。乡约虽然由吕大钧创建，但也深受民间社会结社的启示。

宋代自治性福利制度的产生和发展符合认知理性，即“现实世界是复杂的，理性并不是处于完全建构理性与完全演化理性两种极端位置，在具体的时空场景中，它可能处于两个极端点之间的任何位置”。因此，理性既有建构的特征也具有演化的特征，个体的行为既包含有意识的理性算计也包含无意识的规则遵循。[①] 事实上，即使是主张演化理性的主要代表者哈耶克也并不是完全排斥所有的建构行为，他主要是反对整体、集中的建构行为，而个体、分散、局部的建构在其演化体系中是允许存在的。[②] 对此，诺斯也指出，制度变迁应该被理解为个体心智模型与环境互动调整的过程，是一个适应性或试错的学习过程，也是一个认知调整的过程，即内隐的认知调整和外显的制度变迁具有某种程度上的同构性。[③]

6.2.2.2　福利制度构建遵循传统与满足现实需求并重

基于认知理性的整合，演化理性和建构理性两个完全对立的理论可以在一个平台上交流。由于建构理性更多地体现为工具理性，是立基于现实问题而试图构想出一套解决方案，改善现实状态；而演化理性更偏向于一种价值理性，立基于对文化传统（甚至不为人类理性所理解的文化传统）的遵循，注重行动本身的价值。

就发展自治性福利制度而言，首先是基于解决人们的现实需求问题，需要个体有意识地去推理、选择、建构出一套解决方案来应对现实问题；然而人们在试图构建一套制度时一定要考虑历史文化传统的影响，只有该项制度与当地人们的价值、习俗、信仰等传统规范更加契合的时候，才会满足人们的心理认同感，才可能得到切实有效的实施。因此，自治性福利组织制度构建的必要前提是既立足于满足人们的现实需求，而又不失于对当地历史传统的遵循。如宋代敬宗收族制度和义庄制度既契合了古代的宗

---

① 姚中秋．自发秩序与理性［M］．杭州：浙江大学出版社，2008：182.

② 姚中秋．自发秩序与理性［M］．杭州：浙江大学出版社，2008：179.

③ 晏鹰，朱宪辰．从理性建构到认知演化［J］．社会科学战线，2010（2）.

法历史传统，符合时人的心理，同时通过提供族内福利又解决了族人的现实生活需求问题，因此在当时和后世都得到了很好的发展；而吕大钧在创设吕氏乡约的时候更多考虑的是恢复古代的“礼”，而较少考虑乡里百姓的实际需求，这种失去现实根基而一味地去推崇传统价值的做法在两宋期间并未收到很好的效果。所以，自治性福利制度的建设应该做到遵循传统与满足现实需求相结合。

6.3 优良自治性福利组织运行条件

6.3.1 自治性福利制度建设需礼法并重

宋代民间自治性福利制度表现出强烈的“礼”的色彩。首先，“礼”增强了宋代儒家士绅服务社会的责任意识与使命感。宋代儒家士大夫基于“礼”的道德理想来积极主导民间自治性福利制度的建设，如敬宗收族制度、义庄、社仓、乡约等无不是宋代儒家士君子基于“仁”“礼”的理念建立起来的。其次，民间自治性福利制度的运行深受礼制的影响。敬宗收族制度、义庄、乡约、义役等制度在运行中无不体现了礼的影响，甚至受宋代儒家文化影响较小的、远在西北地区的敦煌私社在组织运行中仍有礼的特色和宗法制的踪影。

然而，民间自治性组织制度在运行过程中也需借助法的力量。儒家主张以礼制为维持社会之行为规范，以德教为维持礼之力量，于是民间礼制对人们的约束作用很大程度上取决于人们的道德感。这种道德感是一种软约束，强制力量有限。因此，除了敬宗收族制度这样血缘关系浓厚、宗族共同福利财产比较少的组织制度才主要依靠家法礼制，或者如乡约制度没有公共积累又得不到政府支持的情况下不得不依靠礼制。但像义庄、义役等制度，为使组织制度得到更好的贯彻，在制度运行中都请求政府对组织内部公共财产和组织法规的认可，从而获得法律效力，以增强其强制执行力；社仓在运行中通过政府的监管，敦煌私社以契约合同方式运行无不体现了法治或者法治精神。可见，宋代自治性福利组织制度建设也是礼法并重，只不过是礼制的影响更多罢了。

但在我国当前人口急剧流动，陌生人互为邻里的社会背景中，仅仅依靠礼制显然已成为问题。费孝通先生曾指出："礼是指经教化过程而成为主动性的服膺于传统的习惯"，"礼制的可能必须以传统可以有效地应付生活问题为前提"，"在一个变迁很快的社会，传统的效力是无法保证的，尽管一种生活的方法在过去是怎样的有效，如果环境一变，谁也不能再依着老法子去应付新问题了。所应付的问题如果要由团体合作的时候，就得大家接受个同意的办法，要保证大家在规定的办法下合作应付共同问题……就是所谓的法治。"①所以在当今社会人们彼此之间平等协商，制定基于大家一致同意的法治规则显然变得更重要。另一方面，我国当前构建自治性组织制度时，也应充分挖掘礼制的传统资源，并实现其现代性的转化。

6.3.2　组织成员的独立意识与平等权利

在两宋期间，特别是南宋时期，儒家士绅群体积极投身到民间自治性福利事业的建设中，成为官方社会救助之外的主体力量。然而儒家士绅一向以入仕为官为最高理想，一有机会儒家士绅仍会亲近政府权力。事实上，他们中的部分人往往借着民间慈善活动的组织和创办，从而获得当地乡人的认可和拥护，由此获得地方精英的身份来接管地方权力。即他们并非具有我们今天所言的超脱于政府之外的独立主体意识，这也就导致了民间自治性义役容易走向官方化。

此外，在宋代，在民间社会实际上存在着一种以士绅为主导的教化性权威，儒家士绅的"身份"与"道德优越感"使其难以在民间自治性组织中基于人与人之间的平等而订立组织规约，形成真正意义上的自治性福利组织。

因此，在当代自治性福利组织的建立过程中，首先需要组织的领导者具有超然独立的主体意识，这样自治性组织才可能具有真正的自治性。此外，组织成员间的身份和人格需要具有平等性，这样才会有真正的权利观念，才能真正地扮演好组织参与者与监督者的角色。

6.3.3　健全的组织机构和持续的资产增值

健全的组织机构和持续的资产增值是自治性福利制度长期存续的基础。

---

①　费孝通．礼治秩序［M］//鲍霁．费孝通学术精华录．北京：北京师范学院出版社，1988：371.

就组织机构而言，除了敬宗收族制度依靠以族长为首的家长式管理方式外（族长），其他五种制度都采取不同程度的民主自治管理。甚至自宋代以后，敬宗收族制度中的族长的人选也越来越看重人品、贤愚、能力、才华等条件，而不是看出身嫡庶，并且族长和其他管理人员多由族内长老推选产生，族内注重对族长的培养教育。这是确保宗族绵延的优良机制，明清基本延续了宋代的这种传统。南宋义庄制度内部管理机制发展成熟时，在掌庄之下（指范仲淹后人，相当于企业的董事会）设置多名经家族各房（分支）公推共举的管理人员，他们依据掌庄规矩行事，同时也规定即使族内尊长亦不得干扰，以确保管理者权责相当，族内成员对于管理人的不公行为具有监督告发权。可见，宋代义庄制度的内部组织结构有些类似于我们今天的股份有限公司，只是它不以营利为目的，提供的产品是族内人员的福利而已。义役和社仓都是由于组织内部对管理人员的权力缺少监督与制衡造成制度的败坏或者出现与官员相互勾结的现象。乡约组织的约内成员可以就约内事务“共同商讨”，但实际权力掌握在约正手中，且缺少对其行为的监督和制约。敦煌的各个私社尽管受到佛教寺院和归义军政府等不同程度的干涉和制约，然而社人的权利义务比较对等，有健全的权力制衡机制和监督机制，因此很少出现内部败坏现象，实施效果相对较好。可见，组织机制的健全程度是确保自治性福利制度长期存续的重要因素。

资产运行情况也是决定自治性福利组织能否可持续发展的重要因素。南宋很多民间福利组织主要是因为经费无法得到保障而不能持续发展。[①] 在上述六种福利组织制度中，除了乡约组织，其他以福利互助为目的的组织都注重组织内部资产增值的造血功能。由于土地的增值作用，敬宗收族制度依靠族田收入来维持族内祭祀所需物品和族内救济；义庄、义役制度通过出租田地获得租息来供养族人或者援助承役人；社仓和敦煌私社通过对实物的贷放收息，积累基金，增强组织的持续运营能力。

6.4 本章小结

宋代自治性福利制度源自民间社会的实际需求，并深受历史传统、时人

① 苗书梅，葛金芳，等．南宋全史：四［M］．上海：上海古籍出版社，2012：339.

观念和领导群体的影响。政府要为民间自治性福利制度提供良好的发展环境。自治性福利组织的运行，一是要做到制度建设礼法并重；二是组织内部成员要具有独立意识，大家基于平等的身份参与福利组织的决策与管理；三是要健全组织机制和注重资产增值。

中篇

明代自治性福利观念和制度研究

本篇主要包括以下内容：第一，分析明代自治性福利制度产生的社会背景及其对自治性福利制度发展产生影响的方式和途径。第二，考察明代自治性福利制度的思想观念及其对明代自治性福利制度发展的影响。第三，分析明代三种典型的自治性福利制度，即以血缘关系为基础建立的宗族性福利制度；以行业划分为基础的行会制度、以业缘和地缘为划分条件的会馆制度；由士绅等主导的包含义仓和社仓在内的民间仓储制度。本篇主要研究结论包括：

第一，明代自治性福利制度的发展有其特有的社会基础。政治、经济和社会文化环境是其发展的前提，中央集权的财政制度、政府的政治鼓励、乡村的乡绅之治以及农业、手工业和商品经济的发展为明代自治性福利制度的发展奠定了坚实的社会基础，士绅、新兴商人是明代自治性福利制度的组织力量，频发的自然灾害是明代自治性福利制度发展的自然环境。

第二，明代自治性福利制度的发展有其固有的思想基础。明代沿袭了中国古代儒家、道家、佛家等的传统社会福利思想。明代促进自治性福利制度发展的思想观念主要包括王阳明的心学思想和讲学以立会思想，顾炎武等的关心天下的思想，黄宗羲和吕坤倡导的民本思想，徐光启主张的裕民思想，同时也包括为明清时人所广泛认可的“以民养民”思想和包括朱元璋在内的统治者的“以民治民”思想。所有这些思想都对推动明代基层社会自治或者福利组织的发展起到了积极作用。

第三，明代主要的自治性福利制度包括以血缘为划分的宗族福利制度，以业缘、地缘为划分的行会和会馆福利制度以及具有一定地缘特征的民间仓储制度。这些自治性福利组织，或具有行业联系或具有血缘邻里的联系，体现的是一种亲疏远近的差序供给格局的福利供给模式。其中宗族福利、义仓和社仓主要以乡村社会作为依托，依赖于明代乡村乡绅之治的政治格局；行业、会馆以商业活动为依托，是以商人这个群体为服务对象的福利安排。这些福利还体现了民间的自助、互助传统，通过成员们的互助，救济所在群体的急难人群，维护着一个个小型社会的稳定，进而维护整个社会的秩序。明代的自治性福利制度在供给福利的同时始终没有忽略思想的传播和道德的重建，促进了明代社会文化风气的形成。

第四，明代自治性福利制度有其生成机理，并具有相当意义的现代启示性。明代自治性福利制度具有自生自发性，是经过中国古代社会不断尝试、淘汰、试验后，被明代所沿袭下来的规则体系，并在明代的发展和运作中，根据当时的社会经济环境不断地试错和淘汰。明代的自治性福利制度是作为公共物品的保障中多中心治理的重要组成部分，民间力量作为明代社会保障的另一个供给主体，是官方保障的一种补充形式。自治性福利制度随着历史传统和环境变迁而发展，有一定的路径依赖。明代自治性福利制度的现代启示是：应该对官方强制保障的弊端保持清醒的认识，尊重民间自治性保障的自助、互助精神，同时注重充分发挥自治性保障在当代社会保障体系中的作用，尊重自治性福利制度在制度发展过程中的自生自发性，避免政府过度干预。

1　明代自治性福利制度的社会基础

中国古代的自治性福利制度发轫于宋，明代趋于组织化，于清代成熟繁荣。① 明代承袭前代的自治性福利制度，并依赖于当时的政治、经济和社会条件使之得以继续发展完善。首先，明代集权形式的财政制度、劝奖制度和“乡绅之治”为明代自治性福利制度的发展提供了政治基础。明代中央集权的财政体系使得地方政府财政吃紧，地方政府举办的社会保障制度难以持续运营发展，因而民间自治性福利制度需要承担一定的保障责任。政府的劝奖制度鼓励士绅阶层和商人群体积极参与赈济，正向地鼓励和推动民间自治性福利制度的发展。乡村“乡绅之治”为民间特别是县以下区域的自治性福利制度的出现和持续发展提供了土壤。其次，明朝发展迅速的经济为明代自治性福利制度的发展提供了经济基础。明代的小农经济随着土地的开发走上一个新的高峰，手工业经济由官方主导走向民营化并出现资本主义萌芽，同时商业经济得以发展和繁荣，并催生出一批具有强烈社会责任感的新型商人，使得整个社会的财富增加，更有能力支持社会慈善活动。最后，明代频发的自然灾害、社会教化的理想和裕民思想的践行为明代自治性福利制度提供了社会基础。明代自然灾害发生频次高且影响范围广，特别是明中后期，吏治的腐败使得自然灾害带来的负面影响加大，更迫切地需要民间自治性福利制度的支持。社会教化理想催生出数量不少的民间福利团体，为民间自治性福利制度的发展提供了动力。裕民思想的产生和推广为财富下移奠定了基础，使得民间自治性福利制度的发展具备了一定的群众基础和物质基础。

1.1　政治背景

明代采取中央集权的财政制度，主要的财政权力归于中央，而地方对财政的支配权非常小。这种财政体系使得地方财政紧张，官办社会保障难以保持稳定性。特别到了明朝中后期，因为财政紧张和吏治腐败，地方的财政能力持续下降，官办社会保障制度越来越难以维持。因此，明政府采取劝奖制

① 姚中秋．国史纲目［M］．海口：海南出版社，2013.

度，利用官位和名誉吸引士绅阶层和商人群体捐资捐物支持救济活动。与此同时，明代基本上也是施行“皇权不下县”的基层治理方式，使得乡村开始出现“乡绅之治”的政治局面。这样的政治背景为明代自治性福利制度的发展提供了政治土壤和政策支持。

1.1.1 财政制度与民间保障

明朝初期，太祖朱元璋建立“洪武型”财政。它采取的是集权的形式，国家财政收入和支出采取一元化管理，财政管理权几乎全部集中在皇帝手中。这种财政制度具有保守、内向和主观性特点，能节流而不能开源，在建立初期能够发挥极大的作用，但因其具有主观性，受统治者个人的影响较大，越往后发展遇到的问题越大。明初，太祖采取了一系列的经济改良措施以巩固统治并促进社会经济的恢复与发展，而且明初的财政特征是节俭的财政开支，因此政府在财政支出上仍有节余。但之后，随着土地兼并的日益严重，政治日益腐化，赋役制度越来越混乱。与此同时，皇室费用奢靡，军费支出不断加大，使得财政支出费用日增，以至财政收不抵支，逐渐陷入困境。为了解决中央财政困难的问题，明朝政府开始节省对地方的财政开支，使得地方政府财政收入大幅度降低。随着地方政府财政收入的减少，官办社会保障难以持续。在这种状况下，作为补充的民间福利相应地有所复苏和加强。

明代中期开始进行财政改革，促使地方政府职能转变，主要表现为：“明中叶前后，为了减轻民间的赋役负担，各地陆续对地方政府的财政支出实行限制，逐渐形成了分类管理的财政包干制度，隆庆至万历年间全面推行的一条鞭法，就是这一改革趋势的总成果。”① 一条鞭法制度简化了税制，将税赋合为一条并征收银两，税收的可检查性提高，国家的财政收入增加。在这样的制度下，地方政府征收杂税的权力被收回，财政支出的范围被限定住。而且，这一时期，明朝的中央政府为了缓解自身的财政危机，不断裁减本该拨给地方的财政经费，地方政府的财政职能被削弱，财政支出能力降低，只能维持正常的支出，社会保障的支出受到影响。甚至在经费不足的情况下，地方政府常将救荒赈灾的预备仓粮挪作它用，当地方遭遇灾害时，大多数地区

① 郑振满．乡族与国家——多元视野中的闽台传统社会［M］．北京：三联书店出版，2009：258．

仍然只能依赖国家的蠲免[1]与救济。然而随着中央财政的进一步恶化，蠲免也逐渐流于形式，徒有虚名而没有实质，反而成为地方政府实施保障活动的障碍，“连年虽因水旱频仍，每下蠲缓之令，而蠲租止于存留，已属虚名；缓征并于明年，反滋扰累”[2]。

而到了明代中后期，不仅蠲免的次数继续减少，而且蠲免的内容也简化。另外，据《明会要》载，从武宗开始，世宗、穆宗即位时皆免前代的逋赋：“武宗即位，除弘治十六年以前逋赋，世宗即位，免正德十五年以前逋赋，穆宗即位，免嘉靖四十三年以前逋赋；崇祯先后三次免税，十五年免天下十二年以前的逋赋。”[3] 对前代逋赋的免除，一方面并不能给地方带来实际的利益和帮助，相反，地方政府的存留却要挪用于赈灾；另一方面，上交中央的税粮并没有少一分，而中央对受灾地区的蠲免也成为中央开给地方政府的空头支票。本来就只够维持日常开销的地方财政，还要应付灾害的救助，力不从心。在这样的财政环境下，不仅明初建立的官办社会保障制度越来越难以维持，而且受灾时期地方的赈济措施也不能很好地发挥作用。这导致两种状况的出现：第一，地方政府开始寻求其他渠道去尽可能地维持制度的运行，通过募捐筹集经费和物资。第二，民间寻求自救渠道，乡绅、士儒、商人等积极组织赈济，宗族则开始逐渐开放福利，由族内保障渐渐对外开放，民间自治性福利制度得以发展和壮大。

1.1.2　劝奖制度与民间保障

明朝政府推行较为典型的劝奖政策，其主要原因是：首先，明政府财政困难，国家在官方赈灾的同时，需要鼓励民间参与灾荒救济，以帮助受灾地区尽快恢复生产和生活。其次，明朝自然灾害更趋频繁，而因为财政原因，官方赈济系统渐趋于无力，无法提供灾情所需的巨额赈济粮，因而需要借助民间力量。为了将自身无力承担的责任推向民间，明政府开始利用名利对人的吸引力，鼓励富民和乡绅参与赈济。而富商和士绅也积极响应政府的这一政策。一方面是明朝经济的进一步发展使得商人阶层人数不断上升，他们渴望提高自己的社会地位，政府的鼓励措施恰好是他们需要

---

① 蠲免指的是免除租税、罚款、劳役等。

② 《明神宗实录》卷二六三，万历二十八年八月。

③ 《明会要》卷五四《食货二·蠲逋赋》。

的，因而他们积极支持和参与。另一方面是士绅阶层的社会责任感使得他们本来就有关心社会弱势群体的意识，而适当的鼓励恰好能够进一步提高他们的积极性。因此，明代的劝奖制度对明朝民间自治性福利的发展起到了不可忽视的推动作用。

明代的劝奖政策在明初就已经出现，但是真正较为频繁地采取奖励、劝说等政策来动员民间参与灾荒救济活动，是从宣德年间开始，而正统年间到万历年间是明代开展劝奖政策的最主要的阶段。这一时期，史料中大量记载了民间各类捐助、义民旌表、冠带荣身等事迹。到了明代中后期，劝奖政策已然成为国家灾荒救济的主要形式之一。劝奖政策主要是劝分，它是在国家倡导下的民间救济行为，最初始于民间。“所谓劝分者，盖以豪家富室储积既多，因而劝之赈发，以惠穷民，以济乡里。”① 在发生自然灾害的年份，民间的富人士绅在国家的鼓励下进行谷物、财物的捐助。政府设立奖赏制度，根据民众捐谷物或财物的数量对他们进行褒奖。常用的劝奖之法是“义民旌表”制度。

按照奖励的轻重，明代的义民旌表分为三个等级：一是“敕旌义民”。“敕旌义民”是由皇帝亲赐敕书所旌表的，享有极高的荣誉，享有立坊表、免差役的权利，一些“敕旌义民”甚至可以到皇宫朝拜，直接面见皇帝以谢恩。如：“正统六年的夏邑县骆昭礼、仇显祖、杜敬、朱端，因在荒饥时各输米麦一千一百石助赈，而敕旌为义民。”② 二是授予散官、冠带。③ 明代官府对当地富民捐赠谷物、财物的行为，根据所捐数量的多少，颁发“冠带”或者“散官”的奖励。如成化二年，池州府孙俊纳米500石济，授七品冠带；章伯通，纳粟900斛，荣以七品散官。④ 三是地方府州县对富民的义行给予扁门、竖坊等奖励。如“杨翁，十里民，嘉靖已亥，岁饥，输穀若千石助赈当道以闻，给以冠带荣身，扁其门曰义士”⑤。义士张思贤，“出谷五百石赈济，又设粥道傍四方……奏闻授以七品散官，建立坊牌以表其门”⑥。

---

① 董煟《救荒活民书》卷中《劝分》，文渊阁《四库全书》影印本。

② 嘉靖《夏邑县志》卷七，《人物志》。

③ 明代所授散官只许冠带而不许管事，有官阶而无官职，只是一个虚衔，但可以享受差役优免。转引自：兰婷．明代民间救济研究［D］．南昌：江西师范大学，2013.

④ 嘉靖《池州府志》卷七，《孝义》。

⑤ 嘉靖《武城县志》卷七，《人物志》。

⑥ 嘉靖《常德府志》卷一六，《人品志》。

1.1.3　乡绅之治与民间保障

“乡绅”一词最初出现在宋代，但作为固定的史料用语使用则是明代，特别是明代中期以后的事。明代文献中绝大多数场合用的是“缙绅”，其实指的就是本文所说的乡绅。清代文献中有以缙绅来解释乡绅，“乡绅，本地缙绅之家”，意指乡绅的仕宦身份。在明清时期，乡绅和官吏、乡民一起，成为基层社会的主要阶层。它和官吏都是封建学校和科举制度的产物，权力都直接来源于传统的政治秩序，它与官吏的合作与对抗使得政权能够得以保持活力。一方面，居住于本籍的乡绅与乡民以血缘或地缘关系为联系纽带，二者有着强烈情感和身份上的认同。同时乡绅凭借着功名、学识及财富而成为众民之首、一乡之望，获得乡民的认同，成为地方利益的代表者。另一方面，乡绅是“惟一能合法地代表当地社群与官吏共商地方事务参与政治过程的集团”①，在公共与私人领域都与国家权力有紧密的联系。

乡绅之治是以乡绅为治理主体的基层社会治理秩序，在明朝开始出现。一方面，它的形成得益于明政府对于教育和科举制度的高度重视。明代统治者刻意构建一种由学校通往科举及仕途的道路，明初开始在各州县建立学校，“科举必由学校，而学校起家可不由科举”②，规定只有府州县学的生员才有资格参加乡试，而生员除非违反学规而受处分剥夺学籍，否则拥有终生的身份。此外，明代的举人身份是终生持有的，如果举人没能进入官场，一般会搬回原籍居住。他们的举人身份让他们享受到一些法定的特权，具有比生员更高的权威。明初时，士绅群体受到国家权力的严密控制，人数并不多。到明朝中叶以后，这种控制开始减弱，士人数量随之大增。只有少数士人能够入仕成为官吏，多数只能返回原籍。而且明朝的致仕制度要求官员退休后回到原籍。这些原因使得大量持有功名的士人沉滞于乡村。这些人在经历相同、利益相关的基础上逐渐固化为独立的社会阶层，被称为乡绅。另一方面，乡绅的形成与存在更得益于国家权力逐渐退出造成乡村的政治真空。明清时期国家权力止于县级，“国权不下县，县下惟宗族，宗族皆自治，自治靠伦理，

---

① 瞿同祖．清代地方政府［M］．范忠信，晏锋，译．北京：法律出版社，2003：283.

② 《明史·选举志》，卷六九。

伦理造乡绅”①。可见，乡绅作为与官吏合作与对抗的主体，既有地位又有学识，成为接手乡村权力的必然选择。

乡绅之治下，作为唯一的知识分子阶层，教化和教育是乡绅最基本的任务。他们创办义学、私人书院、方志局、文学社团和私塾，并参与其中进行传道、授业、解惑，使得乡村社会得以形成接受儒家价值和规范的乡民群体。乡绅与官吏的出身同源，也使得他们能够与官府合作，在出于本乡乡民利益考虑的情况下，积极开展保障活动。乡绅之治下，乡绅变得更有威望，更加能够用自身影响力去举办益民利民活动。而且乡绅之治实际上实现的是乡村的自治，这样的政治环境能够催生出更多的自治性福利制度。

1.2 经济背景

明代的经济发展相当迅速，整个国家的经济总量上升显著，成为世界经济大国。随着生产工具的改善、土地的开发以及新的经济作物的引进，明代的农业经济走向了一个新的高峰。明代的官营手工业在管理体制和工匠制度上较前代有了很大提高，使得官营手工业在明代发展到一个新的阶段。明中后期，随着管理的腐败，官营手工业开始逐渐走向衰败，民营手工业开始迅速发展起来。而在农业经济和手工业经济发展的基础之上，明代的商品经济开始迅速发展，并产生了新兴商人群体，他们出于利人之心，也为了提高自身社会地位，成为除乡绅之外举办民间自治性福利的另一主体。农业、手工业和商品经济的迅速发展，使得明代的社会财富增加，为明代自治性福利制度的发展提供了经济基础。

1.2.1 经济发展与民间保障

中国经济总量占世界经济的比重，1000 年为 22.7%，1500 年为 25%，1600 年为 29.2%，1700 年为 22.3%。② 明王朝从 1368 年建国到 1644 年，经济总量占世界的比重经历了由 22.7% 到 25% 再到 29.2% 的上升过程，这主要

---

① 秦晖．传统中华帝国的乡村基层控制［M］//黄宗智．中国乡村研究：第一辑．北京：商务印书馆，2005：2.

② 安格斯·麦迪森．世界经济千年史［M］．伍晓鹰，等，译．北京：北京大学出版社，2003.

源于明代农业、手工业及商品经济的迅速发展。

明代农业经济发展主要体现在以下三方面：一是农业生产工具和生产技术得到改进和推广，促进了生产效率的提高。二是明代加大了土地的开发，提高了土地的利用效率。明朝鼓励垦荒和扩大耕地面积，“洪武二十六年，全国土地面积850余万顷，比宋真宗时的524余万顷也高出不少”①。明代在耕作方式和生产技术上特别注重精耕细作，提高了土地利用效率，从而使粮食的单产和总产量都比宋朝有所增加。三是引进和推广了粮食新品种和新的经济作物。明代中后期，外部的粮食作物（如玉米、甘薯、马铃薯等）和经济作物（如花生、烟草等）由不同的渠道被引进中国并逐渐得到推广，大大促进了我国传统农业的发展。这也使得农村经济中农商成分均存在，且商品经济成分日益增多。

明代手工业在前期占主体的是官营手工业，但发展到明朝中后期时开始出现管理腐败等问题，逐渐走向衰败，而同时期民营手工业发展迅速，逐渐替代官营手工业成为手工业的主体力量。并且民营手工业不再满足单个或者多个家庭联合的局限，逐渐从家庭生产向工厂生产转型，不仅推动了商品经济的发展，也使得民间能够积攒更多的财富。

随着农业经济与手工业经济的发展，各地市场开始建立和发展起来，甚至出现全国性的大市场。从明朝中叶开始，商品经济在农业经济和手工业经济均有较大发展的基础上发展迅速，到了明朝中后期，资本主义萌芽开始出现并发展，商人群体的规模开始迅速增大。商人奔赴各地行商，商人区域流动增加，全国各地市场不断扩大，至明清之际，甚至形成了全国性的大市场，“北则北京，南则佛山，东则苏州，西则汉口”②。经济的发展和各地市场的出现与壮大为各种福利会社组织的出现和迅速发展奠定了经济基础。

总之，明代经济总量的增加使得明朝社会拥有可观的财富总量，使民间能够聚集更多财富，能够参与民间慈善，也使得宗族更有条件为族人提供福利。同时，明代商业的发展，使得商人群体数量开始迅速扩大，在“贾而好儒”的理念影响下，商人成为除士绅之外积极举办民间福利制度的重要群体。

---

① 张显清．明代政治史：上［M］．北京：人民出版社，2003.

② 刘献廷：《广阳杂记》卷四。

1.2.2 “贾而好儒”与民间保障

随着明代经济的发展和资本主义萌芽的产生，新兴商人群体不断增加，随着财富的积累，也渴望提高社会地位。鉴于明代朝廷对于儒生的奖掖使其享有多种优免权，商人便通过对儒学的学习来提高自身的社会地位。在新兴商人特别是徽商中出现“贾而好儒”的现象。比如商人从商获利之后，努力求学成儒，或延师课子，或令子弟业儒。此外，也有的商人在从商之前便“雅好诗书”，从商后仍“好学不倦”，或者老而归儒。“儒学”出身的商人在经营时常常“以诚待人”“以信接物”“以义为利”，因而有着良好的信誉，更容易获得商业活动的成功，积累一定的财富，使其具有从事民间慈善事业的物质基础；同时，由于儒商深受儒家价值理念的影响，使他们也乐于从事地方公益事业组织。

儒商在从事商业活动获得一定的物质积累后，即慷慨解囊，主动捐输谷物从事民间慈善活动，并积极支持筹办社会公益事业。嘉靖九年（1530年），秦地发生旱蝗，“边陲饥馑，流离载道”，正在榆林经商的歙县盐商黄长寿立即“输粟五百万助赈”①，使灾荒得以缓解。徽商胡继芳兄弟，在天启甲子岁，遇水荒，“煮糜以济者三阅月”。崇祯十三年（1640年），歙县商吴民仰运载千石小麦途经正在发生饥荒的上海，同情当地人民的遭遇，散麦以助，“尽以舟麦散饥人，人各一斗”②。他们也参与义仓、义冢的建设和运行，如歙县佘文义买地建立义冢，“度地二十五亩，作五间冢于岩溪之坎，听乡里之死者归葬焉”③。此外，一些商人还帮助地方修水利、筑道路、兴学校等。

此外，随着明代商人的数量迅速增长，出于不同商业群体内部互助的需求，逐渐形成了规模不小的商帮，如明末清初著名的徽商、晋商、粤商、闽商、鲁商等。这些商帮以地域为中心而形成，由血缘和乡谊等纽带联系在一起。力量较大的商帮甚至创建属于自己的会馆，成员之间“相亲相助”，开展一些互济救助活动，具有一定的民间自发性和自治性，在明代社会起着相当重要的保障作用。

---

① 歙县《谭渡黄氏族谱》卷九。

② 《古歙岩镇东勘头吴氏族谱》。

③ 嘉靖《徽州府志·质行》。

1.3　社会背景

明代自然灾害发生频次高且影响范围广。特别是到了明中后期，由于吏治的腐败使自然灾害对人们造成的影响加大，官办社会保障越来越不能满足赈济的需要，社会的恢复需要民间自治性福利制度的支持。明代中后期，儒家社会治理、社会教化理想的存在，催生出数量不少的民间福利团体，为民间自治性福利制度的发展提供了动力。裕民思想的产生和推广为财富下移现象的形成奠定了基础，使得民间自治性福利制度的发展拥有广大的群众基础和物质基础。

1.3.1　自然灾害多发与福利需求

明朝自然灾害频发，根据陈高庸统计，明代发生水灾 496 次，旱灾 434 次，其他灾害 294 次，总数达 1 224 次。由表 1 可知，明朝自然灾害不仅总数多，而且年均发生次数也高。不同皇帝在位期间灾害发生次数年均最低为 1. 4 次，最高为 4 次，基本在 2 ~ 3 次之间。多发的自然灾害需要社会保障制度帮助受灾区域的民众恢复生活与生产。民间自治性福利制度很大程度上承担起了对灾民的保障功能。

表 1　明代自然灾害分布

年号	在位时长（年）	灾害次数	年均次数	年号	在位时长（年）	灾害次数	年均次数
洪武	31	57	1. 84	弘治	18	46	2. 56
建文	4	—	—	正德	16	42	2. 63
永乐	22	31	1. 41	嘉靖	45	73	1. 62
洪熙	1	—	—	隆庆	6	17	2. 83
宣德	10	25	2. 50	万历	48	83	1. 73
正统	14	50	3. 57	泰昌	5/12	—	—
景泰	7	28	4. 00	天启	7	17	2. 43
天顺	8	21	2. 63	崇祯	17	50	2. 94
成化	23	52	2. 26				

资料来源：鞠明库．灾害与明代政治［M］．北京：中国社会科学出版社，2011：16.

1.3.2 社会教化与民间救助

1）儒家士绅厉行社会教化

明代发展到后期，随着宦官专权的加剧，吏治更加腐败，朝政更加混乱。在这样的社会背景下，一些文人士大夫政治抱负难以实现，他们渴望实现自己的理想，呼吁社会的清明，因而这一时期出现许多文人士大夫结社讲学的社会风气。因为政治失意，士大夫们的精力转移到文化传播领域，热衷于修身养性、读经治乱，传播传统文化精神，希望以自身力量影响更多的人去实现治理社会的理想。这些士大夫通过聚会讲学的方式团结在一起，重视儒学思想的传播，呼吁士林风气的重新形成，进行社会教化，通过社会教化的形式影响他人，以此达到重整朝纲、拯救天下的目的。儒家士绅成立的同善会等会社既是地方名士借之联络感情的亲睦会，又是施行救济的社会慈善团体。会社的主要倡导者是王阳明，他提倡讲学以立会，主张以会社的形式传播学问。而明代后期同善会的兴起中，东林党人扮演了重要角色，如创建无锡同善会的高攀龙、陈幼学便是其中的代表。

2）以“救济”作为社会教化的手段

同善会的目的是社会教化，为了达到这一目的，同善会要首先救济他们所认为的“好人”，希望达到以一带十的作用，使得救济效果更佳。按照陈龙正在《同善会一讲》的说法，救济“好人”，实际上有劝人的成分和效果，因为对“好人”的救济，使得社会上“放肆游花、日就贫老的人生些懊悔，庶几转头”，他们浪子回头后各守本分，使得本地区的社会风气转好。而社会风气向好的方向转化时，更多的救济能够展开，即达到以一带十的效果，实现社会教化的目的，促进福利事业的发展。

同善会创立者一般都具有较高的身份，在社会上具有很大的影响力。他们或者是进士、举人或生员，或者是已经退出仕途的官员，在社会上具有很高的威望。正因为这些有威望、有能力、有影响力的人员的组织，同善会创立后吸收的会员持续增加，所得经费持续增长，慈善力度持续增加，影响程度和范围不断扩大，对明末出现、清代兴起和发展的善堂产生了较大的影响。

1.4　本章小结

明代多发的自然灾害要求建立和完善社会保障体系，但集权的财政制度限制了官方社会保障制度的实施及其作用的发挥，因而间接地推动了民间自治性福利制度的发展。官方的劝奖政策鼓励士绅和商人积极参与社会救济事业。乡村的“乡绅之治”为明代自治性福利制度的发展提供了政治基础。明朝农业经济与手工业经济发展显著，为自治性福利制度的发展提供了一定的经济基础。新兴商人群体的壮大和“贾而好儒”文化现象的存在以及社会教化的开展为民间自治性福利制度的发展提供了人员基础和组织基础。

2 明代自治性福利制度的思想基础

明代自治性福利制度的发展深受当时社会的福利思想和自治倾向的治理思想影响。在明代新的社会经济背景下，儒家士绅阶层和新兴的商贾阶层也涌现出新的福利观念和社会治理倾向，如儒家的“心学”思想，民本和裕民思想，“以民养民”和“以民治民”思想。这些思想观念进而推动他们参与民间慈善活动和自治性福利制度的构建。

2.1 儒家的“心学”思想

明代中期，朱学虽然还是官方哲学，但已逐渐退居次要地位，扮演思想史主角的是王守仁（别名王阳明）的心学思想。王阳明提出“心即理”、“致良知”和“知行合一”的思想，认为心与理合一、格物致知和知行合一。同时，王阳明认为当时的社会风气败坏，知识分子应行教化之责，主张成立社学、会社，通过会社讲学的方式进行社会教化。这些思想对明代的影响很大，对当时自治性福利制度的发展起到了指导和促进作用。

2.1.1 “心即理”

王阳明提出“心即理”，认为心即是理，理便是心。“心外无物”“心外无理”“心外无善”，只有“心”才是世界的本源，是唯一的真实存在。王阳明提出“于事事物物上求至善，却是义外也，至善是心之本体，只是明明德到至精至一处便是，然亦未尝离却事物”①，指出心的本体是至善，至善是不会离却事物而存在的。“心”具有丰富的内涵，“身之主宰便是心，心之所发便是意，意之本体便是知，意之所在便是物”②，认为心之所发是意，意是心的表现形式，同时“物”随“意”走，意在哪，物便在哪。比如，意在于乡约，乡约便是一物。王阳明认同传统的德业相劝、礼俗相交、过失相规、患难相恤的思想观念，认为聚会、主事、善恶簿的设立是为了惩善去恶。他将

① ［明］王阳明《传习录》。
② ［明］王阳明《传习录》。

这一思想应用于赣南乡约中，从立约的规章、施行办法以及风俗民情的规制上对赣南乡约进行了规范，旨在导民于善，“敦礼让之风，成淳厚之俗”①，既使民“格面”，更知“格心”。王阳明的“心即理”思想引导人们向善，行善事、做善人，主张人与人相互帮助，推动了会社及其它慈善组织的建立和发展。

2.1.2　“致良知”与知行合一

王阳明心学思想的另一个部分是“致良知”。王阳明的良知，指的是天下宇宙的本体，“良知者，心之本体”②，“吾心之良知，即所谓天理也”③。王阳明认为致知在于格物，“是必实有其事矣，故致知必在于格物。物者，事也，而意之所发，必有其事，意在之事，谓之物”④，指出物是意的所在，如慈善组织的建立是善意传播和承载的结果。“格者，正也，格其不正以归正之谓也。正其不正者，去恶之谓也；归于正者，为善之谓也。”⑤ 因此，修养不能被空谈而应该在实际行动中去表现，认识自己的错误不在于闭门思过时间的长短而在于实际活动中是否再犯错误。修养必须使良知在行动中体现出来，真正的修养只有在处事的磨练中才能增强，做到“去恶”和“为善”。以“德业相劝、礼俗相交、过失相规、患难相恤”来待人处事，即是修养的重要内容，即是“实现良知”。王阳明认为至善就是良知，“至善也者，心之本体也，动而后有不善”，以此倡导人的善意。王阳明的思想从知与行的角度为明代自治性福利制度提供了理论指导和方法论。

王阳明还主张知行合一。《传习录》中说：“无善无恶心之体，有善有恶意之动，知善知恶是良知，为善去恶是物格。”王阳明强调知是本体，而行是工夫，知行合一体现在工夫上的合一。他主张感受本心，凭借自然的智慧、学识和对事物的深刻了解达到“外王内圣”的目的。所谓“外王”是外达于天下，“内圣”内在于个人自觉。“外王内圣”是一种道，每个人得道的感受和方式有所差别。知行合一，是要对得起自己的良知，通过格物，来达到内

① 《年谱一》，《全集》卷三三，1247 页。
② 《答陆原静书》，《全集》卷二，61 页。
③ 《答顾东桥书》，《全集》卷二，45 页。
④ 《王文成全书》卷二六，《大学问》，9 页。
⑤ 《王文成全书》卷二六，《大学问》，9 页。

心的至圣之路。王阳明外王内圣的主张，要求人们在知行合一的基础上，去追求更高的境界，对明代社会的影响极大。特别是会社建立后，心学思想得到广泛传播，明代士人阶层受该思想的影响不断增大，促进了民间慈善事业的发展。

2.1.3 讲学以立会

王阳明注重地方教化，主张讲学以立会，用以传播思想，以教化民众。王阳明认为“民风不善，由于教化未明”，即颁《兴举社学牌》：“告谕南、赣所属各县父老子弟，互相戒勉，兴立社学，延师教子。”① “讲学以立会”思想不仅促进了王阳明心学思想的传播，还促进了明代善会善堂等自治性福利制度的萌生。一方面，明代的讲学会为明代自治性慈善组织的形成发展提供了思想基础。如在明代的讲学会中经常使用“与人为善”作为结社的理念，“善”不止于自我修养和启发他人，还包括在帮助他人时应当“众人协力”。②另一方面，讲学会本身也是自治性福利制度的载体。一些讲学会在讲学的同时也积极兴办了义学等慈善事业，如最早的善会组织——同善会是在东林党成员或接近东林党的人物的推动下兴起的。同善会既从事与福利相关的救助活动，也教化民众。③

2.1.4 君子与心怀天下

刘宗周是王阳明之后的大思想家，他强调“诚意”和“慎独”在道德实践中的作用。他在《学言》中云：“意者，心之所存，非所发也”，重新恢复了《大学》“诚意”之原义，提出把“性”与“心”合一。④ 他在晚年所著的《圣学宗要》中云：“孔门之学，其精者见于《中庸》一书，而‘慎独’二字最为居要。”他还提出“改过”思想，认为人不是不能犯错，而是应该知错而改。刘宗周的“诚意”、“慎独”及“改过”思想，要求人们心与性合一、人前人后行为一致并及时行善改过，鼓励人们弃恶从善，多行善事和行善积德。

---

① 向振湘．阳明心学与明代书院［D］．长沙：湖南大学，2002.

② 李芳．清朝善会善堂自治制度探析［J］．河北法学，2008（6）．

③ 李芳．清朝善会善堂自治制度探析［J］．河北法学，2008（6）．

④ 尹文汉．论刘宗周的慎独学说［J］．池州师专学报，2000（2）．

明朝中后期，由于朝政更加混乱，士人阶层开始重新唤起“心怀天下”的思想观念。明代东林党人提出“国事家事天下事，事事关心”，认为社会成员特别是有知识的成员应该心怀天下，关心世事。明末清初思想家顾炎武提出“天下兴亡，匹夫有责”，鼓励人们关心天下事，勇于承担责任。顾炎武认为社会的混乱在于贫富差距的存在，和富人阶层的冷漠，“民之所以不安者，以其有贫有富。贫者至于不能自存，而富者常恐人之有求，而多为吝啬之计，于是有争心矣”。他倡导设立义庄，“夫惟收族之法行，而岁时有合食之恩，吉凶有通财之义”则“不待王政之施，而鳏寡孤独废疾者皆有所养矣”①。“心怀天下”的思想引导人们关注民生，促进了当时民间社会义举的出现和发展，对明代自治性福利制度的发展起到了推动作用。

2.2　民本和裕民思想

2.2.1　民本思想

中国古代有“民本”“仁政”的思想传统。因为明朝中后期吏治腐败，政治混乱，当时的思想家们大力倡导民本思想，呼吁统治者重视民生，重视社会成员收入的增加，提倡民众富有。黄宗羲是明末清初的思想家，是民本思想的主要代表人物。他立足于国本，将君权的产生归于“抑私利、兴公利”责任的需要，认为“最初的君主是天下的公仆”②，认为天下为主，君为客。③他指出，天下治乱的标准“不在一姓之兴亡，而在万民之忧乐”④，并进一步提出符合天下为公的君臣关系应是一种基于分工与共治以造福人民的师友关系。⑤ 黄宗羲的民本思想摒弃了“君权神授”，重新回归了君主应仁义的传统思想。这一思想注重民生，关注社会成员的生活状态。

吕坤是晚明时期江南地区的慈善家，是民本主义者。他认为，“盈天地间只靠二种人为命，曰农夫、织妇”⑥。吕坤坚信社会的根本、国家的主体、社

① 顾炎武：《说经》，贺长龄：《皇朝经世文编》卷八。

② 曹德本．中国政治思想史［M］．北京：高等教育出版社，2004.

③ 王新雅．论黄宗羲民本思想及其当代启示［J］．宁夏党校学报，2015（1）.

④ 李伟．明夷待访录译注［M］．长沙：岳麓书社，2008：14.

⑤ 王新雅．论黄宗羲民本思想及其当代启示［J］．宁夏党校学报，2015（1）.

⑥ 王国轩．吕坤全集［M］．北京：中华书局，2008：858.

会的基石是民众而非君主，所谓“足民，王政之大本。百姓足，万政举；百姓不足，万政废”①。

2.2.2 裕民思想

裕民思想源远流长，从我国古代一路沿袭，“从孔子肇始，历代儒家都把富民视为治国平天下的根本。通过富民，实现民众治理、国家安宁、天下太平”②。明代也沿袭了这一思想，并具有其时代特征。裕民思想实际上是“富民”思想，主张省上厚下，藏富于民，主张民间富裕，增强其自身自我保护能力和邻里互助能力，使之能够在灾荒时期拥有自救能力，在非灾荒时期能够有救人、护人和助人的能力。富民在前，强国在后，增加社会成员的财富是国家富强的前提。

徐光启便是裕民思想的主张者之一。首先，他重视农民收入的增加。他引用《淮南子》说：“教民养育六畜，以时种树，务修田畴，滋树桑麻，肥硗高下，各因其宜”，指出应该重视农民收入的增加，以此来增加他们的抗灾能力，并强调统治者具有增加农民财富、增强农民抗灾能力的责任。其次，他反对高税率。他借《谷梁传》之言：“古者税十一，丰年补助，不外求而上下解足也。虽累凶年，民弗病也。一年不艾，而百姓饥，君子非之”，反对政府向农民征收过高赋税。最后，他主张统治者给人民获取财富的充分空间。他引用晁错之言：“圣王在上，而民不冻馁者，非能耕而食之，织而衣之也，为开其资财之道也。”③ 他认为政府应该减少障碍设置，士、工、农、商都能各从其业，社会财富因此而自然增加。裕民思想一定程度上推动了财富的下移，使得民间财富得到聚集，促进了民间自治性福利制度的发展。

2.3 “以民养民”与“以民治民”

2.3.1 “以民养民”

“以民养民”思想是与我国传统的“立君养民”相对应的。“立君养民”

---

① 王国轩．吕坤全集［M］．北京：中华书局，2008：857.

② 黄磊磊，孔祥文．第一届世界儒学大会学术论文［M］．北京：北京文化艺术出版社，2009：92.

③ 农政全书，卷四三，备荒总论，712－713 页。

论是我国传统民本思想的集中体现，它把君视为民众的“父母”，把民众视为君的“子民”，“父母”对“子民”的生产、生活等各个方面全盘负责，也是施行仁政的重要体现。[①] 即认为民众是由君主养育的，突出强调君主的重要地位，君主、政府是社会救助的责任主体。[②] 而早在唐宋时期即出现“以民养民”思想的雏形，认为普通民众的基本生存除依赖于国家的保障之外，还要依赖于一部分特定的社会阶层——富民阶层，把救助困者、弱者看作这部分人的主要责任。[③]

“以民养民”思想最早发端于唐宋时期，到明清时期为社会广泛认同。“以民养民”思想认为，富民阶层在地方社会救助方面应对困难民众发挥重要作用。[④] 明清时人认为，以官养民，不如以民养民，因为“以官养民，而不以民养民，力所不及，势有所穷也”。“以官养民，其养有限；以民养民，其养无穷”。[⑤] 在“以民养民”思想的影响下，伴随着商品经济的发展而壮大的富民阶层被广泛动员起来或自发地行动起来，积极投身慈善事业，兴办各种慈善组织，担负起“养民”的职责。

2.3.2 “以民治民”

“以民治民”思想属于社会自治范畴，在一定程度上有利于民间自治性组织的成长和发育。明初朱元璋痛恨元朝胥吏鱼肉百姓的行为，实行“以民管民”的政策，在乡村设立粮长、里长、老人制度，严禁地方官吏干涉乡村中征解税粮、乡民争讼、兴办学校等事务。[⑥] 正如苏州府人王黎所说：“我太祖患有司之刻民也，使推殷实有行义之家，以民管民，最为良法。”[⑦] 即在基层通过推举方式实行“以民治民”的治理模式。民间社会的独立性较强，出现了较大的自我治理空间。基层社会民众相对宽松的自治空间，加之社会普遍对“以民养民”观念的认可，有利于民间社会形成自治性福利组织。

---

① 陈碧芬．明清民本思想研究［D］．昆明：云南大学，2011：175.
② 陈碧芬．明清民本思想研究［D］．昆明：云南大学，2011：175.
③ 陈碧芬．明清民本思想研究［D］．昆明：云南大学，2011：176.
④ 陈碧芬．明清民本思想研究［D］．昆明：云南大学，2011：177.
⑤ 陈碧芬．明清民本思想研究［D］．昆明：云南大学，2011：177.
⑥ 陈碧芬．明清民本思想研究［D］．昆明：云南大学，2011：121.
⑦ 陈碧芬．明清民本思想研究［D］．昆明：云南大学，2011：121.

2.4 本章小结

明代民间慈善事业的发展以及自治性福利制度的产生与当时重要思想观念的影响有重要关系。明代促进自治性福利制度发展的思想观念主要包括王阳明的心学思想和讲学以立会思想，顾炎武等的关心天下的思想，黄宗羲和吕坤倡导的民本思想，徐光启主张的裕民思想，为明清时人所广泛认可的“以民养民”思想以及统治者的“以民治民”思想。其中，王阳明的心学思想、讲学以立会、顾炎武的心怀天下等思想激发了明代时人投身自治性福利制度的行动力和责任意识；民本思想、裕民思想藏富于民的主张为自治性福利的发展提供了财富源泉；而“以民养民”和“以民治民”思想则促进了明代富民阶层和精英群体对自治性福利制度建设的参与。

3　明代自治性福利制度

明代的自治性福利制度包括宗族福利制度、地缘性的会馆和商帮以及包括义仓、社仓和常平仓在内的民间仓储制度。

3.1　明代宗族福利制度

宗族制度是中国古代的特殊社会体制，是按照尊卑长幼关系确定相互之间的关系的一种制度体系，“以血缘关系为基础，以父系家长制为核心，以大宗小宗为准则”①，贯穿于整个封建社会。宗族制度在中国古代封建体制中占有极其重要的位置，梁启超曾有言：“中国古代的政治是家族本位的政治。”②宗族福利制度是以宗族为单位进行的福利安排，实际上是宗族制度的一个重要组成部分。宗族福利制度主要体现在“敬宗收族”的传统上。宋代以后，敬宗收族的传统被很好地沿袭。有条件的宗族都建立本族的祠堂并购置族田。特别是明清时期，所设立的族田无论是从数量上还是从规模上而言，都有显著的扩展。此外，明代放开了对祭祀祖先的限制③，“庶民户皆有权置祠庙，在一村镇中几乎所有农民都被纳入一个族姓的宗祠或家庙”④，通过祠庙联系在一起的民众大为增加，宗族和宗族制度发展到一个新的阶段。而相应地，明代宗族福利制度的受众人群增加，宗族福利制度在自治性福利制度体系中所占的位置也得以提升，产生的影响越来越广泛。

3.1.1　明代宗族福利的社会背景

3.1.1.1　宗族制度的平民化趋势

我国的宗族制度古已有之，自西周始，经历了长期的发展。以宋代为分水岭，宗族制度可以分为三个大的发展阶段，分别为春秋前的宗法宗族制度，

① 毛少君．中国宗族制度的历史沿革及其重要作用［J］．浙江社会科学，1992（4）．

② 转引自：郑定，马建新．论宗族制度与中国传统法律文化［J］．法学家，2002（2）．梁启超．先秦政治思想史［M］．北京：中华书局、上海书店，1986：40.

③ 引自：余达忠．祖先·祖籍·宗祠——古代宗族制度下的文化认同［J］．南通大学学报：社会科学版，2010（5）．

④ 李文治．宗族制的体现形式及其基层政权作用［J］．中国经济史研究，1988（1）．

魏晋至唐的世家大族宗族制度，宋以后的祠堂族长的族权式家族制度。[①]“明代是宋以后新宗族形态承上启下的重要历史时期，甚至可以说宋以后新宗族形态就是在明代形成并普及的”[②]，这一时期以及之后的清代，宗族制度趋向于平民化发展，主要体现在三个方面：

1）宗族的组建由官僚下移到官绅和学绅

宋元时期，宗族的组建者主要是贵族、士族和“科举取士”出身的官僚。而到了明清时期，宗族开始下移，一般的官绅和学绅也能够组建自己的宗族，宗族组织逐渐走向民众化和普遍化。

2）祭祀限制放开，庶人也能参与祭祀，被纳入宗祠或家庙之中

宋代建立具有“大众性、散在性和普遍性”[③]特征的宗族组织之后，人们对于祭祀的严格限制开始表现出不满，要求祭祀高、曾、祖、父四代的呼声逐渐强烈，整个宋代和明初时期，部分家族尝试实践祭祀四代。[④]嘉靖十五年，政府终于开始允许臣民祭祀始祖，“庶民户皆有权置祠庙，在一村镇中几乎所有农民都被纳入一个族姓的宗祠或家庙，由祠庙所联系的大众大为增加”[⑤]。

3）族田义庄广泛建立，明清时期族田设立的范围和数量都远远超过以前的任一朝代

根据李文治先生的统计，明代276年间，族田义庄的建立多达200宗左右，而宋元两个朝代400年间仅建立70多宗[⑥]，明朝族田的设立数量远多于前代。这一时期，建立义庄义田以赡族的现象非常普遍。同时，宗族也通过建立族田义庄来加强对族人的约束。

3.1.1.2 宗族制度的自治化趋势

该时期宗族制度向自治化发展，主要表现为里甲制度衰弱、双轨政治和

---

① 徐扬杰，宋明家．宗族制度史论［M］．北京：中华书局，1995.

② 常建华．明代宗族研究［M］．上海：上海人民出版社，2005：前言1.

③ 余达忠．祖先·祖籍·宗祠——古代宗族制度下的文化认同［J］．南通大学学报：社会科学版，2010（5）.

④ 在宋代以前，祭祀祖先受到严格的限制，天子祭祀祖先百世不祧，诸侯五世而祧，大夫祭曾、祖、父三世，士只能祭父亲一世，而庶人无庙制，当然不能超过父亲一世。引自：余达忠．祖先·祖籍·宗祠——古代宗族制度下的文化认同［J］．南通大学学报：社会科学版，2010（5）.

⑤ 李文治．宗族制的体现形式及其基层政权作用［J］．中国经济史研究，1988（1）.

⑥ 李文治，江太新．中国宗法宗族制和族田义庄［M］．北京：社会科学文献出版社，2000：74.

乡绅之治。

1）明代的里甲制度逐渐削弱

明代的里甲制度建立于洪武十四年，在严格的户口调查之后，明太祖“诏天下编造黄册，册有丁、有田，丁有役，田有租”，在全国绝大部分地区按照“一百十户为一里，推丁粮多者十户为长，余百户为十甲”[①] 的原则建立里甲制度。里甲制度本身与宗族是关联的，共享一个户籍的基本上都是一个宗族或者一个宗族中旁支的成员。而明代中叶后，由于社会矛盾日益尖锐，人口流离、户口紊乱和里甲过重的负担[②]，里甲制度的重要性被削弱，黄册基本流于形式。甚至在一些地方，里甲已成为各种杂税的代名词，“今诸上供公费出于田赋之外者，皆目之曰里甲”[③]。相应地，“户”的性质也发生变化，成为社会身份的象征，变化后的“户”贴近于民间社会组织。共享户籍的成员具有共同的利益，而宗族正是这种共同利益的团体，宗族制度进一步向自治化发展。

2）双轨政治和乡绅之治

——双轨政治。费孝通认为中国传统政治结构由中央集权和地方自治两层组成[④]，也就是自上而下和自下而上的双轨政治，分别代表了政权和族权。在宋代破除门阀之后，明清时期选拔人才时“唯才是与”，不再拘于出身、地域和民族，使得士绅阶层向平民阶层扩展。而且士绅作为沟通宗族与地方行政官员以及正式制度与非正式制度之间的纽带，恰是双轨政治的交点。

——明代乡村出现乡绅之治。明清时期，国家权力逐渐退出乡村，所谓：“国权不下县，县下惟宗族，宗族皆自治，自治靠伦理，伦理造乡绅。”[⑤] 这一时期，由于官方学校在各个州县的普遍设立使人们更容易接受到教育，加之举人能够享受到社会特权，因此在一定程度上吸引了社会成员积极获得教育，进而推动了乡绅队伍的壮大。乡绅接替皇权治理乡村，而宗族制度是乡绅治理乡村的一个主要载体，随着乡绅之治的出现，乡村宗族制度的权力和责任也变大，需要承担起对族人的保障。

---

① 张廷玉：《明史》，卷七七，志第五十三，食货一．

② 衔微．明代的里甲制度［J］．历史教学，1963（4）．

③ 转引自《古今图书集成·赋役部·总论五》。

④ 费孝通．乡土中国［M］．上海：上海人民出版社，2007：280．

⑤ 秦晖．传统中华帝国的乡村基层控制［M］//黄宗智．中国乡村研究：第一辑．北京：商务印书馆，2005：2.

3.1.2 明代宗族福利制度的内容

3.1.2.1 明代宗族福利实施的条件

宗族福利是指宗族通过义庄、义塾、义宅、义仓、义冢等方式，对本宗族的成员进行生活上的照顾、经济上的帮助和教育上的支持，是对宗族成员在生老病死、衣食住行上的抚恤和照顾，以及更高层次上对成员受教育机会的保障，是一个覆盖宗族成员生活方方面面的系统工程。它既是宗族制度的重要组成部分，也是宗族制度维持和发展的重要支持。宗族福利的实施需要经济上的保障和制度上的约束。

1）经济支持

宗族在宗族福利上的经济支持主要来自于宗族的族产。所谓族产，指的是宗族集体所有的财产，包括土地、山场、祠堂、仓库、桥渡、水利设施、工商经营等。[①] 其中，对宗族福利的经济支持，最基本也最重要的是族田。明代仍是封建社会也是农业社会，农业为本，田地被视为最可靠的产业，因此，只要有能力，宗族都会置办一些田产，作为本宗族族田。同时，因为农业经济、手工业以及商品经济的发展，明代主要宗族的族田数量都达到惊人水平，有经济条件的宗族大量置办族田。根据李文治先生的统计，明代宗族族田多者上万亩[②]，如嘉靖徽州谢氏有祭田 44 515 亩。而一些实力较小的宗族也有少量的族田，如正德、嘉靖间的嘉兴府朱正学置义田 100 亩以赡族；明代处州府叶以萃置田 70 亩以助族人读书膳食。同时，明代族田义庄的建立也远多于前代，在明朝 276 年的时间里，新置族田义庄达到 200 宗左右，远高于宋元 400 年间的 70 多宗。[③] 族田分为祭田、墓田、学田和义田四种，在用途上分别为祭祀费用、祠堂管理费用、赈济贫困族人和奖励族人进学。[④] 除了族田以外，宗族还置办义庄和义宅对贫弱族人实行房屋救助。

2）约束机制

宗族福利的顺利实施有赖于宗族自身的约束机制，主要包含家法族规、

---

① 常建华．中国文化通志·宗族志［M］．上海：上海人民出版社，1998：314.

② 万历时，松江府青浦县顾正心置四万亩济荒、办义学、赡族，其子顾懿德“复置万亩以成父志”。李文治，江太新．中国宗法宗族制和族田义庄［M］．北京：社会科学文献出版社，2000：90－110.

③ 数据来源：李文治，江太新．中国宗法宗族制和族田义庄［M］．北京：社会科学文献出版社，2000：90－110.

④ 冯尔康．清人社会生活［M］．沈阳：沈阳出版社，2001：107．

舆论约束和内心自律三点。[①] 其中，家法族规在封建社会中具有一般意义上的法律性质或者说“准法律性质”[②]，有强制性，是硬约束，也是宗族福利制度运行的约束机制中的主要约束。根据家法族规的规定，宗族成员有义务给予本族贫弱人群帮助，如嘉靖时期的安徽休宁要求族人“有患难则相救恤，有疾病则相扶持”[③]。舆论和自律则不具有强制性，是软约束，属于辅助约束机制。

3.1.2.2　明代宗族福利的主要内容

明代宗族福利制度包括养老、教育、救济、医疗、婚丧嫁娶互助福利等。

1）养老福利

宗族是由共同的祖先凝聚在一起的基层组织，是重视血缘、伦常和老人的共同体，对族人的养老非常关注。宗族族规中对宗族养老福利进行了规定，徐梓从明清两代和民国时期的家范中选择了 142 种家范进行条款归纳分析，发现敬宗孝祖亲类的条目最多，共 409 条，约占整个条目总数 1 896 条的 21.5%。[④] 族规中对养老的规定包括提倡养老福利和惩罚不孝行为两方面。明代宗族对养老非常重视，如，寿州龙氏《家训劝善十二条》第一条“孝父母”规定：“凡我族人，宜念乾父坤母，生我劬劳。贫则菽水承欢，富则皆甘备养。”[⑤] 项里钱氏宗谱总结出“三要”[⑥]，即尊尊，老老，贤贤，强调对年长者、辈分尊贵者的恭谦。对于不孝行为的惩罚，陈氏宗谱记载“有不孝父母、肆行忤逆者，乃人伦大变，法所当诛”[⑦]。

明代宗族提供的养老福利以族田为依托，承担养老支出的族田为“义田”或者“赡养田”，主要包括对族中老人“均赡”和对无人赡养且无劳动能力的老人的帮助，一般规定宗族 60 岁以上的宗族成员可以享有该项福利。一是均赡族中老人。均赡一般是物质上的福利，“祭则颁以肉，岁给以米”，或者根据时节发放不同种类的物资，如安氏赡族录“极贫月给米六斗，冬夏布银

---

① 曹立前，张占力．试论明清宗族保障的经济支持与制度性约束机制［J］．山东师范大学学报，2009（4）．

② 费成康．中国的家法族规［M］．上海：上海社会科学院出版社，1998：164.

③ 嘉靖《休宁西门汪氏族谱·遗墨》，载于多贺秋五郎，《宗谱の研究·资料篇》，东洋文库，602 页。

④ 徐梓．中华文化通志·家范志［D］．上海：上海人民出版社，1998：306. 转引自：毕天云，刘梦阳．中国传统宗族福利体系初探［J］．山东社会科学，2014（4）．

⑤ 《寿州龙氏宗谱》卷一《家规》，光绪十六年本．

⑥ 浙江山阴县《项里钱氏宗族》，卷首《宗规条》。

⑦ 《西山陈氏家谱·义门家法》，转引自《江州义门陈氏宗谱》。

五钱；次贫月给米三斗，冬夏布银三钱；其能自给者酱麦五斗；夏布银二钱，冬送糕米一石，布银三钱”①。二是赡养孤寡老人。无依靠贫困老人的赡养是宗族福利的主要关注点，特别针对的是“族人年力已衰家无恒产不能经营生理者”②。明代政府的贫困救济政策规定，养老首先是家庭和亲戚宗族的责任，而且救助条件要求比较苛刻，因此在广大农村，宗族养老福利成为养老的最重要的方式之一。宗族养老福利也是巩固宗族、团结族人的方式，同时，宗族组织的强化、宗族成员的团结也会进一步巩固宗族养老福利。

2）教育福利

冯尔康认为：“教与养如车之双轮，是宗族存在和发展的必备条件。”③明清时期的科举制使得教育由贵族转向庶民。宗族组织非常重视教育，形成了以学田为基础的宗族教育福利。湖北黄陂周氏认为，“敬宗收族之方法，不在分给资财，使人人有安居饱暖之逸乐，而在普及教育”④。宗族中教育福利是由学田或者宗祠来支持。《沈氏分关》中有提留田地以补助族人读书油灯费类似的记载。⑤ 没有设立学田的则将教育福利和祠堂祭祀田合并，湖南宁乡余氏族谱《凡例》称“世仕两房祠奖赏原为振兴文教，鼓励后启人才”⑥。

明代宗族教育福利包括：一是兴办族学。明代的宗族重视教育，积极兴办族学。据学者赵华富统计，明清时期，仅徽州地区就创办了多达67所，如嘉靖年间歙县的崇正书院，崇祯年间的婺源明德书院。⑦ 这些族学往往由本族内的名门望族捐助，如明人张三益“其于宗族里党，患其子弟无所于学，则创龙渊义塾”⑧。二是延请名师。大宗族有强大的物质支持（包括族田和富商捐助等），族学办得很成功，常常“延名师以教习之”。如张三益创建的龙渊

---

① 转引自：冯尔康，等．中国宗族史［M］．上海：上海人民出版社，2009：252.《胶山安氏家乘赡族录》，见《宗谱的研究》，507页。

② 转引自：冯尔康，等．中国宗族史［M］．上海：上海人民出版社，2009：251. 江苏金匮安氏宗族万历年间《赡族条件》。

③ 冯尔康．中国宗族史［M］．上海：上海人民出版社，2009：250．

④ 周荣．明清社会保障制度与两湖基层社会［M］．武汉：武汉大学出版社，2006：203. 湖北黄陂《周氏宗谱》卷十《学校志叙》《梅田学校纪略》，民国十二年刻本。

⑤ 转引自：李文治，江太新．中国宗法宗族制与族田义庄［M］．北京：社会科学出版社，2000：350. 嘉庆二十三年《沈氏分关》。

⑥ 周荣．明清社会保障制度与两湖基层社会［M］．武汉：武汉大学出版社，2006：203. 湖南宁乡《余氏四修族谱》卷首《凡例》。

⑦ 赵华富．徽州宗族研究［M］．合肥：安徽大学出版社，2004：431－443.

⑧ 冯尔康．中国宗族史［M］．上海：上海人民出版社，2009：253. 张萱《西园闻见录》。

义塾就族中子弟“延师以教之”。而且嘉靖以后，民间讲学的风气见长，私塾书院发展极好。濂溪书院请到王阳明前去讲学，请到王畿到新安成氏世庙会讲学。[①] 三是资助贫寒学子。宗族号召族中子弟捐献，给贫寒学子提供纸笔灯油费、赶考费、考试费等，并对优秀学子进行嘉奖。

3）救济福利

为了达到和睦宗族的目的，宗族往往对族中的贫弱群体（鳏寡孤独等）予以救助。这种救助主要是通过义田、义仓、学田、义冢等为贫弱者提供财物、食物、教育、丧葬等方面的帮助。济贫福利中，资金来源仍然是族田，一般称为义田或者赡族田。明代宗族大量置办义田，义田的数量在这一时期得到了非常可观的增长。表 2 统计了明代两湖地区赡族义田的状况，从表中可以清晰地看出，明朝期间，宗族添置或者购置族田的行为较常见，添置的数量因财力不同而不等。

表 2　明代两湖地区宗族赡族族田举例

宗族名称	年代	面积、数量	赡族内容	资料来源
湘潭史氏	明隆庆	百余亩	置义田……以助族之贫而力学者	嘉庆《湘潭县志》卷二九
应山陈氏	明万历	若干	赡族人之贫，族人有子外胄者赎归	民国《湖北通志》卷四八
黄冈王氏	明万历	若干		光绪《黄冈县志》卷十二
蒲析宋氏	明崇祯	300 余亩	蒸尝而外，族之婚冠有赠、丧殡有赙、贫难有赈	康熙《武昌府志》卷八
龙阳许氏	明	数百亩	给其族之急者，施万应膏及棺具以济窭	嘉庆《常德府志》卷四三
郧西梁氏	明	若干。其子又捐学田 70 亩，计租 70 余石	捐田以赡族中冠婚丧祭	民国《郧西县志》卷九
蕲州吴氏	明	若干	捐田以赡族中冠婚丧祭	光绪《蕲州言》卷二五

资料来源：周荣．明清社会保障制度与两湖基层社会［M］．武汉：武汉大学出版社，2006：205－206.

① 转引自：张研．清代族田与基层社会结构［M］．北京：中国人民大学出版社，1991：235. 徐庚陛：《不慊斋漫存》卷二。

明代宗族的济贫福利主要针对族内鳏寡孤独和残疾的贫困人口。济贫福利的内容为：一是针对贫困弱势群体的济贫福利。明代宗族对族内老无所归者进行周济，所谓“贫无子者则养之”①；对于族内稚无所靠者，宗族提倡对其收养，比如湖南湘潭徐氏族规规定“凡孤贫无倚者，族人必加意收养”②，同时制定具体的抚恤措施，如湖北广济柯氏《家规十四条》规定从祭银中抽取“年老无归、稚无靠者，公抽祭银以为赡养抚宗之费用”③；对于残疾人，宗族组织出于宗族一体的感情和敬宗收族的目的，对其提供帮助，“嫁娶丧葬有以助之，疾病疲癃有以养之”④。二是有梯度的宗族济贫福利。明代采用梯度的赡济方法，根据族内成员贫穷的程度不同，分发不同数量的财物。如安徽歙县余文义所置族田具按人头均赡族人，贫困人口在此基础上倍之，即“人日餔粟一升，矜寡废疾者倍之”⑤。

4）其他宗族福利

明代宗族还实行包括医疗福利、婚丧嫁娶互助福利和灾害救济福利等。一是医疗福利。明代开始鼓励族人从医，比如钱氏宗族鼓励族人从医，认为从医是一门可以称得上“仁术”的恒业。⑥ 明代宗族医疗福利的典型是徽州新安的实践，主要包括捐助医药、救助贫穷病人等。二是宗族婚丧嫁娶互助福利，宗族成员间“喜庆相贺，忧戚相吊”，体现了宗族的血缘亲情关系。三是宗族赈灾福利。明代自然灾害频发，政府赈灾严重不足，宗族赈灾福利作为其重要补充，在保障灾后族人的生存上发挥了重要作用。

3.1.3 明代宗族福利的特点和评价

明代宗族福利具有如下特点：一是根据关系的亲疏远近分配。比如明代万历苏州吴氏《赡给条件》规定“以供诸五服之亲，传子及孙，而吾以五服

---

① 引自：李文治，江太新．中国宗法宗族制与族田义庄［M］．北京：中国社会科学文献出版社，2000：78. 东莞《梁氏崇桂堂族谱》，卷十四《附湛明经上济保烝说》，嘉靖刻本。

② 转引自：周荣．明清社会保障制度与两湖基层社会［M］．武汉：武汉大学出版社，2006：204．

③ 湖北广济《柯氏家谱》，转引自：林济．长江中游宗族社会及其变迁［M］．北京：中国社会科学出版社，1999．

④ 宋濂：《宋文宪公全集》，卷三三《惠州何氏祠碑》。

⑤ 引自：李文治，江太新．中国宗法宗族制与族田义庄［M］．北京：中国社会科学文献出版社，2000：77. 嘉靖《徽州府志·质行》。

⑥ 刘梦阳．明清时期宗族福利研究［D］．昆明：云南师范大学，2014.

为率……吾五服咸得焉"[1]，将宗族福利限制在五服以内。二是种类多样。明代宗族福利覆盖养老、教育、救济、医疗、婚丧嫁娶等领域，内容很丰富，形成一个相对完整的小型保障体系。三是明代宗族福利是复杂社会交换性质的福利。宗族福利是宗族内部成员的互助，是集整个宗族力量保障族人生活的一种制度安排。

明代宗族福利有效地弥补了官办福利的不足，是明代自治性福利制度中体系化最完善、覆盖范围广、发展最稳定的自治性福利制度。当然，明代的宗族福利由于受到主客观因素的限制仍然有一定的局限性，诸如福利的提供与否与当时的道德标准相挂钩，所提供的福利水平由宗族整体的财富情况决定，差距很大，贫困的宗族并不能真正为族人提供实际的保障，等等。

3.2　明代行会和会馆福利

行会和会馆是一组有一定区别又相互联系的概念。行会是行业组织，是同一行业的商人为了维护自身利益和建立有序的竞争秩序而建立起来的组织。会馆是同乡组织，在行业的基础之上，基于地缘关系而成立。"会馆是各地商人或手工业者聚集在某地经营商业或手工业的同乡组织。"[2] 可见，会馆实际上是传统行会组织新的表现形式，是由同行业的同乡组成的组织，具有地缘性和业缘性。

费正清认为明清中国的商人会馆是商人们模仿官僚士大夫而建立起来的旨在联络同行业人士的一种互助组织。[3] 真正以慈善和互助为目标的同业和同乡行会产生和发展于明代，并在清代走向成熟。随着商品经济的发展，行会在明代发展迅速，而会馆也随之发展，故行会、会馆福利制度是明代典型的自治性福利制度。

3.2.1　明代行会的福利

行会指的是同业行会，是维护同行业利益、协调行业关系和处理行业矛

① 光绪《吴氏支谱》卷一二《创立继志义田记》。
② 刘永成．试论清代苏州手工业行会［J］．历史研究，1959（11）．
③ 陈挚．明清徽州会馆研究［D］．武汉：华中师范大学，2014：7.

盾的社团组织。到了明代，由于经济的发展、商品经济的繁荣、行业竞争的增加、商人势力的壮大，商人开始自主组织行会以实现同业间的相互保护。随着明代手工业经济和商品经济的发展，行会组织的规模日益壮大，明代嘉靖、万历年间，北京出现外省商人兴建的名为“会馆”[①] 的建筑物。明朝后期，各行各业都组织了自己的行会，如理发业、糕点业等。

1）明代行会产生并迅速发展的原因

（1）明朝赋税制度的改革和商人地位提高，使得更多人能够并且愿意去经商，形成了行会的群众基础。明朝嘉靖时期获得准许并在万历九年由张居正推广到全国的“一条鞭法”，把田赋、徭役及其它杂征合为一条，合并征收银两，“总括一县之赋役，量地计丁，一概征银”，使没有土地的农民可以解除农业负担，获得较大自由权，可以离开土地进行经商。同时，明清时期，士农工商四民格局开始逐渐模糊，士大夫对商人由歧视、敌对逐渐转为认同。如王阳明提出“士以修治，农以具养，工以利器，商以通货，各就其资之所近，力之所及者而业焉，以求尽其心”[②]，认为士农工商只是各自选择了适合自己的行业且各自尽心于本业而已，并无贵贱之分。黄宗羲提出“世儒不察，以工商为末，妄议抑之。夫工固圣王之所欲来，商又使其愿出于途者，盖皆本也”[③]，指出工业被士儒误解为“末”的“商”其实也是“本”，呼吁人们正视工商业，提高商人的地位。

（2）填补政府对商业管理职能的缺位。从明朝中叶开始，商品经济随农业经济和手工业经济发展迅速，商人群体的数量开始迅速增大，商人流动区域增加，全国各地市场不断扩大，至明清之际，甚至形成了全国性的大市场，“北则北京，南则佛山，东则苏州，西则汉口”[④]。经济的发展和各地市场的出现与壮大为行会的出现和迅速发展奠定了经济基础；然而商人数量的增加与流动性增大也给政府的管理职能带来了新的挑战。从封建政府角度看，传统的封建管理体制仅适用于管辖安土重迁、户籍严明的士农工商各居其业的社会格局，行政体制仅设至县，县以下的基层社会则通过乡党乡族等势力来

① 此处的会馆与本书后文的会馆不是同一个概念。此处会馆是行会组织的建筑所在，它的成员主要是本行业的商人，是业缘性的组织。而后文的会馆多指同乡组织，是地缘性和业缘性结合的组织。

② 《王阳明全集》卷二五，“节庵方公墓表”。

③ 《明夷待访录》，财计三。

④ 刘献延：《广阳杂记》卷四。

实行调控，堪称“熟人社会”[①]。可是，对于处于流动变化且阶层界限日益模糊的新士农工商群体，当时的政府却缺乏有效的社会管理体制。[②] 这样，会馆的设立既为自身的经济活动提供良好的条件，同时也契合了政府管理的诉求，因而，会馆的设立既有内驱力，又有合法性。

（3）协调维护商业利益的需要。明代商人联合起来组建行会，自定规则，自我约束，以保证市场经济活动的正常进行。另外，商人在经营过程中会受到地方官员的敲诈和牙行[③]的盘剥，需要联合起来才能有效应对，这也是行会成立和发展的重要原因。

2）慈善被认为是行会组成的一个基本原则

行会作为自治性组织，对其成员提供必要的救济和帮助是它的题中之义，是吸引同业人员加入行会的必要举措，因此很多行会对其入会成员进行助葬、助医等。同时，同业商人寻求互助是明代行会慈善发展的直接原因。明代商品经济的发展与繁荣使得越来越多商人背井离乡，奔波于各地进行商业活动。商业活动的风险也使得商人们在竞争失败时需要获得行会的帮助。

明代行会通常向行会成员以及所在地居民提供救济服务。“会底银两”指的是行会募集得到的经费中扣除支付维持会馆各项费用后的剩余部分[④]，是行会组织举办慈善活动的主要经费来源。明代行会的慈善活动主要是对于成员的救济，包括对困难者提供的有偿的资金借贷资助和对于濒死者或已逝者的救济。

（1）对同籍商人提供资金帮助。一部分“会底银两”被划为“同乡互助金”，通过给同乡商人提供较长期、较低息的借贷来帮助他们抵抗经营风险。如当时北京工商会馆，“会员只要有相当的保证，便可借用，定利每月 6 厘，按期纳付，返还之时以五年为限”[⑤]。

（2）助贫、助医、助葬等。针对贫困成员，行会会提供生活资助、住宿支持、路费资助、延医治病等服务。如当时的临汾会馆“设疗养院，资旅京

① 马飞跃．清代工商业会馆公所规章制度探析［D］．上海：上海师范大学，2008：12.

② 马飞跃．清代工商业会馆公所规章制度探析［D］．上海：上海师范大学，2008：12.

③ 注：牙行是经营中介业务的的商行。引自：高叶华．明代“牙人”“牙行”考略［J］．重庆师范大学学报：哲学社会科学版，2007（2）．

④ 宋伦，李刚．明清工商会馆“会底银两”资本运作方式探析——以山陕会馆为例［J］．江苏社会科学，2007（2）．

⑤ 全汉升．中国行会制度史［M］．新生命书局，1934：117.

乡人治病养病之用；在院辟屋数间，为来京乡人暂时税驾之所”①。此外，一些会馆还会设义园、义地，帮助需要帮助的成员处理身后事。如汉口山陕会馆规定，“旧例旅亲以五年寄顿，死者之家遣人携回籍或其家无人代问，五年后代为安葬”②。

3.2.2 明代会馆的福利

会馆是行会发展过程中衍生或者剥离出来的组织，是基于同行业、同一出生地而形成的组织，具有业缘性和地缘性双重特点。其建立的目的是联络同乡情感、加深同乡情谊、增进同乡的互助，“以敦亲睦之谊，以叙桑梓之乐，虽异地宛若同乡”③。以下以徽州会馆为例，考察明代会馆的同乡互助与助人。

明代徽州会馆的诞生是商品经济发展到一定阶段的产物。其产生的条件包括：第一，徽商的大量出现是徽州会馆形成的前提。古徽州的一府六县，山多地少耕地资源紧缺，因“徽之为郡在山岭川谷崎岖之中”④。相对封闭的自然环境在动荡时期吸引了大量人口，而且因为明朝中后期对人口限制放松，使得徽州地区人口急剧增长。然而，人多地少且土地贫瘠的环境，使得徽州人生存困难，一些徽州人为了活下去而不得不外出经商，“以故中家而下，皆无田可业，徽人多商贾”⑤。第二，徽商经营的商品相似是徽州会馆形成的重要条件。史载“徽郡商业，盐、茶、木、质铺四者为大宗”⑥，徽州人大部分从事茶、盐、木材以及典当行业，容易造成同业同行间的激烈竞争，为了减少不良竞争、维护各自的商业利益和增加同业间的交流合作，商人们纷纷建立会馆或者加入会馆。第三，心理和实践的需要是徽州会馆形成的决定性条件。徽州商人背井离乡，渴望建立一个与故乡宗族相似的组织，即徽州会馆。因此，徽州会馆是徽州宗族在地缘和血缘上的延伸。明代商品经济发展初期，商业纠纷大量出现，徽商为维护自身合理利益，自建会馆，“萃毅力以结合，

① 李华．明清以来北京工商会馆碑刻选编［M］．北京：文物出版社，1980：109.

② 竟放．山陕会馆［M］．南京：金陵书社，1997：37.

③ 《浮山会馆》，道光九年《重修会馆碑记》。

④ 顾炎武：《天下郡国利病书》卷三二。

⑤ 顾炎武：《天下郡国利病书》卷二八。

⑥ 陈去病：《五石脂》，转引自：张海鹏，王廷元．明清徽商资料选编［M］．合肥：黄山书社，1995：109.

订约言以互遵……收敬业乐群之效”[①]，进行自我约束和管理，同时实现同乡互助。

明代大量徽商外出经营业务，“大抵徽俗，人十三在邑，十七在天下”[②]，因常年在外，徽商会面临一些风险与人生变故。大多徽州会馆都附有救助之类的设施，甚至有些本就是为了办理同乡救助事务而建立的。上海的《徽宁思恭堂序》记载了会馆的职能，“生有所寄，死有所存，枯朽骸骨，必思埋葬得一地，如生者之寝食居处了无遗憾”[③]，体现了徽州会馆的同乡互助。同时，徽州会馆“与人方便，与己方便”，积极参与地方公益，体现它的助人之处。具体而言，会馆提供的福利包括：

第一，同乡互助。徽州会馆的同乡互助包含助葬、助贫等。一是助葬。徽州会馆的助葬包括两种：首先，徽州会馆对无力归葬的同乡，会资助同乡棺木并助其运棺回乡安葬，“同乡有在都病死无力敛埋者，馆内给棺安葬”[④]，并且会“诵经荐度”[⑤]。然后，徽州会馆还建立义冢和厝所，用以安葬无后或有后无资的异乡贫寒人等。“会馆之所以联乡梓，公所之所以集众议，谊园之所以妥寒泉，皆便乡人者也”[⑥]，谊园即为义冢厝所。二是助贫[⑦]。商业活动具有较大的风险性，经商是“捐家室、冒风波、濒死倖生求哺嗷嗷之数口”的活动，很容易遭受失败。对于经营失败且无力归乡的人，徽州会馆会根据成员的具体情况酌情给予资助。会馆对资助有相应的规定，“同乡有贫病无依情愿归里者，查系平日安分之人，值年通知大众，酌量资助盘缠，须有保人承担”[⑧]。

第二，助人。徽州会馆积极参与当地公益事业。一是徽州会馆积极兴建

---

① 唐力行．商人与中国近世社会［M］．杭州：浙江人民出版社，1993：99.

② 《食州山人四部稿》卷六一《赠程君五十叙》，转引自：张海鹏，王廷元．明清徽商资料选编［M］．合肥：黄山书社，1995.

③ 彭泽益．中国工商业行会史料集：下［M］．北京：中华书局，1995：869.

④ 北京市档案馆．绩溪会馆规条［M］//北京会馆档案史料．北京：北京出版社，1997：283－286.

⑤ 彭泽益．中国工商业行会史料集：下［M］．北京：中华书局，1995：871.

⑥ 上海《楚北会馆征信录》民国刊本。

⑦ 此处的“贫”与传统意义上的“贫”有些差异，它代表的不是贫穷和贫弱，而是指徽商在经营过程中，因为经营失败而突然变得一无所有。

⑧ 北京市档案馆．绩溪会馆规条［M］//北京会馆档案史料．北京：北京出版社，1997：283－286.

码头，或者设置义渡、义船。为了获得地方认同，以利于徽商的商业活动，徽州会馆会通过助人达到徽商群体助己的目的。如徽州会馆在苏州当地修建码头，“并建石牌坊两座，另盖看守夫役住屋一所，并于界内设立义渡船一只，歇凉亭一所，茶亭、晒场各一处”①。可见，义渡、义船也是一些徽州会馆参与地方福利事务的重要方式。此外，会馆之间也联合举办福利活动。二是徽州会馆常常援助建立书院。明代的徽州商人有“贾而好儒”的传统，与其他商帮不同，徽商把成为“儒商”作为自身追求的理想，希望仁义经营，富而行善，以期得到社会的认同。因此，由徽商组成的徽州会馆一方面积极践行地方慈善事业，另一方面也热衷于创建书院，用以教育子弟，如汉口的新安书院和徽州地区著名的紫阳书院等。

3.2.3 对明代行会、会馆的评价

首先，明代的行会、会馆是中国古代典型的自助与互助福利组织制度。行会体现的是同行业之间的自助与互助，由其发展而来的会馆则是结合同行和同乡的商人之间的自助与互助。互助、相恤是行会、会馆的基本职能，保障的对象是商人群体。

其次，明代的行会、会馆福利有严格的规则约束和公示制度。同业互助所需的资金主要来源于同行业各商家的分摊和捐资，当然有些还需要各店主、伙计每月缴纳固定金额（一般为每月一文）来完成集资。资金的管理由轮值的负责者对这一年的实用实销进行造账公示。由于行会、会馆的公共资金来源于同业伙伴，且具有规范的财务和公示制度对此进行约束，资金的使用很少有浪费现象。

最后，明代的行会、会馆具有现代保险的性质。与其他制度相比，行会、会馆的互助更像是一种同业间的保险制度，这种互助保险对陷入贫困的同业人员的生老病死各方面都有所保障，经济能力强的会馆公所甚至保障了同业人员的子弟入学。

---

① 苏州历史博物馆，等．光绪二年《元和县严禁在安徽码头作践滋扰碑》［M］//明清苏州工商业碑刻集．南京：江苏人民出版社，1981：315－316.

3.3　明代民间赈济制度——以义仓、社仓为例

3.3.1　民间仓储赈济的社会背景

明代是一个灾害频仍的朝代，在其277年的历史中，发生了5 000多次自然灾害。这一数字，远远超过以往学者所作的统计，真正达到了“旷古未有之记录”。这一时期的灾害除了具有数量多、频率高的特点之外，还呈现出空间分布广、地域分布不平衡、后期重于前中期、北方重于南方等特征。频发的、严重的自然灾害除了与自然因素、生态因素等有关外，政治的腐败、国家救灾能力的减弱、水利的失修、政策的失当等因素都对其施加了重要影响。

为备灾、救灾，明王朝在承继前代荒政的基础上制定了一整套备灾、救灾制度。从整体上看，明代的荒政建设应该说是相当完善的，无论是救灾程序，还是备灾、救灾措施，都达到了当时最为完善的程度，它不仅是明代备灾、救灾的制度保证，同时也是明代制度建设的重要内容。在明代荒政建设逐渐发展的过程中，荒政立法逐步加强，荒政监察也趋于强化。然而，明代的荒政也存在着诸如制度僵化、程序冗长等弊端。而且，随着明代中后期财政状况的日趋恶化、政治腐败的日渐加剧，备荒仓储日益衰败，荒政形同虚设。由此，不仅明代荒政的特长无法得到有效发挥，对备灾、救灾工作也失去了应有的保障作用。[①] 此后，具有民营色彩的社仓、义仓等救荒仓储开始大量出现和重建，地方乡绅、富户等力量开始参与救灾赈灾事宜，逐渐发展壮大成明代赈济的主要力量，在明代荒赈中占有相当重要的地位。

明代的民间赈济分为两个阶段，分别是洪武永乐时期和宣德及以后两个阶段。洪武永乐时期官方赈济占绝对主导阶段。洪武永乐时期，由于明政府制定了一套比较完善的防灾备荒、临灾救治和灾后安抚体系，官方赈灾对灾害的防备工作取得很好的效果；而且明代中国是政治权力和财政权力都采取中央集权的国家，使明政府有能力对自然灾害的赈济进行干预乃至全方位的控制。该阶段民间赈济处于沉寂状态，发挥空间非常有限。民间赈济主要体现在地方少数精英无偿捐献或者有偿借贷粮食以救济灾民，是

① 鞠明库．灾害与明代政治［M］．北京：中国社会科学出版社，2011.

一种个体自发行为，而未能形成有规则约束的赈济组织。宣德以后特别是正统以后是民间赈济发挥作用增大的阶段。宣德年间，自然灾害有增无减，而官吏腐败的人为灾害使得预备仓逐渐废弛，导致官方储备的粮食无法满足整个社会的赈济需求，为了应对这种状况，宣宗开始鼓励民间赈济。正统年间，灾害越发频繁而预备仓空虚废弛势不可挡，使得英宗开始下明诏令鼓励民间赈济。之后，民间赈济发挥越来越大的作用，已经达到官民赈济并重并行的程度。

如前所述，明代的乡绅之治使得乡绅、宗族等为主的管理阶层承担起赈济的任务。社仓、义仓等明代民间的仓储正是由乡绅和地方富商组建、管理、支持和运行的。同时，明代政府鼓励民间参与赈济活动。鼓励民间参与赈济是从宣宗开始的，“永乐之赈多出仓库之羡，宣德之赈间劝富民之财”。到英宗时，明政府开始明文下令鼓励，统治者用“义民旌表”“冠带荣身”等荣誉吸引民间有能力、有财富的富户或者士绅参与赈济，使得民间赈济逐渐能够与官方的赈济达到比肩的程度。

3.3.2 明代民间赈济——义仓

3.3.2.1 明代义仓的恢复与发展①

义仓在明代最早出现于宣德年间（1426—1435 年），并在接下来的正统（1436—1449 年）、景泰（1449—1457 年）、成化（1465—1487 年）年间得以发展。明代的义仓很早就已经开始出现，如宣德十年九月，“儹运粮储总兵官及各处巡抚侍郎，与廷臣会议军民利益及正统元年合行事宜上闻，各处置立济农、义仓收贮赈济米及诸色种子，令州县正官提督，遇有凶札，依旧制及时给散，秋成偿官，每季具数申部不许侵欺及他用，违者治罪”②。正统年间，随着预备仓的进一步空虚和废弛，政府开始鼓励民间赈济活动，明确针对民间赈济参与者的奖励政策。这一时期，义仓开始重建和发展，在全国各地均有所分布，但力量尚弱小。如正统十四年十一月，尚宝司司丞夏瑄言：“今四方多事……开义仓以赈贫难，罢不急以苏民力，其无牛种者官为劝以助之，鬻子女者官为赎以还之，富者赋役如初，贫者三分减二，任

---

① 明代各主要朝代按顺序分别是洪武、建文、永乐、洪熙、宣德、正统、景泰、成化、弘治、正德、嘉靖、隆庆、万历、泰昌、天启、崇祯。

② 《明英宗实录》卷九，宣德十年九月己巳。

循良之吏黜贪酷之徒，务行实惠，勿用虚文则民志有定，变故不生矣”①，可见当时政府在鼓励重建义仓方面的作为及义仓当时发挥的稳定社会的作用。成化以后，义仓在政府的鼓励下进一步发展，如沣州义仓“成化九年判官愈盖以兵民讼田籍废及自愿没官息竞二十余顷。岁租七百八十余石，创储备赈名义仓”②。

朝廷设立义仓之议始于弘治朝（1488—1449 年）③，当时江西巡抚林俊：“再劝社仓，各立义仓……义仓之略，社中富民任其出谷六百石，或四百石，别处一仓，极贫利（息）一分，次贫利一分，春借秋还，转相周助。”④ 弘治五年十一月，户科给事中王玺奏四川事宜“谓四川累遭荒旱，逃亡者众，乞将各府州县赋税及官库存留银两十留其一，以为籴本，仍令里社各立义仓贮散”⑤，孝宗允之。

义仓在嘉靖年间开始普遍化。嘉靖时义仓得到大力提倡，义仓开始有较大发展。嘉靖四年，“直隶庐州府知府龙诰，在任修理义仓，置买义田，行赈粜、赈贷、赈济之法，又条积蓄便民八事，户部覆议”⑥。嘉靖五年，“所陈备荒八议，条例以闻。一议仓制。每州县具设义仓一所，仿古常平仓之制，积谷以备赈给”⑦。

义仓在万历年间有了更大的发展。万历十五年“礼部覆礼科给事中侯先春奏，历法当改，义仓当置……今山东诸省旱灾，宜令天下郡县广置义仓”⑧。万历二十二年“允南京御史林培请。着各抚按……每乡设义仓，分上、中、下三户，会立会长，仓立仓书，经纪其事，官为提衡。秋成敛之，青黄不接散之，越明年薄息收之”。表 3 例举了明代广东部分地区的义仓，可以发现，万历年间义仓的建立在各地区相当普遍，表明万历时义仓已经在全国各地普遍建立。

---

① 《明英宗实录》卷一八五，正统十四年十一月丙午。
② 隆庆《岳州府志》卷一〇〇。
③ 倪根金．明代广东社仓、义仓考［J］．广东史志，2002（2）．
④ 林俊：《论江西常平仓》，《明经世文编》卷五七。
⑤ 《大明孝宗敬皇帝实录》卷六九，弘治五年十一月癸酉。
⑥ ［明］胡广，等．世宗实录：卷五一［M］．台北：台湾中央研究院历史语言研究所，1962.
⑦ ［明］胡广，等．世宗实录：卷六七［M］．台北：台湾中央研究院历史语言研究所，1962.
⑧ 引自：李庆奎．明代备荒政策变化与基层社会变迁［J］．天中学刊，2006（12）．

表3 明代广东部分地区的义仓

府、县名称	仓数	设置时间	建仓者
阳江	4	万历	知县蔡标
乐昌	6	万历九年	知县张祖炳
归善	1	万历二十五年	知县程有守
博罗	1	万历二十五年	知县程有守
长宁	1	万历二十五年	知县程有守
永安	1	万历二十五年	知县程有守
海丰	1	万历二十五年	知县程有守
龙川	1	万历二十五年	知县程有守
揭阳	1	万历年间	御史刘会
程乡	1	成化十五年	知县刘彬
大埔	5	万历二十九年前	知县王演畴
澄海	1	万历年间	知县王嘉忠
海康	4	万历二十四年	御史刘会
遂溪	2	嘉靖年间	知县张惠
合浦	1	万历二十三年	按院刘会
琼山	1	万历二十四年	御史刘会

资料来源：万历《广东通志》，嘉靖《广东通志》《广东新语》及部分府志、县志及乡志。

3.3.2.2 明代义仓的内容

明代的义仓是指收集富者的义捐或特别课税，将收集到的米粮储藏在仓库中，这种仓库往往设置在便利重要的地方，由官府监督实施，推举当地乡绅进行管理，等到必要的时候，散出以赈济贫民，即由民间的社会成员义务捐纳谷物给官方管理者充作籴本，应对凶荒之年的赈济需求。其实行办法，《乐昌义仓记》中记载："上富者出粟百石以上，中富者五十石以上，下者十石以上。立保正一人，主其籍，保副一人司其编，择子弟之精敏有行者二、三人视收放。每岁季春朔发仓听贷，秋大熟，征息二，小，息一，大饥免及本息。每十人连结，中推二人保，比其收也，征诸保，则民不扰。"① 义仓采

① ［明］涂山：《明政统宗》卷一二〇，《荒政部》。

取赈贷并行、以贷为主的赈济方式。义仓通过推选的方式确定社长，规定借贷谷物的收息情况。如龙溪县义仓规定“用劝收税契银籴米分拨各都置仓收贮，推选信实之人为社长，以掌收放赈贷贫民，大熟取息二分，小熟一分，荒歉待丰年征本还官，民以为惠”①。可见，义仓是由官方鼓励推动，指定纳捐原则，地方制定义仓的管理和运行规则，并由民间自我管理的仓储备荒救济组织。

3.3.2.3　明代义仓的特点

明代的义仓同时具有官仓和社仓的特点，较前代更加民间化，同时向家族化发展。第一，义仓一般由官方指定纳捐的原则，而后由基层社会按照这些原则纳捐并组织赈济，具有半官方性。同时，义仓主要由民间管理，具有民间福利的特点。第二，与前代的义仓不同，明代的义仓设于基层社会的乡村里社，基本由里社自治，较前代更加民间化和自治化。义仓覆盖里社居民生活的各个方面，“贴助里长粮解田租之用、贷赈农家以劝农备荒、备礼存问孝子节妇与高年素行之人”②，在居民生活中起重要作用，能够有偿地帮助居民度过困难，并关注老年人、嘉奖孝子和旌表节妇。第三，明代义仓有向家族化发展的趋势，如秀水县“沈义仓”便是由当地士绅沈文锐的家族所建。再如江西新城县义仓谷物的捐输由父及子，义仓在杨氏支持下运行，“有民杨振邦者于成化二十三年，发粟三百石，储之于社，待乡民艰食而廪之……至子嵩复益以三百石，由是数里之人歉岁而炊烟青者，悉杨氏之惠也”③。可见，明代的义仓有“义民捐建，父子多代致力于义仓的建置，以赈济本地饥民”的特点。

3.3.3　明代民间赈济——社仓

3.3.3.1　明代社仓的恢复与发展

明代的社仓是在义仓之后才开始出现的，推行较晚。正统元年，顺天府推官徐郁指出义仓虽能发挥一定的作用，但是义仓在各地数量有限，不能满足赈济需求，建议恢复前代的社仓，“建立义仓，本以济民，然一县止一二所，民居星散，赈给之际，追乎拘集动淹旬月，不免饿莩，乞令所在有司，

① 嘉靖延平府志：卷一。
② 李庆奎．明代备荒政策变化与基层社会变迁［J］．天中学刊，2006（12）．
③ 正德建昌府志：卷四〇。

增设社仓”。徐郁认为宋代朱熹建立社仓的方法可以作为明代社仓重建的基础，然后根据明代的社会特点，建立适合这一时期赈济需要的社仓，“乞令所在有司增设社仓，仍取宋儒朱熹之法，参酌时宜，定为规画，以时敛散”①。

但直到弘治（1488—1505 年）以后，社仓才开始发展起来。弘治“江西巡抚林俊尝请建常平及社仓”②。这一时期，部分地区建立了自己的社仓，如许州“弘治六年知州邵宝”在许州西面建总社仓，临颍县弘治六年在县治西南建总社仓。③ 又有翼城县社仓，“弘治十三年……知县事张候忠所建也”④。

到嘉靖八年（1529 年），社仓才开始向全国推广。⑤ 嘉靖时期对社仓的规定“令民二三十家为一社，择家殷实而有行义者一人为社首，处事公平者一人为社正，能书算者一人为社副……中下户酌量赈给，不还仓……仓虚，罚社首出一岁之米”⑥，制定了社仓的管理、赈济和惩罚方法。这一时期的社仓尽量排除官方的干扰，保持社仓的民间性质，实行社仓的自治。嘉靖二十年（1541 年）十二月，御史沈越又请申饬社仓法，朝廷批准了申请，此后全国开始大规模营建社仓。⑦ 明代的社仓在嘉靖和万历年间发展较快，特别是万历年间，全国各地均建有社仓。表 4 列举了广东地区部分社仓的建立情况，可见万历年间社仓的兴盛。

表 4　明代广东部分社仓

府、县名称	仓数	设置时间	建仓者
顺德	11	嘉靖四年	知县曾终魁
龙门	55	成化年间	王许之
归善	4	万历二十五年	知府程有守
博罗	4	万历二十五年	知府程有守
长宁	2	万历二十五年	知府程有守
永安	2	万历二十五年	知府程有守

① 王圻．文献通考：卷二七［M］．杭州：浙江古籍出版社，2000.
② 《明史》卷七九《食货三》。
③ 嘉靖许州志：卷七。
④ 嘉靖翼城县志：卷一。
⑤ 王圻．续文献通考：卷二七［M］．杭州：浙江古籍出版社，2000：3040 - 3042.
⑥ 龙文彬．明会要：卷五六：食货四：预备仓［M］．北京：中华书局，1956：1077.
⑦ 转引自：段建宏，岳秀芝．明清晋东南社仓、义仓初探［J］．唐都学刊，2010（5）.

续表

府、县名称	仓数	设置时间	建仓者
海丰	4	万历二十五年	知府程有守
龙川	4	万历二十四年	知府程有守
兴宁	5	万历十八年	推官王栋
河源	5	万历二十四年	知府程有守
和平	1	万历二十四年	知府程有守
陆河	1	万历年间	知府程有守

资料来源：万历《广东通志》，嘉靖《广东通志》《广东新语》及部分府志、县志及乡志。

3.3.3.2　明代社仓的内容

明代社仓提供赈贷、赈粜、赈济和养恤服务。当地成员想得到社仓救济要通过“托保”，而且为了使社仓不致陷谷本，接受救济的成员需要缴纳一定息米。[①] 社仓仓谷主要来源有四：①本谷。其是指社员需要缴纳的谷物。社仓集中正社、副社和社众的意见，将社员按照贫富情况和家庭成员的多寡分为三等，规定其缴纳相应数量的谷物作为社谷。②谷。其是指社中富裕而好行善事者，除了缴纳本谷外的自愿输谷。各社根据输谷多少给捐谷者记善、送匾，乃至免除徭役差役，竖立牌坊等旌奖。③罚谷。借谷者未按时归还所借之谷，管理者介入要求其归还时要征收一定量的罚谷，除照旧入预备官仓外，余额则充入社谷；各社乡约怠玩、小事口诉等等罚赎也都收入社仓。④息谷。一般社仓的社谷出借，归还时加收二分之息作社仓费用，补充谷本。

3.3.3.3　明代社仓的特点

明代社仓具有高度自治性，是基层社会精英关注农村社会救济事业的基层管理组织。它与地方的社学、乡约相互渗透，并带有一定程度的家族、宗族色彩。①明代社仓自治性程度高，是民营化的救荒仓储组织。明代的社仓多设于乡村，由地方殷实大户掌管，官方实行监察的职责，“齿行俱优、家道殷实、能服众者为之，官府只是不时行以稽查，其余出入，民自收掌”[②]。②明代的社仓在运营过程中与社学相互渗透。“或待社仓行久，以义息等谷创

① 陈关龙．论明代的备荒仓储制度［J］．求索，1991（5）．

② ［清］俞森．社仓考［M］．商务印书馆，1939：24－28.

立，……既富而教，亦化行俗美之一大关系也”①。在江苏泰州有当地士子义捐的专门用来赈济诸生义仓，并被冠以儒学义仓之名。② ③明代的社仓与宗族关系密切，如江苏句容县人徐宗正，“天性孝友，以己所应得之产尽让与弟创宗祠、立义仓，捐谷千石，时稽其息，以周族之贫者”③。浙江秀水县人沈文锐，“仰承曾祖沈本于正统岁饥，捐米三千三百石，赈活宗党亲朋百姓无算，荷敕力褒奖义志，遂慨捐米二千以疗饥众，施由亲始，周族为先。”④

3.3.4 明代民间仓储的评价

1）明代民间仓储补充官办仓储的不足

明代民间仓储设立的目的是“一以活民”⑤，作为明代官办仓储的一个必要的补充，它在官办福利保障因为政治原因、社会原因不能提供足够保障的情况下，积极承担保障的责任，保障民众生活使其不会因为灾害而身亡，此所谓活民。明代的义仓和社仓伴随着官办仓储的空虚和废弛发展起来，有效地发挥了其民间保障能力，特别是在明中后期边疆危机四起、国库空虚、官粮进一步亏空、官方赈济弊端不断暴露的情况下，社仓、义仓迅速发展，逐渐达到与官方赈济并重并行甚至超越官方赈济系统的程度。

2）明代民间仓储对基层社会的治理秩序有所助益

明代民间仓储主要覆盖乡村领域，其设立义仓、社仓的另一个目的是“弭盗”⑥。明代的义仓、社仓均与地方基层管理组织有着密切联系，并有宗族化趋势，对基层社会的治理秩序有很大的助益，它保障基层社会成员在遇到灾难时得以恢复，使得民众不至于流离失所、饿死他乡，或者迫于生存而行鸡鸣狗盗之事，维护了基层社会的稳定。

3）明代民间仓储具有一定的局限性

首先，明代的民间仓储制度基本未定式化和制度化，民间仓储特别是其

---

① ［清］俞森．社仓考［M］．商务印书馆，1939：28－29.

② 汪火根．明代仓储与基层社会控制——以预备仓和社仓为例［J］．龙岩师专学报，2004（2）.

③ ［清］曹袭先．乾隆句容县志：卷九：人物志：孝友［M］//中国地方志集成江苏府县志辑．上海：上海书店，1993：297.

④ ［明］李培修，黄洪宪，等．万历秀水县志：艺文：卷九：陈懿典：沈义仓碑记［M］//中国地方志集成浙江府志辑［M］．上海：上海书店，1993：691－692.

⑤ ［明］俞森《社仓考》，丛书集成初编本。

⑥ ［明］俞森《社仓考》，丛书集成初编本。

中的义仓制度一定程度地受到官方的干涉，容易受到政府行为的影响，在朝纲不振、社会动荡的明中后期大多呈现忽兴忽亡的状态。如大埔义仓，“后因仓夫不报，收支田租，多被浸没，名存实亡”①。

其次，明代主要的民间仓储义仓和社仓均以基层社会为基础，一般只负责本地社会成员的保障，是小范围内的赈济，未能实现不同地区的流通与互补。这种以乡村里社为依托的民间仓储制度实际上具有与宗族福利制度一样的供给差序性质，以亲疏远近作为赈济的标准，具有一定的局限性，当然这也与当时社会交通、信息不畅有一定关系，对于历史我们不能过多苛责。

最后，明代的民间仓储的建立和发展依赖于政府的劝奖制度，未形成一套完整的可持续的纳捐、施赈制度体系，因而很难具有延续性。民间赈济主要取决于一部分道德高尚以及希图名利的富民，然“富家之好施者十中一二，悭吝者十居八九”②，同时富民对灾害的可承受性也是有限的，依赖富民在政府鼓励下的捐助进而维持民间仓储的运转是不可行的。因此，虽然明朝中后期民间仓储逐渐取代官方仓储成为主要的赈济力量，但面对明中后期愈演愈烈的灾情态势，民间仓储所能够提供的救助也是有限的。

3.4　本章小结

本章主要论述了包括以血缘关系为基础建立的宗族的自治性福利、以行业划分为基础的行会制度、以业缘和地缘为划分条件的会馆制度以及由士绅等主导的包含义仓和社仓在内的民间仓储制度。宗族福利的兴盛，一方面得益于明代宗族的平民化发展、自治化趋势以及明代沿袭的敬宗收族传统，另一方面也受到明代政府多番宣导和鼓励的影响。宗族福利制度主要是以族田、义庄等公有族产，按照族规、家谱的规定，给本族族人提供养老、教育、济贫、助婚葬等福利措施。明代的行会伴随着经济的发展和商人群体的壮大产生，主要提供同行业的商人互助。明代的会馆制度在行业的基础上产生，是应在外商人的亲情慰藉等需求而生，主要提供同行业的同乡助贫助葬服务或者提供义宅、义医等服务，同时也会积极举办和参与当地一些慈善活动。义

---

① ［民国］《大埔县志》卷七《经政志·仓储》。

② ［同治］《饶州府志》卷二八《艺文志三》。

仓、社仓是明代补充官办预备仓的民间仓储，它伴随着明朝官办仓储的衰微而复兴起来，并在后期逐步取代预备仓成为主要的赈济力量，对于自然灾害多发的明朝的赈济事业起到了重要的作用。

这些自治性福利组织，或具有行业联系或具有血缘邻里的联系，体现的是一种亲疏远近差序供给格局的福利供给模式。其中宗族福利、义仓和社仓主要以乡村社会作为依托，依赖于明代乡村乡绅之治的政治格局；行会、会馆以商业活动为依托，是商人群体自发举办的主要服务于其行业成员的自治性福利组织制度，同时行会、会馆对地方公益事业的热衷也能够对当地其他群体的福利有所增益。总之，在明代社会官方保障水平有限的情况下，民间自治性福利组织制度对保障人们的生产生活所起的作用不可低估。同时，它们也将社会教化功能发挥得淋漓尽致，在供给福利的同时始终没有忽略主流思想的传播和重塑社会道德价值，有利于树立良好的社会风气和维护社会秩序的稳定。但是由于民间自治性福利在救助对象的选择上依照血缘、地缘、业缘由亲至疏或者按照当时的道德标准把一部分个体排斥在福利享受的范围之外，使一部分群体得不到最基本的保障。以当今的标准看来，这很难说不是一种局限。

4　明代自治性福利生发机理及其现代启示

钱穆先生曾说："革新固当知旧。不识病象，何施刀药?"我国现代社会保障制度面临重重问题，而自治性福利制度在当代中国仍处于混沌状态。要想充分认识现代社会保障的问题，就应该往回追溯历史，了解古代的社会福利传统，系统地梳理古代中国社会福利制度的产生、发展和运行机制，从中或者发现优良传统，或者找到问题根源。以此为基础，才能更好地理解当代中国社会保障的问题。正因如此，笔者开始做这个研究。上文首先梳理和介绍了明代自治性福利涌现的政治、经济、社会背景，然后整理和介绍了明代自治性福利制度的思想基础，并在前二者的基础上罗列和介绍了明代主要的自治性福利制度。本章将在此基础上，探讨明代自治性福利的生成机理，以加深对自治性福利制度形成、发展和运行机制的认识，并从我国的社会保障实践出发，进一步思考中国古代自治性福利制度对于现代自治性福利制度的启示和借鉴意义。

4.1　自治性福利制度的生发机理

自治性福利制度在明代的发展速度比以往的任何朝代都要快，它在中国古代自治性福利制度的生成、发展和走向成熟的过程中占有重要地位。它的发展，既承袭了宋代以来的自治性福利制度的传统，同时也为清代自治性福利制度走向成熟和高峰奠定了基础。明代作为自治性福利制度发展的重要时期，有很多值得我们思考和借鉴的地方。本节将剖析明代自治性福利制度的生发机理：①明代自治性福利制度不是由明代的或者历史上的某一个人或者某一个阶级决定去创造出来并运行的，而是自然而然地，应时代和人类需求而产生并发挥保障作用的。明代的自治性福利制度是官办保障的重要补充，这些制度的存在，要么是因为官办保障不能覆盖某个领域，要么就是因为官办保障不能满足某些社会成员的实际需求而出现和发展的。②明代自治性福利制度有效地补充了明代官方保障制度。明代已经具有了民间自治性福利制度、官办社会保障制度、家庭自我保障等一起形成的多中心保障体系的雏形。虽然这一体系在当时还不成熟，保障系统仍然存在各式各样的问题，但不能否认，这一体系在当时确实发挥了稳定社会的重要作用。③明代自治性福利制度受到传统福利思想的影响，并沿袭了前代的一些福利安排，同时受到当时社会环境的影响进行选择和淘汰，形成了一套适合于当时的自治性福利制度体系。

4.1.1 自治性福利制度的自生自发性

4.1.1.1 自生自发秩序和一般演化思想

古典自由主义经济学家哈耶克提出自生自发秩序的理论，指出社会学理论的目标是善于发现人类社会中发生的各种有序、有规律的事务结构，这些事务结构都是许多人共同努力的结果，而非人为预定和设计的。自生自发秩序理论是一种社会演化理论。在自生自发秩序中，人们遵循自然形成的规则，规则传递其他人行为的信息，个人行为方式受到这些规则的影响，社会秩序便是在这种规则和人们与规则的互动中逐渐形成的。各行为主体遵守这些自然形成的规则，并在它们的指导下形成一种互动的关系，进而产生社会秩序。自生自发的社会秩序具有一般性规则、竞争和自由的特征。

哈耶克的自生自发秩序理论的前提是知识的分散性和理性的有限性。哈耶克认为，社会理论知识是分散的，世界上不存在一个能够将所有的知识都掌握在脑中的人，他所指的知识包括两类：一是明确的知识，即智识；二是包括规则、传统、习惯、制度在内所有人们对周围环境所作调适的一切而获致的一切结果。[①] 基于此，他提出“分散知识论”，认为社会上的每个主体都不是一个全能全知者，每个主体都通过自己的感官体验所获致的知识，并且这种知识是相当有限的，只是全社会总体知识中微不足道的一部分。哈耶克还坚持有限理性论，认为人的理性并非是与生俱来的，而是人类生命在长期的进化历程中不断受教育而逐渐积累起来的，即进化理性主义理论。哈耶克认为认识社会的前提是理解知识的局限性、分散性和人类理性的有限性。由此，提出社会秩序的自生自发性和历史积累性，反对人为设定。

4.1.1.2 明代自治性福利制度的自生自发性

明代的自治性福利制度便是自生自发社会秩序中的有序、有规律的事务结构。无论是宗族福利制度、行会福利制度、会馆福利还是民间仓储制度，

① 哈耶克．自由秩序原理［M］．邓正来，译．北京：三联书店出版社，1997：24.

都具有一定的规则约束，它们都是经过中国古代社会不断尝试、淘汰、试验后，被明代所沿袭下来的规则体系，在明代的发展和运作中，根据当时的社会经济环境不断地试错和被淘汰而逐渐形成的比较适合当时情况的制度规则。明代的宗族福利制度沿袭于宋代，并因明朝政府放开祖先祭祀的限制而继续发展，遵循一定的规则而运行，在明代基层社会以血缘为选择条件开展福利活动。明代的行会制度是伴随着商品经济的产生而出现的，是商人们在面临经营上的各种问题时，不断尝试各种方式后所选择的形式。行会制度在运作中尝试并纠错，最后形成了处理商业纠纷为主、为同行业提供互助安排为辅的形式。会馆制度是行会制度发展过程中衍生出来的，它将服务的群体由当地整个同行业群体缩至同行业者的同乡，因此它实际上是一种同乡组织，是基于在外奔波的商人的情感慰藉和互助需求而逐渐形成的。义仓、社仓等民间仓储也是沿袭前代的实践，在明代官办社会保障制度不能满足社会的保障需求时，出现并发展，遵循既有的规则体系运作并承担其补充保障的责任。

由此可见，这些福利制度都不是由某一个权力所有者决定而出现的，而是基于社会的实际需求而生。实际上，社会的实际需求是自治性福利制度产生并发展的最根本原因。正如上文所述，民间自治性福利制度是随着明代社会政治经济变迁和民间百姓的生存风险加大以及福利需求的产生而出现和发展的。具体到每个制度，宗族福利是出于宗族延续、情感慰藉和个体小农经济抵抗生存风险的需求，行会是出于解决同行业不良竞争的需求，会馆则是出于同行业、同乡之间感情慰藉和商人面临高概率的不可预知风险的需求而产生的。以义仓、社仓为代表的民间仓储是农业社会中处于社会底层的成员为抵抗自然灾难引发的生存危险的需求而产生。

明代自治性福利制度主要作用于国家权力退出的乡村领域和国家权力介入较少的商人团体中。其特点是基于自助与互助的传统，由民众自己管理自己，因此，这些制度具有自生自发秩序的根本特征——自由。虽然这种自由与现代意义上的自由的意义并不完全一致，而是在一定领域内的某个特殊团体的自主管理，但是它确实具有了自生自发秩序的基本要义。

4.1.2　多中心治理与自治性福利制度

古典主义经济学家奥斯特罗姆夫妇创立的多中心治理理论认为，公共领域“看不见的手”打破了单中心制度中最高权威只有一个的权力格局，形成了一个由多个权力中心组成的治理网络，以承担一国范围内公共管理与公共服务的职责。该理论强调公共物品供给结构的多元化，认为公共部门、私人部门和社区组织都可以成为公共物品的供给者，这些供给者之间形成公共供给的多元竞争。在多中心秩序中，各行为单位既相互独立，自由地追求自己的利益，又能相互调适，受特定规则的制约，并在社会的一般规则体系中找到各自的定位，以实现相互关系的整合。多中心治理理论反对单中心治理中只有一个权威的存在，认为多个中心共同治理，相互竞争、相互调适，才能达到公共物品供给的最优化。多中心治理理论实质上是一种公共事务自主治理的制度理论。

官方是明代社会保障的供给主体之一。明代的官方社会保障相对健全，如官方赈灾体系中，就有相对严格和系统的灾前预防、灾时赈济、灾后安抚的救济体系。但是官方保障毕竟不能完全满足，或者说不能一直完全满足赈灾的社会需求。作为明代社会保障的另一个供给主体，民间主导的自治性福利制度是官方保障的一种补充形式，随着官方保障的缺失或不足而产生和发展。

官方社会保障在明中后期的无力使得社会的保障需求无法得到满足，而且基层社会中官办保障的缺失也使地方需要其他供给方的补充以满足当地的福利保障需求，因此，民间作为福利供给的其中一个主体，其主导的自治性福利制度开始发展和完善起来。首先，从宗族福利的实践看，官办福利的缺失是宗族福利制度发展和完善的直接原因。明代开始，政府权力退出县以下的区域，与之相应的，是官办的保障制度也退出县以下区域，即乡村无法享受到官办的保障项目。官办保障制度在乡村的缺失，使得乡村需要一个与之相似的制度来补充。因此，宗族福利制度替代官办社会保障，给有限范围内的成员提供了一定程度的保障。其次，从行会和会馆看，也是如此。政府对市场的放任态度和责任承担的缺失，使得商人们开始寻求其替代管理者，行会因此开始出现。行会代替政府对本行业的经济行为进行规范和约束，并加强行业互助。商人背井离乡，长期在外地从事商业活动，由于不能参与宗族事务、无法得到亲人慰藉，开始寻求建立类似于家乡宗族的组织。会馆以同乡为血缘纽带应运而生。最后，从民间仓储的重建来看，明代以义仓、社仓为代表的民间仓储的恢复和重建是在官办的预备仓不能满足赈济需求时出现的，是作为对预备仓制度的补充而存在的。随着预备仓的衰败，民间仓储在全国各地普遍建立并发挥作用。

明代的自治性福利制度主要集中在乡绅之治的乡村地区，或者在政府不愿涉及的商业领域，依靠民间自主经营和自我管理而存在和发展，受到官方的干涉较少，具有民间自治的性质。实际上，在这些领域，人们自己管理自己，拥有一定程度的自由，已经拥有多中心治理秩序的基础。因此，明代官方社会保障、民间自治性福利制度以及家庭自我保障实际上已经有了多中心治理相对模糊的雏形。

4.1.3　传统、变迁与自治性福利制度

1）自治性福利制度发展源于历史传统和环境变迁

自治性福利制度的产生和发展变化源于历史传统与环境变迁，从根本上说，在历史传统与环境变迁对人们当前的实际需求的影响下，自治性福利制度会产生变化和发展。历史传统类似于人类的文化基因，总会对人们的观念产生影响，而人的观念会在一定程度上引起人们需求的变化。时代变迁更会直接影响人们的实际需求产生变化。如明代仓储制度的变迁，明代中后期开始恢复建立的义仓和社仓并不是明代独创的，而是在以前的朝代就已经实践过。但到了明朝，明初期太祖建立了相对完备且保障实力相对强大的预备仓仓储制度，给社会成员提供保障，使得保障实力相对弱小的民间仓储制度地位下降，因此明朝前期几乎很少建立社仓、义仓。但到了明朝中后期，因为中央对财政的高度控制和吏治腐败的原因，预备仓逐渐走向衰微。对于风险保障的需求使得人们开始重拾历史传统，呼吁重建义仓、社仓等民间仓储，并在此后获得发展。随着预备仓逐渐退出保障的舞台，义仓、社仓等民间仓储覆盖范围变得更加广泛。

2）自治性福利发展的路径依赖

自治性福利制度的产生和发展具有一定的路径依赖性。道格拉斯·诺斯的路径依赖理论认为路径依赖类似于物理学中的“惯性”，一旦进入某一路径（无论是“好”的还是“坏”的）就可能对这种路径产生依赖。制度变迁如同技术演进一样，也存在着报酬递增和自我强化机制。这种机制使制度变迁一旦进入某一条路径，它的既定方向便已经存在和确定，并在以后的发展中得到自我强化。所以，“人们过去作出的选择决定了他们现在可能的选择”。明代义仓、社仓以及宗族福利的发展都具有一定程度的路径依赖。

宗法制度正式形成于西周，春秋之后，随着生产方式的变化，典型的宗法制度开始解体，转而以另外的形态而存在，宗法制度深入到社会生活的各个方面，形成了“宗法社会”①。在这种社会中，人们的权利、义务、地位和行为都有着严格而且固定的规范。② 尽管在秦朝的高压政治统治下，宗法制度遭到严重破坏；③ 但到汉初，汉代士人阶层对宗族进行了修复与再造；随着政治、经济环境的变化，到了魏晋时代发展成门阀士族宗法制度；到了唐末五代十国，由于社会、经济、战乱等原因，门阀士族宗法制度消失殆尽；直到宋代，以宋代儒家士君子为首又开始着手创建“敬宗收族”制度；到了明代，随着政府放开祖先祭祀的严格限制，宗族制度呈现平民化趋势，宗族的建族者从贵族和官僚扩大到乡绅和学绅，整个社会结构开始恢复，直到形成更加完善的宗法社会。宗族制度的这种发展路径是由于宗法意识、宗法精神一直存在，即使宗法社会暂时被破坏，但这种意识和精神会引导人们重建和恢复宗法制度，直到形成更完善的宗法制度，进入更高程度的宗法社会。

义仓、社仓等在明朝以前就已经存在，但到了明太祖时期，政府建立了严格的预备仓仓储制度，按照灾前预防、灾时赈济、灾后安抚的原则，给社会成员提供赈济保障。这一时期，官办仓储保障承担了主要的赈济责任，而民间仓储随之衰微。但到了明朝中后期，自然灾害有增无减，而吏治腐败和财政困难使得官方的赈济无法顺利地开展，士绅阶层开始重新倡导建立义仓、社仓，并受到统治者的重视，沿袭前代的传统恢复义仓和社仓。明代的义仓、社仓等民间仓储的这种发展路径是由于民间的自助互助精神一直存在，即使在一定时期，民间仓储处于弱势，但这种精神会引导人们重建民间仓储，使之能够继续甚至进一步发挥其民间保障的功能。

4.2 明代自治性福利制度的现代启示

钱穆指出：“以史为鉴，所借鉴的是‘历史传统精神’，‘历史传统’是要在变动中寻找它不变的本源精神，传统愈久，应该此大本大原之可靠性愈

① 徐蒙，陈功．宗法制度对中国古代尊老、恤老制度的影响［J］．西北人口，2009（2）．
② 徐蒙，陈功．宗法制度对中国古代尊老、恤老制度的影响［J］．西北人口，2009（2）．
③ 吴钩．中国的自由传统［M］．上海：复旦大学出版社，2014：22.

大。”[①] 我国社会保障制度的发展正是要遵循这个道理。当前发展我国自治性福利组织也应该去挖掘明代自治性福利制度发展的精神本源的东西，并试图循着我们现实环境的营养、血液使其成长为有生命的制度。一方面，当代社会家庭小规模化，如明清时期的宗族式大家庭已经越来越难以见到；行会组织也已经退出历史舞台，会馆公所虽然仍然在一些大城市中可以找到，但在福利的提供方面作用甚微；义仓、社仓等民间仓储组织更是已经完全消失。另一方面，当代中国的自治性福利并未建立起来。所以，明代自治性福利制度对于当代的意义不是简单的借鉴，而是要追本溯源，挖掘和传承它的内在精神。

4.2.1 自治性福利的精神传统

1）差序供给

明代自治性福利制度的重要特点之一是“差序供给”，主要体现在两个方面：一是在覆盖范围上。明代自治性福利制度分别按照血缘、地缘、业缘，由近及远，对救济对象的选择呈现出差序对待。二是在福利水平上。自治性福利制度作为民间自主兴办的福利，由民间自我管理，官方不进行直接干预。它的保障项目的数量和保障力度等都依赖于自治性福利组织供给主体自身的支持能力，即所谓“能力差序”。差序供给的出现受到中国古代社会历史环境的影响，是由民间福利自治性的特点所决定的，适应当时的社会历史背景，并且有效地发挥了民间自治性福利制度的补充保障效果，维护了明代的社会秩序。

差序供给这一古代传统精神对当代中国的社会保障的发展具有一定的启示和借鉴意义。一方面，民间自治性福利本身因其自治的特征，福利的水平是无法统一的，因而具有差序性。它的优点是符合人伦，有利于调动人们参与的积极性和实现资源的优化配置。在当代社会保障制度建设过程中，我们更多的是强调社会保障制度建设的公平性以及福利分配的均等性，在笔者看来这一理念更适用于政府提供的最基本层次的社会保障。事实上，我们大可以通过建立各种民间自治性福利组织提供有等差的福利，满足不同个体的多样化需求，提高福利资源的分配效率。

① 钱穆. 中国历代政治的得失［M］. 北京：九州出版社，2012：56.

2）自助与互助精神

明代自治性福利制度中，传统的自助与互助精神是其制度运行的支撑。传统精神是在历史发展过程中不断试错后留下来的精神瑰宝。古典自由主义和保守主义都认为社会秩序的基础是传统和习俗，而不是理性。传统反映了人们在历史上所积累的经验、思想和在实际事务中被证明为有效的习俗和惯例，是比任何个人和党派更为重要的智慧来源。社会秩序是各方主体共同参与的结果，而绝非某些个体设计的结果。而传统和习俗是在各方主体共同参与过程中积累下来的成果。因此，我们应该尊重传统精神。明代自治性福利制度有自助与互助精神传统，它是由民间自发结社而形成的公共事业，实际上是覆盖范围内成员间的自助与互助关系。明代开始的政府权力退出县以下机构的尝试，使得整个明代没有官方福利机构能够包揽全局。人们秉持自助和互助精神，传承已有的有效率的福利组织形式并加以推广，并在此过程中不断地随着环境的变化而调整，以自助、互助为主要传统的明代民间自治性福利制度在这一时期取得了显著成效。

今天的中国建立了以社会保险为核心的现代社会福利制度，并逐渐达到全覆盖的程度。但是，这种“制度全覆盖”的形成是以强制为前提的。以养老保险为例，社会保障和早先供养父母的习惯的区别在于，社会保障是强制性的非个人的事情，而供养父母本是自愿的个人私事。供养父母的传统可以加强家庭的纽带，而以强制为手段的现代社会保障则削弱这种纽带。强制带给我们的一些割裂传统的后果值得我们警醒和反思。传统的自助、互助方式所蕴含的内在精神，尤其是自助、独立自强以及相互合作、相互救助的精神，以及它们对于人们的同质性需求的填补，对今天的我们仍有很大的激励和借鉴意义。因此，当今中国在社会保障制度发展过程中，应对传统的自助、互助方式始终投以敬意的目光，并在新条件下恢复传统自治性福利的精神。当然，这种恢复应该是自然而然的生长，而非一刀两断地与之决裂。

4.2.2 完善健全的社会保障体系

1）作为补充的明代自治性福利制度

明代自治性福利制度是应制度补充的需求而发展起来的。上文阐述的明代主要的自治性福利制度都是为了弥补官方保障的缺失或者不足，或发展，或重建并发展：宗族福利制度作为补充制度，是为了弥补官办保障在县级以下区域的缺失。行会作为补充制度，是为了代替缺位于市场和商业管理的政府对同行业之间的竞争进行规范，和代替政府帮助在商业风险中失败的成员而设立和发展的。公馆会所作为补充制度，是为了替代宗族对出门在外的商人的感情慰藉和相应保障。而以义仓、社仓为代表的民间仓储作为补充制度，是为了补充官方预备仓保障能力的不足，并在小区域内代替预备仓给覆盖范围内的成员提供保障。

明代自治性福利制度作为官方制度的补充，与官方的社会保障一起，承担其保障的责任，使社会成员在面临风险时能够顺利摆脱风险所造成的不利境地。这两种制度与传统的家庭自我保障一起，勾勒出社会保障的多中心治理体系的模糊雏形。之所以只是模糊雏形，是因为明代的官方保障和民间福利之间的竞争关系不是很明显。而且，尤其重要的是，明代自治性福利制度几乎都是在政府不能满足社会需要的时候才出现和发展，而后与官方福利制度一起保障社会成员的生活，这种补充具有延后性，补充的效果很难达到最优化。

2）官方福利为主、补充保障为辅的保障体系

根据上文的分析，明代的自治性福利制度是在官方保障不足的情况下，为了满足民间百姓福利需求而发展起来的。在乡村领域，相比于官方福利制度，明代的自治性福利制度起着更加重要的作用。自治性福利制度与小家庭的自我保障不一样，它是一个成员相对较多、关系较密切的群体之间的互助。自治性福利制度与官办保障也不一样，它比官办保障更了解成员的需求，并能根据情况进行相应的调整。而官办保障往往是半固定的，调整需要较长的时间间隔，不能灵活地根据服务对象的需求进行变化。同时，官办保障容易受到其管理体系的影响，如明代的预备仓在后期因为吏治腐败和财政因素而逐渐走向衰微，直到不能发挥作用。可见，自治性福利制度能够发挥官方保障不能代替的作用。因此，建立一个以官方福利为主、补充保障为辅的保障体系是完全有必要的。

现代中国的政府主导、以社会保险为核心的社会保障制度体系，具有浓厚的官办保障的色彩。而民间自治性福利制度在社会保障中的效用几乎可以忽略不计。我们曾论证过，官方保障因为官方管理而具有风险，风险出现时官方保障将不能满足社会的需求，容易导致保障体系的崩溃和社会混乱。因此，现代中国的社会保障体系是需要完善的，应该在继承中国古代自助、互

助精神传统的基础上，在合适的条件下，逐步恢复和建立自治性福利制度体系，使之与官方社会保障、家庭自我保障一起形成以官方保障为主、补充福利为辅的社会保障体系，利用多中心理论中多个供给主体相互竞争的形式，提高整个社会的福利供给水平。

4.2.3 尊重福利制度的自发性

明代自治性福利制度是自生自发的，它的出现和发展源于社会成员抵抗风险的需求和官方社会保障衰微和废弛的情况下的制度补充的需求。它的出现和发展是自然而然的，而非人为力量去推动的。根据哈耶克的划分，西方的理性主义传统沿两路而进，一路是建构理性主义传统，另一路是演化理性主义传统（经验主义）。自治性福利制度的发展符合经验主义的理论。他同时提出有限知识理论，认为没有一个人能穷尽所有的知识，因此世界上不存在能够设计一切的全知全能的人，制度的形成源自于漫长的历史中无数人试错的结果和经验的总和。因此，明代自治性福利制度不是完全由明代某一人或者某一群体凭空设计而产生和发展的，而是在历史过程中逐渐累积并适应明代当时的政治经济条件而发展起来的。

现代中国的社保制度未来发展，乃至自治性福利制度的重建和发展也应该尊重制度的自发性，保障制度的自生自发过程，并以此为基础，重建和恢复民间自治性福利制度，完善和发展我国现代的全覆盖的社会保障体系。不仅如此，在解决现有的社保问题时，也应该思考制度的合理性和非人为创造性，尊重制度的自生自发，进一步改进和完善现有保障制度，进而完善现代保障体系。此外，未来社保制度特别是自治性福利制度的发展也要警惕“强制”的问题，尊重自生自发的生成机理，在制度生成时减少强制内容，在运行过程中尽量少地利用强制手段，在解决社保问题时减少强制执行要求，避免强制下自治性福利制度的名存实亡。

4.3 本章小结

本章在前文的基础上，论述自治性福利制度的生发机理和现代启示。自治性福利制度是自生自发的社会秩序，是经过历史的选择与淘汰而存留下来的。自治性福利制度源于历史传统和社会环境变迁，具有路径依赖性。同时，自治性福利制度也是多中心治理体系下完善的社会保障体系中重要的组成部分。明代自治性福利制度对现代社会保障发展的启示是，在社会保障制度建设不断强调公平理念的今天，对于民间自治性福利制度的发展来说，差序供给似乎更符合其内在发展规律；在我们不断强调“保障”的时代，不要忘记在我国传统福利制度中所蕴含的自助、互助精神的传统。在当今政府主导社会保障成为主流的时代，我们应对社会保障领域的“强制”和“顶层设计”保持警醒，应意识到民间自治性福利制度也是社会保障体系的重要组成部分，具有其自身发展优势，同时也要警惕政府的过度干预侵蚀民间自治性福利制度的发育成长空间。

下篇

清代自治性福利观念和制度研究

本篇主要考察清代的自治性福利观念与制度，研究内容包括：①厘清清代自治性福利制度产生的社会和思想背景，并分析它们对清代自治性福利制度的深刻影响。②探究清代自治性福利制度的具体内容和表现形式。③考察清代自治性福利的生发机理和现代意蕴。

清代自治性福利制度的出现和发展具有其复杂的社会土壤和时代背景，本篇首先考察了清代自治性福利涌现的原因。研究发现，一是士绅兴办基层社会福利在清代已成为惯例，大量士绅积极兴办基层社会福利，这决定了基层福利的主要呈现形式为“自治”。这是自治性福利涌现的主要原因。二是清代政府和历任统治者积极提倡民间兴办自治性福利，并时常采取劝善、惩恶等手段加以鼓励，为自治性福利的发展提供了一个有利的政治环境。这是自治性福利稳定发展的保证。三是特定的历史情景和社会基础加速了自治性福利组织的成立。这是自治性福利发展的直接原因。

清代自治性福利制度的发展同样伴随着自治性福利观念的演进，即一方面沿袭自传统儒家、佛教和道教中的慈善思想，另一方面，在时代风云变幻的裹挟之下，清代萌发了“教养并重”和“别勤惰”的慈善观念。它们是推动清代自治性福利发展的观念资源，深深地影响着主持、兴办、参与民间福利的慈善人士。具体而言，中国传统的儒家仁爱思想和佛教、道教等宗教中的慈悲观念和行善思想是支撑众多慈善人士实践义举的思想动力，推动了民间慈善义举和自治性慈善组织的建立和维续；“教养并重”观念有助于晚清工艺所的发展和清代慈善机构救济模式的转型；作为一种新的价值理念，“别勤惰”观念为慈善人士开展自治性福利事务提供了新价值取向和发展思路。

以上相关的社会背景和自治性福利观念推动了自治性福利制度的发展。本篇分别对清代的宗族福利制度、善会善堂制度、行业福利制度和民间的合会等自治性福利制度的社会背景和运行状况进行了介绍，并据此进行了评价。总体来说，清代的自治性福利制度秉持着“自治”的基本原则，是民间社会充分生长的反映，他们救济着同族、同业、同地区的急难人群，补充了官方福利的不足，为清代社会做出了相当的慈善贡献，并且，它符合中国传统社会“差序人伦”的人伦需求。这些都是清代自治性福利制度值得肯定和借鉴之处。但是，清代自治性福利也有其局限：依据血缘、地缘和业缘“差序供给”的民间自治性福利在救助对象的优先选择上，由亲至疏，并且有一定的排他性，与基层组织无关的人难受其惠；它们将道德功能发挥得淋漓尽致，在供给福利的同时始终没有停止保护封建伦理法纪，等等。

清代自治性福利的生发机理在于：良好的政治环境是清代自治性福利发展的前提；士人的行动是清代自治性福利发展的关键；符合差序人伦的“差序供给”方式是清代自治性福利发展的精魂。清代自治性福利的发展所蕴含的现代启示包括：第一，中国的自治性福利发展应给予自治性福利组织以良好的政策环境，减少政府对其的介入；重视行动主体的突出作用，以形成新时期慈善公益的行动主体；借鉴清代自治性福利的观念资源。第二，自治性福利应是我国现代社会保障制度的重要组成部分；我国的社会保障制度发展应警惕顶层设计思维；应尊重传统的自助、互助方式，让自治性福利自然而然地生长。

1　清代自治性福利涌现的社会背景

清代的自治性福利制度不是从天而降的，它的出现和发展都基于特殊的社会土壤、时代背景与思想渊源。通过梳理清代基层社会治理传统，研究发现士绅兴办自治性福利在清代已成为惯例，大量士绅积极兴办基层社会福利，这决定了基层福利的主要呈现形式为“自治”；通过考察清代统治者对民间兴办自治性福利的政策和态度，发现清代统治者利用劝善、惩恶等方式积极倡导民间兴办自治性福利，这为自治性福利的涌现提供了助力；同时，清代的自治性福利是建立在自治性福利组织的基础上，而形式多样的自治性福利组织的成立，都有其相应的具体社会背景。

1.1　士绅兴办自治性福利成为惯例

在清代的善会善堂、宗族、行会、会馆等自治性福利组织中，绅士阶层充当了领导的主体，他们主持、参与慈善机构和事业，在自治性福利事业中扮演重要角色。清代地方的公共工程的兴办、公共福利的增进俨然成为士绅们的分内职责，士绅兴办自治性福利成为清代的惯例。

1.1.1　“官绅合作”的清代基层社会治理背景

清代的基层福利属于基层社会公共治理的一部分，欲考察士绅兴办基层福利成为惯例这一现象的原因，必定绕不开清代基层社会的公共治理传统。清代基层社会的权力主要掌握在地方官员和绅士手中，官、绅双方之协作构成基层社会的常规治理形态。

1.1.1.1　“官绅合作”治理传统之形成

首先，清代的官僚机构设置决定了州县官难以独立完成对地方基层社会所有事务的治理。清代的正规官僚机构从中央开始，自上而下为“省－道－府”，往下只到地方县一级官员，县以下则不设治所和官吏，即“王权不下县”。在地方官僚体系中，州县官（知州、知县）是真正的行政之官，他们的上级官员（省－道－府的官员）都只是监督官，基层的司法、征税等一切行政事务均由州县官对上级负责，正如《清史稿》所言，“知县掌一县治理，决讼断辟，劝农赈贫，讨猾除奸，兴养立教。凡贡士、读法、养老、祀神，靡所不综”①。虽然清代的人口数量增长迅速②，地方的行政事务繁杂，但清代的官员编制却很少③，这造成了一州、一县之中唯一的行政官吏（州县官）通常要负责辖区内的数十万人口的繁琐事务管理，显然负担很重，难以面面俱到，因此州县官在对基层社会的治理上要依赖地方人士的帮助。④ 详见图2。

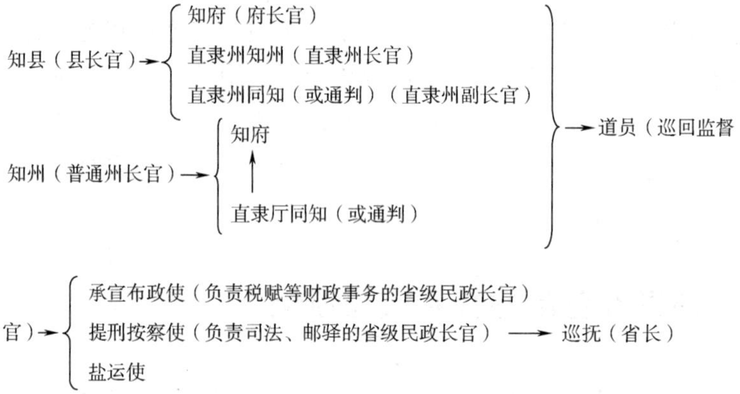

图2　清代各级地方政府及其官僚之间的行政从属关系⑤

其次，清代绅士的特殊地位决定了州县官愿意与之共治基层社会公共事务，同时，与地方绅士的合作能够提高州县官的工作效率，这些因素共同决定了清代“官绅合作”的基层社会治理的基本格局。

州县官之所以依赖地方上的绅士，而非其他阶层，一是因为清代士绅的特殊地位，“士为四民之首，绅为一邑之望”，虽然未被法律正式明确，但清

① 《清史稿》卷一〇六，第14页。

② 清代人口增速很快，康熙二十一年，人口约一亿三千万（葛剑雄教授推算），乾隆五十九年，人口已达三亿一千万人余（姜涛据《清实录》整理），道光十四年，人口已达四亿人余（姜涛据《清实录》整理）。资料来源：姜涛．清代人口统计制度与1741—1851年间的中国人口［J］．近代史研究，1990（5）：26－50.

③ 自康熙到光绪年间，清代县级行政单元数量在1 211～1 303个之间，州级行政单元数量也不到300个，也就是说，清代的基层州县官只有1 500个左右。

④ 这便是为学术界普遍接受的“官治能力受限论”，即由于明清时期州县政府正式官员太少，以很少的官员管辖广土众民，使得官僚机构不能有效地深入到基层社会实施统治，不得不依赖地方乡绅和宗族组织管治民众和办理地方事务，韦伯、黄宗智、张研和牛贯杰等皆持此观点。参见：曹正汉．集权的政治风险与纵向分权——从历史视角看当代中国社会管理体制改革［J］．南方经济，2013（2）.

⑤ 此图为作者根据瞿同祖《清代地方政府》的说明绘制而成，箭头指向表示受其监督管理。

代的士绅在事实上拥有非正式的权力。清代的士绅以官宦身份或仕宦资格的取得为前提，士绅阶层由两个群体组成：一是官员，包括现职、退休、罢黜官员，其中包括捐买官衔和官阶的；二是有功名（或学衔者）的人，包括文武进士、文武举人、贡生、监生、文武生员。① 官绅显然与权力系统联系紧密，学绅则有可能未来进入权力系统，并且一般说来，二者在地方均享有很大威望。瞿同祖先生对此总结说，士绅的权力源于传统的政治秩序（士绅和官吏都是官僚集团的实际成员或候补成员），当然，与地方政府所具有的正式权力相比，他们属于非正式的权力。②

二是因为，与地方士绅合作，一定程度上可以提高地方州县官的工作效率。清代的州县官任期相当短暂，与士绅合作，可以大大便利于地方政府对基层社会的治理。在清代，常有地方官感叹，“官之更替，不如绅之居处常亲。官有隔阂，不如绅士之见闻切近。”③ “地方公事，官不能离绅士而有为。”④ 所以美国学者费正清在谈到州县官地方治理时说，“地方长官只有在与当地绅士头面人物的密切合作下，才能做他的工作”⑤。

综上，清代基层社会的很多公共事务是由官绅合作共同治理的，从法律上，官员负有正式责任，从事实习惯上，“士绅是唯一能代表当地社群与官吏共商地方事务参与政治过程的集团”⑥，双方相互协作，这尤其体现在对基层社会的福利提供事务上。

1.1.1.2　“官绅合作”在公共福利上的体现

公共福利供给是基层社会公共事务治理的重要方面，而“官绅合作”的治理传统显然影响着公共福利的供给。

第一，地方政府（州县官）有限的人事能力和经济能力导致其在供给基层社会公共福利上存在局限，而地方士绅具有兴办自治性福利的经济能力和社会经验，因此，地方政府通常需要依靠士绅在基层福利事务上的参与。

一方面，在人事安排上，清代地方政府提供基层福利的能力有限。在清

① 瞿同祖．清代地方政府［M］．北京：法律出版社，2012：271.

② 瞿同祖．清代地方政府［M］．北京：法律出版社，2012：265. 原文另注：“正式”一词，正如拉斯维尔和卡普兰的认识，表达着“合法性和象征性的概念”。反之，非正式权力则缺乏授权与合法性。

③ 张仲礼．中国绅士研究［M］．上海：上海人民出版社，2008：42.

④ 张仲礼．中国绅士研究［M］．上海：上海人民出版社，2008：43.

⑤ 费正清．剑桥中国晚清史［M］．北京：中国社会科学出版社，1993：25.

⑥ 瞿同祖．清代地方政府［M］．北京：法律出版社，2012：266.

代，县级政府一般只设知县等二三名正式官员，而一县人口少则十数万，多则上百万，他们要处理包括诉讼、农桑等纷繁复杂的事务，仅在基层社会的公共福利方面，依据清律例，州县官要负责按照当地规定的名额收留照顾孤寡老人、残疾人和穷人，设立社学和义学，监督社仓和义仓等等，除此之外，还要开展养济院、育婴堂等诸多事业的建设和运营。但是，这些事务的直接负责人——州县官不可能对上述每件事情都亲力亲为，因此，地方政府若仅仅依靠州县官，提供基层福利的人事能力有限。

另一方面，在财政能力上，清代地方政府提供基层福利的能力有限。在税制体制上，清代政府恪守量入为出的原则，国家每年的财政支出都有相对固定的额度，并由《会典》《则例》等予以规定，财政支出范围和额度不得轻易突破，甚至没有为中央和地方各项行政事务的经常性开支提供充足的财力保证。① 这种税制体制决定了中央财政和地方财政投入基层福利的经济能力相当有限：中央政府的财力并不充裕，而州县衙门甚至没有法定的财政收入。据《清代地方政府》中所载，清代的中央政府完全控制着地方政府的财政事务，地方政府的预算、支出，包括薪水和办公经费，都由户部规定，地方政府并没有自己的岁入，州县官们必须用他自己的收入（薪俸）来支付行政办公费用和个人开销。② 州县官的收入又十分微薄，在顺治、康熙时代，知州每年薪俸是80两银子，知县在首府者年俸60两，在外地者年俸45两。从雍正时代开始，州县官还能得到一份实质性的津贴（养廉银）。各省有别，知州的养廉银从500两到2 000两不等，知县的养廉银从400两到2 259两不等。而清代州县官需要用这些薪水支付其岗职所需的全部费用，周镐曾指出，一个州县官的全部薪水几乎不够给幕友付酬。③ 捉襟见肘的财政能力导致清代中央政府组织的官方保障有很大的不足，在农村主要以备荒仓储④和赈灾救济为主，在城市主要以养济院、栖流所等官办慈善机构救济为主，官方难以顾及基层民众的福利需求，地方州县官更是由于用于公共工程和公共福利的政府基金有限，难以自行开展地方公共福利建设，这些都间接为民间福利的生发留下了广阔空间。

---

① 何平．清代不完全财政制度下的赋税负担与税收失控［J］．税务研究，2000（2）：79.

② 瞿同祖．清代地方政府［M］．北京：法律出版社，2012.

③ 《户部则例》卷七三。

④ 《清朝通志》卷八八《食货略八》中记载，清代已形成“省会以至州郡俱建常平仓，乡村则建社仓，市镇则建义仓，而近边有营仓之制，所以预为之备者，无处不周矣”的局面.

第二，地方士绅通常有能力亦有意愿兴办基层社会公共福利。大部分士绅具有一定的财富、地产，有经济能力为地方公共建设慷慨出资，也有经验和精力参与公共福利机构的管理，所以，在福利建设上，地方政府通常依靠士绅的参与和支持。有州县官总结："地方利弊，生民休戚，非咨访绅士不能周知……况邑有兴建，非公正绅士不能筹办；如修治城垣、学宫及各祠庙，建育婴堂，修治街道，俱赖绅士倡劝，始终经理。"① 况且，许多官员认为，由士绅监造或主管公共工程和公共福利事业，其效率比书吏管理高得多，而其成本却要比书吏管理还要低。② 如江苏巡抚丁日昌指示其下属官员，应将普济堂和育婴堂交给诚实的绅士去管理，书吏和衙役不得介入。他曾说："弟里居时，每见孤贫、育婴、恤嫠之善举，由绅董经理者，虽不能滴滴归源，尚有七八成可归实济。由书差经管者，则账房分十之二三，杂务门上分十之二三，书差又复侵渔十之三四，穷民所占实惠，不过一二而已。"③

作为与地方政府共同管理当地事务的地方精英，常有士绅对地方福利十分热心，积极兴办自治性福利事业，这其中，或许有些是出于同情弱者的恻隐之心，有些是出于修齐治平、自我实现的人生追求，有些是出于想提升自己在基层社会的威望，甚至是藉此获取政治身份和地位的一点私心。但更根源的原因在于，受宋明以来士文化的熏陶浸染，士绅一直被视作知识上的榜样和道德上的楷模，是品格高尚的象征，他们在普通百姓社群圈子中赢得了尊敬和追从，老百姓对他们也持有一种期待，因而渐渐产生出一种身份认同（荣誉感），也就有意愿也有动员能力扩展当地的自治性福利，他们在组织募捐、灾荒救济、增进地方福利中都扮演着积极角色。

综上，在清代"官绅合作"的基层社会治理秩序之下，在基层社会福利提供上，亦采取官绅合作的方式，大量的地方士绅积极兴办民间福利，同时地方政府和中央政府都对此予以承认和提倡。

1.1.2　士绅积极兴办民间福利的表现

清代的士绅广泛出任宗族族长，组织建立善会善堂，并担任善会善堂的

① 《牧令书》卷七，第4页。

② 瞿同祖．清代地方政府［M］．北京：法律出版社，2012：291. 原书另注，《病榻梦痕录》下、《牧书令》卷七中均有类似论述。

③ 丁日昌：《抚吴公牍》卷一八。

管理者，是参与地方基层福利事务的主体。地方志中介绍士绅发起和建立慈善组织的事例俯拾即是。张仲礼先生选取了嘉庆、道光、咸丰、同治时期各省的部分可靠史料，考察了5 473个绅士[①]实例，研究他们的社会活动参与情况，这些绅士的各项社会活动参与情况见表5。

表5显示，在清代绅士参与的各项社会活动中，私人设善堂从事施舍、赈济活动的绅士人数占到了绅士总人数的20%，他们是自治性福利事业的实践者；为慈善组织筹款或代管财产的绅士人数占到了绅士总人数的7%，为公共工程筹款并主持其事的占到了绅士总人数的9%，他们是自治性福利事业的组织者、主持者；兴办学校等从事维护儒学道统的绅士人数占到了绅士总人数的13%，他们也参与了自治性福利事业。可见，致力于地方福利事务的绅士占这些绅士总人数的比例至少是40%以上。

表5　绅士的各项社会活动参与

绅士类别		为慈善组织筹款或代管财产	私人设善堂施舍、赈济	为公共工程筹款并主持其事*	维护儒学道统**	领导团练		充当官府与民众的中介	为官府筹款（捐输、报效）	调停或仲裁地方纠纷	对社会活动不积极者	总计	重复计算消除	研究的实例数
						组织	指挥							
上层绅士	人数	238	521	280	470	680	176	172	118	96	1 364	4 115	836	3 279
	百分比	8%	16%	9%	15%	20%	5%	5%	4%	3%	41%	126%	26%	100%
下层绅士	人数	133	525	216	246	303	670	59	64	99	402	2 717	523	2 194
	百分比	6%	24%	10%	11%	13%	30%	3%	3%	5%	19%	124%	24%	100%
合计	人数	371	1 046	496	716	983	846	231	182	195	1 766	6 832	1 359	5 473
	百分比	7%	20%	9%	13%	18%	15%	4%	3%	4%	32%	125%	25%	100%

注释：* 包括修筑闸、坝、桥梁、道路、水利、城墙、堡寨等。

** 包括兴办、修缮学校、祠庙等，刊行书籍，以及维持和弘扬名教。

资料来源：张仲礼．中国绅士研究［M］．上海：上海人民出版社，2008：182. 作者对活动参与的顺序略作改动。

① 为行文统一，本书主要采用士绅提法。但此处为尊重引文故使用绅士。——编者按

可见，清代基层社会的治理背景是“官绅合作”的，自治性福利的提供也受到这一治理传统的影响。清代的自治性福利主要是供求关系作用的结果。需求主要来源于政府和社会，一方面，清代基层社会本身有其对公共福利的诉求，另一方面，清代政府在基层公共福利的供给上存在着人事和经济上的局限，也在催生其对民间福利自治的需求，因而清代政府对此积极提倡。供给主要来源于清代士绅，他们既有精力和经济能力兴办基层自治性福利，又有意愿投身于基层公共福利事业。于是，清代地方政府有限的人事能力和财政能力在应对地方基层社会福利需求上面的不足，与士绅们出于身份认同的原因兴办自治性福利的意愿，共同促成了清代士绅积极兴办民间自治性福利的局面。大量士绅参与、主持、组织、实践着自治性福利，为清代自治性福利事业作出很大的贡献。

1.2　清代政府积极提倡民间兴办自治性福利

清代的王权是专制的，统治者的政治态度通常决定着政府的社会治理倾向，而这将影响到清代民间社会自发形成的组织的发展。清代政府（抑或说统治阶级）对民间兴办自治性福利是积极提倡的，这为民间自治性福利组织的发展提供了很好的政治环境。

1.2.1　清代政府提倡民间兴办自治性福利的原因

清代政府提倡民间兴办福利，其主要原因在于这符合清代统治者的治国需求。第一，民间自治性福利减轻了清代政府的福利支出负担；第二，民间自治性福利可以填补清代政府福利的欠缺，造福于民；第三，民间自治性福利有利于清代社会的稳定；第四，自治性福利组织所倡导的价值目标多是忠、孝、节、义等儒家伦理标准，亦同清代统治者教化人心的目标相一致。这些都使得自治性福利受到了清代统治者的欢迎。

1.2.2　清代政府提倡民间兴办自治性福利的表现

清代政府倡导民间自治性福利的方式多样，主要见之于劝善、惩恶的褒贬制度。一方面，统治者积极鼓励、支持民间自治性福利的兴办；另一方面，对于妨害、破坏自治性福利的行为施以严格惩戒。

1）劝善

（1）旌表个人行为。为提倡民间乐善好施、舍财纾难等高尚行为，朝廷会给予在捐款救灾中贡献大的人一定的官品、职衔或匾额等进行鼓励①，会对捐资兴办义庄的人们予以褒扬。清代对宗族行义之人，颁赐皇帝亲书的“乐善好施”匾，个别官员因此还得到拔擢。例如候选员外郎陶卫捐田1 000亩，与族人合力建成陶氏义庄，朝廷立即奖励他，成为现职的员外郎。②

（2）旌表自治性福利组织。统治者对自治性福利组织的嘉奖看似简单，实则具有一定的政治含义，流露出他们对自治性福利组织形式的许可、肯定，甚至鼓励。如为表彰北京广宁门外普济堂的社会贡献，康熙皇帝特地为其题写了“膏泽回春”的匾额和御制碑文。康熙皇帝还曾于南巡时赐苏州育婴堂“广慈保赤”的匾额，以示嘉奖。范氏义庄可谓历代义庄中的楷模，乾隆帝初次南巡到苏州时，即为范氏义庄和范仲淹祠堂赐名“高义”，并亲书匾额，赏赐范氏后裔以貂币，荣耀范氏义庄的同时也为广大宗族福利组织树立了很好的示范，充分肯定了义庄这一民间福利组织形式。

（3）给予自治性福利组织税收优惠。清代民间自治性福利组织无需纳税，即使对于宗族组织，政府也对其给予税收优惠政策。为倡导宗产互助，鼓励民间大办义庄，清政府明文规定：“义田如逢歉收，一概停捐，义田应完钱粮，州县官垫捐”，给义庄以减免租税等优待。③

（4）政府积极宣导成立自治性福利组织。清代历任统治者对义庄、善会善堂等民间福利组织的建立不吝给予肯定、支持和倡导，其中最有名的莫过于雍正帝。首先，他鼓励宗族“立家庙以荐蒸尝，设家塾以课子弟，置义庄以赡贫乏，修族谱以联疏远”，积极推广宗族福利；其次，他推动了育婴堂等善会善堂的普及，雍正二年，雍正帝颁布谕令：“闻广渠门内，有育婴堂一区，凡孩稚之不能养者，收留于此，数十年来，成立者颇众，夫养少存孤，载于月令，与扶衰恤老，同一善举，为世俗之所难，朕心嘉悦，特颁匾额，

① 根据《清会典事例》记载：“顺治十年，覆准士民捐助赈米五十石或银百两者，地方官给匾旌奖，捐米百石或银二百两者，给九品顶戴，捐多者再加品级。十一年题准，现任官并乡绅捐银千两，米千石以上者，加二级；银五百两，米五百石以上者，纪录二次，银百两，米百石以上者，纪录一次。”康熙时，又颁布上谕：“富民捐银三百两者，或米六百石给九品顶戴，捐银四百两，或米八百石，准给八品顶戴。”康熙之后，历朝皇帝也都贯彻这一政策以补官方救济之不逮。

② 冯尔康．中国古代的宗族和祠堂［M］．北京：商务印书馆，2013：166.

③ 费成康．中国的家法族规［M］．上海：上海社会科学院出版社，2003：80.

并赐白金尔等，其宣示朕怀，（并倡率资助）使之益加鼓励，再行文各省督抚，转饬有司，劝募好善之人，于通都大邑人烟稠集之处，（若可以）照京师例推而行之，其于救弱恤孤之道，似有裨益，而凡人怵惕恻隐之心，亦可感发而兴起。”[①] 最后，他希望民间兴办的福利不要受到胥吏、土豪等的干涉。雍正帝曾下令，“如倡立义田、义仓、义学、义冢，许具呈本州县，详报上司立案，仍听本人亲自经营，胥吏土豪不得干涉，希图渔利，该督抚体公核实，大者题请，小者著量行旌奖”[②]。当然，其他皇帝的此种宣导行为也不胜枚举，同治帝就屡次颁发诏谕，“责令各州县劝谕绅富广设育婴处所，妥为收养”[③]。

2）惩恶

在宣导民间福利的同时，清代政府严格惩戒破坏自治性福利组织的行为。为保护宗族公产的稳定性，清政府制定出严格的政策，对盗卖、诈夺公产的家族不肖子孙施以严惩。对于民间兴办的义庄，凡在政府备案的，官府就会发给执帖，帖上写明：倘若有奸诈之徒捏造文书诈夺义庄田地，或本家族不肖子孙盗卖义庄田业，准许义庄管理人拿着执帖告发，一定依法严惩。其具体办法是：凡卖15亩以上，依照盗卖祖坟山地法，卖者判处充军，被盗卖的田产发还义庄，田价没收入官。而政府对盗卖祖遗祀产50亩以上才发问充军，可知清政府对义庄及其产业的高度重视和支持。而且，清政府对重罪犯历来有“籍没”（即没收所有财产）的政策，但这项政策中把祭产和其他宗族公产排除在外。[④]

除了有意识地通过劝善和惩恶手段鼓励民间兴办自治性福利，清代政府为了打消绅民善款可能被胥吏贪污的顾虑，避免影响绅民开展救灾的积极性，往往会授意民间社会自行开展救济活动，由当时素有威望的士绅来董理赈务，不假胥吏之手。[⑤]

综上，清代政府出于自己的治国需求，对民间兴办自治性福利积极提倡，不仅以旌表、税收优惠、颁布上谕进行宣导等形式直接劝善，而且对一些破

---

① 《世宗宪皇帝实录》第一册，19页。

② 《清高宗实录》卷五，雍正十三年十月乙酉。

③ ［清］刘锦藻：皇朝续文献通考，卷八三“国用考二十一·赈恤”。

④ 冯尔康．中国古代的宗族和祠堂［M］．北京：商务印书馆，2013：176.

⑤ 余新忠．遗失的传统：明清时期的民间社会救济［N］．21世纪经济报道，2008－06－02（041）．

坏自治性福利的行为严格惩戒。这些举措无不体现着清政府社会治理的施政导向，为清代自治性福利的发展提供了助力。

1.3 本章小结

在清代，士绅兴办基层社会福利已成为惯例，大量士绅积极兴办基层社会福利，这决定了基层福利的主要呈现形式为“自治”。这是清代自治性福利涌现的主要原因。同时，清代政府和历任统治者积极提倡民间兴办自治性福利，并时常采取劝善、惩恶等手段对此加以鼓励，为自治性福利的发展提供了一个有利的政治环境。这是清代自治性福利稳定发展的保证。另外，特定的历史情景和社会基础加速了自治性福利组织的成立。这是自治性福利发展的直接原因。

另外，清代的自治性福利建立在自治性组织的基础上，而形式多样的自治性福利组织的成立，都有其相应的社会基础。宗族的大量建立与清代士人欲重新整顿社会秩序而复兴宗法宗族制有关；善会善堂的建立对应着当时当地特定的社会问题和人们不同的福利需求：如育婴堂的大量建立与清代社会上溺婴之风气息息相关，恤嫠会、清节堂的广泛建立与清代对节妇的期待和肯定有所关联，栖流所面向社会上无助的流民，等等；行会和会馆、公所的普遍建立与清代商品经济的发展、手工业的繁荣、商人的迁移流动等联系密切。

2　清代自治性福利观念

“观念的变化和人类意志的力量使世界形成现在的状况”①，清代自治性福利制度的发展伴随着其思想脉络的演进，本章将重点考察推动清代自治性福利发展的观念资源，包括传统福利观念，“教养并重”观念和“别勤惰”观念。这些思想观念深深地影响着主持、兴办、参与民间福利的慈善人士，具体而言，传统福利观念推动了民间慈善义举和自治性慈善组织的建立和维续；受“教养并重”观念的深刻影响，晚清出现了大量的工艺所，自治性福利的实施呈现出了“教养并重”的时代特征；作为一种新的价值理念，“别勤惰”观念为慈善人士开展自治性福利事务提供了新的思路。

2.1　传统福利观念

中国传统福利观念的重要渊源就是儒家和道教、佛教的慈善观。毋庸置疑，自古以来众多慈善人士的慈善行为，都是受到了儒、道、佛思想的感染。本节将以传统儒家思想为重点，阐述其对自治性福利制度的影响。

2.1.1　传统儒家思想对清代自治性福利制度的影响

2.1.1.1　儒家思想对清代自治性福利的影响

第一，传统儒家思想有利于清代慈善事业的发展。终清一代，各种形式的慈善事业盛极一时，这与清代士人饱受以“仁”为核心的儒家思想的熏陶，从而对慈善事业多有贡献密不可分。

第二，儒家思想在明清的发展有利于清代宗族保障的发展。传统儒家思想倡导“修身、齐家、治国、平天下”，具体到清代，儒家思想呈现出新的面貌和基调，很多明清士人注重民间社会组织的兴办以移风易俗。明儒陈龙正曾说，“上士贞其身，移风易俗；中士自固焉尔矣；下士每遇风俗，则身为之移”，意思是儒家君子应成为道德榜样以移风易俗，自会有人被他们影响。可见，明清士人们重视通过自下而上地建立族制、乡约等民间组织移风易俗，

① 弗里德里希·冯·哈耶克. 通往奴役之路［M］. 北京：中国社会科学出版社，1997.

教化万民，以此为己任。又经张履祥、魏源等名儒的实践标榜，清代社会重视“敬宗收族”的风气和习俗得以形成，这些都有利于清代的宗族保障的发展。

2.1.1.2　传统儒家思想对清代自治性福利的影响途径

儒家思想毕竟是一种社会意识形态，对清代自治性福利的生发产生的影响是间接的，影响的媒介主要是规定经济互助的宗族族规和承载道德理想的儒生。同时，清代儒家帝国统治者的教化也为此起到了推波助澜的作用。

1）“礼”入族规规范宗族保障

随着清代宗族的民间化，为调节家事、族事，很多家庭宗族先后订立家法族规，清代的家法族规于历史上最为兴盛。[①] 一般说来，用以治理家族的家法族规通常是由一位或数位族中尊长订立，这些尊长多为德行出众，深受儒家传统纲常伦理思想影响的儒生，家法族规制订的主要参照准则是国法、礼俗、教化。[②] 因此，大量的族规内容“道之以德、齐之以礼”[③]，宣扬忠、孝、节、义，尤其劝诫族人遵守儒家仁孝的要求，并以奖惩施以引导。

“孝悌也者，其为仁之本与”[④]，一方面，几乎每一家族都将孝悌等内容写入家法族规，作为对族人的基本要求，这在无形中为失去劳动能力的老年人和需要帮助的幼儿提供了一定的家庭保障，尽可能减少依赖宗族救助生活的人数。上犹钟氏族谱中就将“孝”写进族谱，“父子之亲，天性也。……若有忤逆不肖，或以家贫而懈供养，或以亲老而生憎嫌，或因妻子之爱而疏定省，或因财货之私而忘本原，甚敢有于父母之前显然干犯者，若斯之类，万剐犹轻。房族长即当鸣之于官，颁法重究”[⑤]，用族法来监督族人对家中老人的应尽职责。另一方面，儒家传统的仁爱观念和“鳏寡孤独废疾者皆有所养”的社会理想等，构成宗族患难相恤思想的渊源之一，在族规中体现为“敦族谊”“和宗族”等，以此逐渐形成了常规化、制度化的宗族保障体制。

2）儒生行动实践慈善事业

儒家培养有道德理想和家国抱负的士君子，儒生们以修身、齐家、治国、

---

① 费成康．中国的家法族规［M］．上海：上海社会科学院出版社，2003：20.

② 费成康．中国的家法族规［M］．上海：上海社会科学院出版社，2003：28.

③ 《论语·为政》。

④ 《论语·学而》。

⑤ 《上犹营前钟氏四修族谱（光绪三十年）》，转引自：肖唐镖．农村宗族和地方治理报告——跨学科的研究和对话［M］．北京：学林出版社，2010：72.

平天下等儒家思想为自身积极入世的行动指南，有着“君子喻于义”的道德自觉和“达则兼济天下”的担当意识。这里的儒生，特指恪守儒家道德礼法、具备儒家道德理想、以儒家道德主张约束自身行为的儒生，也包括内心以儒为师、认同尊重儒家理念的普通良善大众，绝非泛指接受了规范儒家教育的儒生，因为严格说来，一旦背弃了儒家理念也就称不上儒生了。儒生们深知，为了实现儒家的政治理想，建立一个“鳏寡孤独废疾者皆有所养”的社会，不仅需要统治者的德政，而且也需要民间社会“饥寒相恤，死病相救”“疾病相扶持”。因此，儒生是将儒家仁爱思想与慈善助人行为沟通起来的重要媒介。一旦社会需要，有为的儒家知识分子自发承担慈善：行有余力的官绅、德高望重的乡绅、晚清实业救国的儒商，乃至受到儒家思想浸染和熏陶的普通民众，都会尽一己之力，帮助同族、同乡，甚至素不相识的陌生人。

依据在慈善实践中扮演的不同具体角色，儒生的实践形式主要有三种：第一种是积极倡导者，代表人物是余治，早年接受儒家教育但屡试不中，转而从事慈善事业，“诸生以劝善为己任，每谒当道及诸富室，画恤灾保婴之事……”①，晚年留下了汇集民间善举章程的善书《得一录》，为清代民间慈善作出了杰出贡献。第二种形式是充当组织者、发起者，代表人物是晚清绅商经元善，经元善是位深受儒家思想影响的商人，志于君子之道，“终身立志行事，愿学圣贤，不敢背儒门宗旨”②，多次组织社会力量进行义赈等公益活动，被公认为晚清最有影响力的慈善家之一。第三种形式是作为脚踏实地的实践者，饱经儒家思想浸润的官绅陶澍是实践慈善者中的楷模，陶澍有着经世致用的济民情怀，不仅在官任上兢兢业业，而且开展了许多慈善活动，利用自身社会动员能力积极设立育婴堂、善堂、丰备义仓等，带头参与捐银赈灾等行动。当然，很多儒生更是同时以数种身份出现，做着纷繁复杂的工作。这些实践着的儒生是儒家仁爱思想影响清代自治性福利的最好道德诠释。

3）孝治天下的统治者倡导民间福利

清代统治者不吝颁发圣谕，弘扬自治性福利。除了《圣谕广训》等鼓励宗族提供宗族福利，乾隆六年，“谕各省府州县……倘地方有乐善好施者，听其捐助，共成善举……务令穷民均沾实惠”。在内容上，这些指导民众行为的

---

① 光绪《无锡金匮县志》卷二五。

② 虞和平．经元善集［M］．上海：华东师范大学出版社，2011：13.

圣谕与儒家传统伦理思想相一致，十分重视宣扬忠、孝、仁、义等思想；在形式上，这种教化民心、道德劝说的方式符合儒家的以德治国理念，正如法国历史学家谢和耐说，“如果说存在道德正统与政治制度明显结合的‘儒家帝国’，那么清帝国便是例子”①。

综上，儒家仁爱思想对自治性福利的具体影响主要有：通过将仁孝、睦族思想写进家法族规，一家之内约束家人行为，一族之内为族人提供经济互助，形成有效的宗族保障；通过儒家士君子的养成，士绅群体积极承担社会责任实践慈善义举，提供社会慈善；通过孝治天下的清代统治者的倡导，深化了儒家思想对自治性福利的影响。

2.1.2 佛教、道教等思想有助于善会善堂和慈善事业的发展

绵延数千年的佛教和道教的慈悲文化也构成了很多人慈善义举的动力。例如，晚清慈善家经元善就深受佛教思想的影响。经元善的慈善行为既受到佛教观念的影响，同时借慈善行为宣扬佛教观念。他 38 岁时创办义赈，在佛前祈祷，结果一直无子的他连生四子，奇迹般的经历使他对佛家因果报应之说笃信不疑，认为“良心发现、日日向上，自能透出泥丸宫而升天堂；日日向下，即从谷道泻出而落地狱”②，写成《魏君积德延龄记》等多篇文章，不断向人们灌输及时行善、以求好报思想，并以佛教思想宣传义赈。此外，很多佛教人士身体力行，参与到善会善堂的建设中，如北京普济堂的前身是康熙三十六年寂容和尚开设的修路慈悲院，收容外地来京民工，突破了救济的地域限制。

2.2 重“教”“养”观念

晚清处于古今之变的交接点，在风雨飘摇的境况下，国人开始从器物到制度上学习西方，这其中也包括对中国传统救助方式的反思。传统的救济观受到儒家和佛教的影响，慈善的目标是收养贫苦人们，以实现“鳏寡孤独废疾者皆有所养”，重养轻教是传统救济方式的突出特点。通过对西方慈善理念

---

① 谢和耐．中国社会史［M］．南京：江苏人民出版社，2012：398.

② 虞和平．经元善集［M］．上海：华东师范大学出版社，2011：4.

的学习，逐渐形成了“教养并重”、重视授人以渔的新慈善观。

2.2.1　“教养并重”观念

教养并重意指在善举的实施过程中，既重视收养贫窭之人，又重视授人以渔，教其技艺，以谋日后自力更生。

许象枢的《泰西善举中国能否仿行》[①] 充分论述了中国宜学习西方“教工艺”的做法：“欧洲之于中国，路隔十万里，风俗不同，形貌不同，言语不同，文字不同，而不忍之心爱人之情则无不同。……其国有育婴、施医、禁酒、恤孤等会，皆以辅大造之生成，弥斯民之缺憾。外此又有恤贫院，凡街市乞丐、无业游民收入院中，教以浅近手艺，至艺成足以自养而后令去，不徒养之，而又教之。盖养之者饱暖一时，教之者饱暖终生矣。……中国各省所设普济院、改过局、新自局、栖流公所，皆所以收养贫民，则势亦有所不必不知各省之堂之局之公所有养而无教。以中国乞丐之众、游民之多，而欲以区区之地养以终身，无惑乎其力之不足也。”其原因之一在于，“养”只能救济一时，“教”则可以救济一世，方为长远之计；原因之二在于，如果只养不教，中国的资财将难以负担，教养并重，中国则可以“惠而不费”，以较少的投入得到相对更多的回报。

同时，他提出按照资质的不同教以不同的技艺，实现人尽其用，这是很人性化的措施，保证有天资才能的被救济者不至于埋没才华。“质之敏者宜教以写字珠算、估看银洋及中国市面各货之出处、各货之善恶、各货之销路，学成则可荐入商家为之司事。力之强者宜教以木工石工营造制器之法及农家之植稻，业成亦可出为人佣。如质愚力弱即教以缝补作帽诸细事，亦足以糊口。”

除此之外，晚清陈翼为的《恤贫为善举第一论》、冯桂芬的《收贫民议》、郑观应的《善举》等多篇文章中均有大篇幅主张学习西方国家设立善堂教养贫民方法的论述，多次提到“教以浅近技艺”“教习工商”“教之纺织”“教之耕田治圃及凡技艺”等，如此便可使其自食其力，使境无游民、无饥民，国家减少失业、减少盗贼，增加赋税、长治久安，一举而数善备矣。

---

① 皇朝经世文三编，卷三十五，陈忠倚辑，文海出版社有限公司印行，1972 年。

2.2.2　“教养并重”观念有助于晚清工艺所的发展[①]

早在清代早期，曾有过善堂“教习技艺之方”的实践，但直到晚清，受到西方“教养并重”慈善理念的启发，教、养并重的慈善组织才日渐多起来。以上海县为例，据《上海县续志》（卷二）记载，早在光绪三十一年，上海士绅即创设教贫民工艺的勤生院，三十二年创设孤儿院，从中分立小学堂和工艺所，三十三年又建贫儿院，照两等小学章程分班教授，并传授各种技艺。清光绪三十三年，清政府民政部奏请各省督抚严饬地方官会同士绅，查明善会善堂的一应情况，“并令责成地方官绅以育婴堂附设蒙养学堂，养济院、栖流所、清节堂附设工艺厂”[②]。兴养立教，将教养并重的救济方式推向全国。自此以后，“教养并重”的慈善组织在全国普遍设立。

当时的慈善实践家们也看到了“教”的必要性，如经元善后期认为“养与教同为仁政”，救急不如救贫，“课工教艺”方能惠泽广远，“工艺院教成一艺，则一身一家永可温饱，且可以技术教人，功德尤无限量……此举不但恤贫，且可保富；不但可变通赈济，亦可变通一切善堂”[③]。杨茂才则以《善举》《论泰西善堂及英国赈济人数》等著述积极传播“教养并重”理念。[④]

综上，晚清慈善人士受到西方“教养并重”的慈善理念的启发，推动了一批教授民众技艺的工艺所的成立。

2.3　“别勤惰”观念

2.3.1　“别勤惰”观念

晚清中国面临“三千年未有之大变局”，国人也在思索以往善举的可能弊端，并学习西方善举的理念，从而产生了行善举应“别勤惰”的观念。别勤惰观念指在福利供给过程中，对勤勉、怠惰之人士应加以区分对待，帮助勤

---

① 本节参考了王卫平老师《中国传统慈善事业的近代转型》的部分内容。

② 《皇朝续文献通考》卷八三《国用考二十一・赈恤・恤茕独》。

③ 虞和平．经元善集［M］．上海：华东师范大学出版社，2011.

④ 《皇朝经世文三编》，卷三五，陈忠倚辑，文海出版社有限公司印行，1972 年。

勉之人，万不可鼓励懒惰。

1）族田义庄救济中应别勤惰

桐城派散文家方苞基于对常识的认知而表达了对宗族救济的看法，他在给家人的书信中提到了范氏义庄普济的弊端，他说："吴郡范氏义庄计口授粮，俾（使得）愚者怠于作业，非义也。"一针见血地指出了使得懒惰者怠于作业的普济行为是不义的，他同时劝诫自己的家人，"五材百物民皆用之，必各有职业，交能易作，然后其享之也安。无故而坐收其利天所祸也"。如果不劳而获必将得到上天的惩罚，因此，他认为宗族救济应针对生活极度贫困之人，由于自身的怠惰而陷入贫窭的人甚至不应得到家族社仓的贷粮。"祭田、营宅、兆供、岁祀，有余量给不能丧葬者，有余以振矜寡孤独废疾不能自存者，有余以助贫不能受学者。有余春粜而秋籴之，累其资以广祭田。其怠于作业而贫窭者不得告贷。"[①] 苏州府的王鎏在《义田记》中也谈到，关于赈济，应"厚其有志务本业者，而游惰者不与"[②]。

2）善会善堂福利供给中应别勤惰

晚清慈善实践者杨茂才基于对西方的学习而表达了对善会善堂的忧虑和畅想，他在《论泰西善堂及英国赈济人数》[③] 中总结了西方善堂的特点，并指出别勤惰是应从西方吸取的理念和方法，其文如下："西国善堂法良意美，而其规制不外乎教工艺、严部勒、洁居室、别勤惰而已……曷言乎别勤惰也，男女做工皆有定时，晨起后若何、早餐后若何、晚餐后若何，有条不紊勤者奖惰者惩。有用纸牌者尤为美善法，于公事房悬一牌，初至者书名号用十色，纸刷印分别等第插于牌上，视其勤惰逐渐推移，月使本人进内观名次，俾知奋勉，初至时怠惰者为黑纸，是乃最下换至白纸，其人已勤而有功，倘再加劝勉即奖以物、荐以事，人心感化莫不勤奋有为也。"他认为，按勤劳程度对善堂中被救济者加以区分，再对其劝勉奖励，将能鼓励人们勤奋向上而使得人心感化。

① 《方望溪先生全集》卷一七。

② 李文治，江太新．中国宗法宗族制与族田义庄［M］．北京：社会科学文献出版社，2000：215.

③ 皇朝经世文三编，卷三五，陈忠倚辑，文海出版社有限公司印行，1972 年。

2.3.2 “别勤惰”观念对自治性福利的影响

清代的很多宗族在赡济族人的过程中也贯彻着别勤惰的理念，并将其写进家法族规里。如浙江海宁曲氏义庄在赡族章程中规定，“若年力可自给而不事生产者不得与”。江苏洞庭席氏的《义庄规条》规定，“本有恒产因游惰破家者……不得享受义庄赡济”。

晚清慈善家开始重视教工艺，一定程度上也是因为向所有需要的贫穷人士张开大门的善会善堂组织，未来会沦为懒惰者的庇护所。他们并不希望如此，这也体现了别勤惰观念的影响。

当然，在清代，别勤惰的观念虽为少数人士意识到，但这种思想并未广为流传，所以它对实践中的自治性福利制度的影响比较有限。

2.4 本章小结

清代的自治性福利观念主要有二，一方面是沿袭自传统儒家、佛教和道教中的慈善思想；另一方面，在时代风云变幻的裹挟之下，清代萌发了“教养并重”和“别勤惰”的慈善观念。它们都影响着清代自治性福利的发展。

慈善人士孜孜不倦的行动始终是清代自治性福利不断涌现的关键。自古以来，中国传统的儒家思想和佛教、道教等宗教中的慈悲观念和行善思想是支撑众多慈善人士实践义举的思想动力。因此，传统福利观念推动了清代自治性福利的建立和维续。儒家思想有助于清代宗族福利和慈善事业的发展，佛教、道教等思想有助于善会善堂和慈善事业的发展。

“教养并重”和“别勤惰”观念产生自“向西方学习”的时代洪流中，面对西方善堂的先进之处，当时的部分国人反省清代慈善事务中存在的弊端，从而萌发了新的慈善理念。“教养并重”观念有助于晚清工艺所的发展和清代慈善机构救济模式的转型，“别勤惰”观念能够提高民间福利机构运营效率，也体现了清代自治性福利机构的发展方向和价值取向。

3　清代自治性福利制度

本章从社会背景、制度内容、对制度的评价等方面具体介绍并评价清代的自治性福利制度，包括依托血缘的宗族福利制度、依托地缘的善会善堂制度、依托业缘的行会慈善制度，同乡的同业组织——会馆、公所的互助制度，以及合会制度。

3.1　清代宗族福利制度

宗族福利是以宗族为单位，由宗族承担对族人的福利供给的制度。清代的宗族福利十分普遍，宗族保障是清代民间福利的主要形式之一。

3.1.1　清代宗族福利普遍的社会背景

宗族福利来源于宗族，故清代宗族的平民化发展是宗族福利普遍的前提；敬宗收族的宗族传统是清代宗族以福利供给为己任的动力，是宗族福利普遍的保障；清代统治者对宗族收族行为的积极提倡以及对宗族福利的保护行为，进一步调动了宗族进行福利供给的积极性，是清代宗族福利普遍的外在助力。

到了清代，宗族制度进一步民众化、普遍化①，因此清代的宗族遍及民间。魏源曾一语形容出清代宗族的普遍和作用："天下直省郡国各得是数百族，落落参错县邑间，朝廷复以大宗法联之，俾自教养守卫，则鳏寡孤独废疾者皆有所养，水旱凶荒有恃。"②

清代皇帝为"化民成俗、尚德缓刑"，纷纷颁布圣谕。康熙九年，康熙帝颁布《上谕十六条》③，内容涉及"敦孝弟以重人伦；笃宗族以昭雍睦"，开始提倡睦族思想。雍正二年，雍正帝将对《上谕十六条》逐条解释所成的洋

---

① 冯尔康．中国宗族史［M］．上海：上海人民出版社，2009.

② 魏源．魏源集：下册［M］．北京：中华书局，2009：503.

③ 全文内容为：敦孝弟以重人伦；笃宗族以昭雍睦；和乡党以息争讼；重农桑以足衣食；尚节俭以惜财用；隆学校以端士习；黜异端以崇正学；讲法律以儆愚顽；明礼让以厚民俗；务本业以定民志；训子弟以禁非为；息诬告以全善良；诫匿逃以免株连；完钱粮以省催科；联保甲以弭盗贼；解仇忿以重身命。

洋万言的《圣谕广训》颁发，其中有“设家庙以荐烝赏，设家族以课子弟，置义田以赡贫乏，修族谱以联疏远”，明确提倡民间建立宗祠、教训子弟、对族内贫困族人进行赡济等，并要求在全国范围进行宣讲。

同时，为倡导宗产互助，鼓励民间大办义庄，清政府还明文规定：“义田如逢歉收，一概停捐，义田应完钱粮，州县官垫捐”，给义庄以减免租税等优待。[①] 这一规定是对民间自置义田、办义庄的肯定，为清代义田的发展创造了良好的环境。并且，清代对于族田典卖的行为严格惩罚，乾隆二十一年江苏巡抚庄有恭曾上《请定盗卖买祀产义田之例以厚风俗疏》，次年，清律中增加了盗卖买族田的惩罚条例，规定：“凡子孙盗卖买祖遗祀产十五亩以上者，照投献提卖祖坟山地例，发边远充军，不及前数及盗卖义田，应照盗卖官田例治罪。”[②] 严格的规定遏制了侵害义田的行为，保护了宗族福利的发展。因此，清代政府对宗族福利的提倡及保护政策，进一步推动了清代宗族福利的发展。

3.1.2 清代宗族福利的制度内容

按福利的来源划分，宗族中的贫窭人士能够获得的宗族福利主要有族人互助和族产保障。族人互助是指以族人的怜悯之心帮助同族困难之人。现存的清代宗谱文献中留下了很多关于劝诫“平居则同安乐，患难则共扶持”[③]，“贫弱之户，富实者宜时周恤之”[④] 的族规族训，提倡族人对遭遇灾荒的不幸族人，贫苦无依的的孤儿、节妇等给予帮助。但是这些人能否受到救恤，并没有制度上的约束和保障，因此这种族人之间的互助行为不足以称之为制度。族产保障是指以族田、义庄等公共族产救济族人，由于公有族产在福利方面的使用通常以规条、规则等制度化形式加以确定，义庄通常订立有明确的章程规条，规定对族人资助项目和力度等，族田收入的使用通常也都有章可循，族产保障不是零散无序的，具有一定的规范化，使得族产保障成为一项常规化的制度。

族产保障主要依托于族产，清代用于公共事务支出的公有族产主要是族田

---

① 费成康．中国的家法族规［M］．上海：上海社会科学院出版社，2003：80.

② 《大清会典事例》，《户律·盗卖田宅》。

③ 《寿州龙氏宗谱·家规》光绪十六年本，卷一。

④ 《合江李氏族谱》光绪二十一年本，卷八，《族规》《族禁》。

和义庄，义庄主要资助贫窭族人的生活。章学诚曾说：“义田以周族之贫者，老废疾者，幼不能生者，长不能嫁者，其余谷，为钱若干缗，以佐族之女长不能嫁者，鳏不能娶妻者，学无养者，丧不能葬者，而又凶歹堇浸礼于斯，延师养弟子于斯，旌节劝孝宾兴于斯，察奸罚不肖寓焉，合食亲亲厚族寓焉。”①

清代的族田义庄得到很大发展，族田至少新增431例，远盛于宋明，义庄也得到极大发展，曾有文人描述，“自北宋范文正公以来，士大夫多仿为义庄。本朝崇尚风义，凡以义田义产、敬宗收族闻者，岁不下百十家”②，生动地展现了清代“置义田以赡其族”的盛况。表6是对明清两代的族田新增事例的统计，表7是以苏州府为例，对宋、明、清三代义庄创建情况的统计。下面两表可见，清代的族田和义庄发展迅速，创建数量远超过宋、明，均为历代之最。

表6　明清两代的族田新增事例统计

朝代	总计	江苏	浙江	安徽	江西	湖南	湖北	四川	福建	广东	广西	山东	直隶	山西	河南	陕西	甘肃
明	168	33	23	35	12	7	3	1	30	12	1	4	2	1	1	3	1
清	431	216	26	68	17	11	1	14	30	24	2	14	4	2	3	2	1

注：原作者提示，此表只说明族田发展趋势，各省族田实际件数比表中所列要大得多。

资料来源：李文治，江太新．中国宗法宗族制和族田义庄［M］．北京：社会科学文献出版社，2000：188.

表7　清代苏州府义庄一览表

	总数	创建时期			清代义庄所占比例（%）
		宋	明	清	
吴县	17	2	1	14	82
长洲	24		1	23	96
元和	28		2	26	93
常熟、昭文	94	2		92	98
昆山、新阳	9		1	8	89
吴江、震泽	7		2	5	71

资料来源：刘铮云．义庄与城镇——清代苏州府义庄设立及分布［M］．台北：中央研究院历史语言研究所，1987.

① ［清］贺长龄等编《清经世文编》卷八五，《礼政五》。

② ［清］陈康祺《燕下乡脞录》卷四。

清代族田和义庄的收入主要用于完纳赋役、祭祀祖先、赡养族人、帮助族人受教育、储粮备荒等方面。就族人所能直接享受到的福利而言，清代族田、义庄对族人的保障主要有助贫、助学、助婚葬。

第一，助贫。宗族救济的核心就是济贫，从人员上说，对老人、孤儿、嫠妇等特定群体进行救济的根本原因是因其更容易陷入贫困；从内容上说，助学、助婚、助葬等救助方式也都是建立在济贫的目的之上。清代宗族致力于延续敬宗收族传统，几乎所有有经济能力的宗族都会对同族贫困之人给予不同程度的生活救济。

第二，助学。助学的主要内容是资助族人读书、接受教育和参加科举考试。助学的经费照例来源于族田、义庄的收入。清代很多宗族置有学田。文献典籍中对此记载很多，如浙江诸暨“大姓多置学产”①。江西新城的世家巨族“俱设有学田，随其土之多寡而分之，至已仕为止，励读书而养廉隅”②，江苏昭文俞氏义庄“附置书田二百亩有余，设义塾以课本族子弟”③。

有经济实力的大族还会自办族学，供自己族内的儿童受教育，曹雪芹在《红楼梦》第九回“恋风流情友入家塾，起嫌疑顽童闹学堂”中，描述了贾府的家塾，“这贾家之义学，……原系始祖所立，恐族中子弟有贫穷不能请师者，即入此中肄业。凡族中有官爵之人，皆供给银两，按俸之多寡帮助，为学中之费。特共举年高有德之人为塾掌，专为训课子弟”④。这就是一个很好的族学例子，清代族学得到很大发展，冯尔康结合日本学者多贺秋五郎对此的研究成果，整理到的清代族学共计得61例。⑤ 需要指出的是，这并非确切全貌。

第三，助葬、助婚。婚丧嫁娶是人生大事，宗族对族人婚葬甚为重视。清代的很多宗族会对族人的婚葬大事给予资助并帮助料理。

3.1.3 清代宗族福利的具体实施——以常熟丁氏义庄为例

江苏常熟县丁氏为大族，咸丰六年丁凤池遵父亲遗命，捐土地545亩，

---

① 光绪《诸暨县志》卷一七《风俗》，转引自：冯尔康．中国宗族史［M］．上海：上海人民出版社，2009：253.

② 同治《新城县志》卷一《风俗》，转引自：冯尔康．中国宗族史［M］．上海：上海人民出版社，2009：253.

③ 光绪《常昭合志稿》卷一七《善举》。

④ ［清］曹雪芹．红楼梦［M］．北京：人民文学出版社，2008.

⑤ 冯尔康．中国宗族史［M］．上海：上海人民出版社，2009：256.

为本宗族设置义庄、书田。以下以常熟丁氏义庄为例，以《常熟丁氏义庄规条、续置书田规条》[①] 中相关蓝本内容，分析其义庄福利职能的发挥。需要说明的是，丁氏族田的数量只在最低水平线附近。[②] 因此，这也决定了它所给予族众的福利只能代表一般水平。

1）普遍福利

按照《常熟丁氏义庄规条》中规定："维正之供，宜先完纳地丁银两。应给之口，无论男女，十七岁以上每人给米捌合，十一岁至十六岁给米陆合，五岁至十岁给米肆合，四岁以下不给。女于出嫁日停给。"也就是说，丁氏义庄的田地收入，首先要负责完成全族的地丁银缴纳，剩余的部分，根据族众年龄的不同，每个月向族众发放不同数量的粮食，作为福利。除了四岁以下的小儿和已经出嫁他族的妇女，族人都可以享受到这一福利。详见表8。

表8　丁氏义庄福利标准

领取条件	每月福利标准	领取条件	每月福利标准
17岁以上	8合	5~10岁	4合
11~16岁	6合		

注：10合等于1升。

2）助贫

在丁氏义庄，除了每月定额的福利粮食，鳏寡孤独者还将得到额外的救济。"族中凡丧嫡室而遗有子女俱幼者，于应给月米外，加给月米一大口，制钱五佰文。俾失恃子女，稍得体恤。俟满拾六岁停给。"意即如果宗族中男丁的妻子去世，子女尚年幼，每个月就多给一份月米和500钱，直到年幼的子女满16岁，使他们得到一些体恤、救济。"族中六旬外鳏独，及拾六岁以下孤子女，除月米应给外，每年俱给钱七百文。孀寡给钱一千文，俟其子孙年及二拾岁停给，无子孙则常给。"规条中详细规定了对茕独鳏寡的救济力度，即60岁以上的鳏夫、16岁以下的孤儿，每年可以得到来自义庄的700钱救济，寡妇每年可以领到1 000钱，如果有子孙直到子孙满20岁为止，如果没有子孙则对她始终救济。此外，如果是庄裔子孙（即丁凤池子孙）还可以加

① 费成康．中国的家法族规［M］．上海：上海社会科学院出版社，2003：304.

② 清代历年常熟县人置办族田，最低500亩，最高达3 070亩。参见李文治，江太新．中国宗法宗族制与族田义庄［M］．北京：社会科学文献出版社，2000：240－244.

倍得到帮助。“庄裔五世内有贫乏者，照规加倍给恤。五世下服尽子孙，照规给恤，与族人等，不得格外多取。”详见表9。

表9　丁氏义庄助鳏寡孤独的规定

救助人群	年救助标准
丧妻而子女年幼者	500钱+月米一份，直至子女16岁
60岁以上的鳏夫	700钱
16岁以下的孤儿	700钱
有子女的寡妇	1 000钱，直至子女20岁
无子女的寡妇	1 000钱

注：常熟丁氏5岁以上的族人每人每月皆可领到月米。如果是庄裔子孙（即丁凤池子孙）还可以加倍得到帮助。

3）助学

在助学上，丁氏义庄对族内子弟参加科举考试进行资助，明确规定了其参加各级考试所资助的待遇。“族中子弟赴考，县试给钱一千文，府试三千文，院试二千文，入泮加给钱三千文。岁科试各给钱二千文，乡试给钱七千文，中试加给钱十四千文。会试给钱三十千文，中试加给钱二十千文。均临行支取。”如果是庄裔子弟（即丁凤池子孙）还能得到更多的帮助，“庄裔子弟应试者，每年给膏火、笔墨资钱二千文”，“庄裔应试，除照义庄规条给发外，加给县试钱一千文，府试三千文，院试二千文，入泮钱三千文。岁科试各给钱二千文，乡试七千文，中试钱十四千文。会试三十千文，中试钱二十千文。”详见表10。

表10　丁氏义庄助学规定

资助考试和中试奖励	资助金额	资助考试和中试奖励	资助金额
赴考县试	1 000文	赴考科试	2 000文
赴考府试	3 000文	赴考乡试	7 000文
赴考院试（包括岁试、科试）	2 000文	乡试通过（中举）	14 000文
赴考岁试	2 000文	赴考会试	30 000文
通过岁试（入泮，考取生员）	3 000文	会试通过（中贡生）	20 000文

注：①庄裔子孙（即丁凤池子孙）还可以得到更多资助。

②清代科举考试之全过程是从州（县）、府基层开始，叫作童试，赴考者为童生；府试录取的童生才有机会参加院试，院试包括岁试和科试，通过岁试才有入学（即入泮）资格，称为生员（俗称秀才）；秀才再通过科试才准许参加乡试。各地秀才再去省城参加较高级别的国家正式考试——乡试，考中之后称举人；举人再赴考更高一级的礼部举行的会试，考中之后称贡生；贡生再赴考皇帝亲自主持的金銮殿的殿试，考中之后称进士，此殿试的第一名为“状元”。

4）助婚葬

在丁氏义庄，族人的婚丧都可以拿到宗族中的一笔“津贴”。“族中娶妇，给钱七千。无子续娶，给钱五千。嫁女给钱五千。丧葬力乏者，十五岁以上，不论男女，丧费给钱五千，葬费给钱三千九。岁至十四岁，丧葬共给钱五千五。岁至八岁，共给钱三千。”详见表11。

表11　丁氏义庄助婚葬的规定

婚葬事宜	宗族资助（文）	婚葬事宜	宗族资助（文）
娶妇	7 000	15 岁以上死亡	5 000 +3 900
无子续娶	5 000	8 ~14 岁夭折	5 500
嫁女	5 000	0 ~8 岁夭折	3 000

注：因古时 14 岁以下夭折无需丧礼，故资助金额较少。

3.1.4　对清代宗族福利制度的评价

清代的宗族福利是清代自治性福利体系的重要内容，在清代发挥着重要的保障功能。清代宗族福利制度的作用体现在以下几个方面：

第一，清代宗族福利制度保障了宗族内族众的基本生活。清代社会是典型的传统社会，人们重视血缘、相信熟人，基于血缘的宗族保障是自治性福利制度的重要内容，族田和义庄帮助族人完纳赋役，帮助儿童入学、青年成婚、老人丧葬，使鳏寡孤独生活有所依靠，在济贫慈善的事业中发挥着重要功能，在宗族经济条件允许的情况下（如丁氏义庄），还可以为族人提供普遍的生活帮助。

第二，清代宗族福利制度是对官方福利的有力补充。受限于经济能力和人事能力，清代政府的福利供给能力有限。日益制度化、规范化的宗族福利致力于保障族人的基本生活，是对官方福利的有力补充，弥补了官方福利的不足，同时又能够减轻政府的福利负担。

第三，清代的宗族福利制度符合人们的血缘伦理规范。传统伦理道德在中国古代社会扮演着重要角色。清代的宗族福利建立在人们敬宗收族的美好愿景之上，同我国传统的“宗亲相恤”的血缘伦理规范相一致，因此更容易被广为接受和推行。

清代宗族福利制度的局限性体现在以下几个方面：首先，清代宗族福利制度的福利水平需视宗族族产而定。宗族福利中，族众能够享受到福利项目的数量和每一项目福利援助的数量受限于公有族产的数量以及族规中的规定。并非所有宗族都有族产，族田、义庄等族产的多寡以及对族人保障的力度尚需视宗族的政治地位及经济实力等而定。即使是义庄林立的苏州府，赈济范围也不可能覆盖至每一个人，因此宗族福利制度的待遇水平和实际成效不必估计过高。

其次，清代宗族福利制度的建立初衷是维护伦理法纪。族田义庄的最根本目的是为了维护伦理法纪、稳定社会秩序，保证国家的长治久安，而族田义庄事实上也实现了这一功能。赡族是它顺其而然的结果，而非目标。冯桂芬在《复宗法议》中称赞了“宋范文正创为义庄……颇得宗法遗意”，同时指出复宗法的优势之一：“宗法行而盗贼可不作。……盗贼之甘于扞法网者，迫于饥寒而已。宗法即行，民无饥寒……顾氏（顾炎武）曰，收族之法行而岁有合食之恩，吉凶有通财之义，联兄弟六行之条，曰睦曰恤，不待王政之施而矜寡孤独废疾者皆有所养矣。”如此则“奸穷邪恶无自而作”。[①] 戴震指出：“义庄……用赡宗族之孤嫠废穷者……自是老穷不遗，桀黠者不敢为非，人人各宗其宗而天下治。”[②] 因而，宗族福利制度的道德目标也不必估计过高。

3.2 清代善会善堂福利制度

夫马进先生认为，善会是个人自愿参加的、以实行善举为目的的自由结社，而善会办事机构的所在以及具体实施善举的设施则是善堂。[③]

清代的善会善堂发展继承自明末，亦是民间自发组织的产物。例如，育婴堂的出现是乡绅或商人等有权有势者自发地而不是秉承谁的命令建立的[④]，而它的发展离不开时人（这里指祁彪佳）向同道们作出呼吁“共发菩提之道愿”；普济堂的开设也是僧侣和普通的民间人士创立的，与国家毫无关系。[⑤] 因此，作为人们为了满足实施善举的需要而搭建起来的媒介，善会善堂的出

① 冯桂芬，复宗法议，载于盛康辑《皇朝经世文续编》卷六七。
② 《戴震集》上编《山阳义庄序》，上海古籍出版社，1980 年版。
③ 夫马进．中国善会善堂史研究［M］．北京：商务印书馆，2005：1.
④ 夫马进．中国善会善堂史研究［M］．北京：商务印书馆，2005：193.
⑤ 夫马进．中国善会善堂史研究［M］．北京：商务印书馆，2005：142.

现充分体现着自治性。

从经营上说，善会善堂是由民间人士管理，很少有官方力量介入。善会善堂的运营资金主要来源于会员缴纳的会费、私人捐赠、行业捐赠以及公捐等，管理人员主要是董事（会员）进行轮值，实务人员由聘任而来，对实务人员的管理依据善会善堂的规约。因此，善会善堂的管理充分体现着自治性。

3.2.1　善会善堂发展的社会背景

清代是中国古代专制主义中央集权发展的顶峰，因此，统治者的政治态度是善会善堂能否得以存活的首要因素；对于善会善堂本身的运营来说，经济基础是其发展的命脉，关乎它们能否维持、延续；此外，每一个善会善堂的成立，都面临着不同的社会问题，有其特定的社会背景。

3.2.1.1　政治环境

清代统治者对善会善堂大加提倡，尤其主张善会善堂应由民间经营管理。雍正二年雍正帝发布上谕："闻广渠门内，有育婴堂一区，凡孩稚之不能养者，收留于此，数十年来，成立者颇众，夫养少存孤，载于月令，与扶衰恤老，同一善举，为世俗之所难，朕心嘉悦，特颁匾额，并赐白金尔等，其宣示朕怀，（并倡率资助）使之益加鼓励，再行文各省督抚，转饬有司，劝募好善之人，于通都大邑人烟稠集之处，（若可以）照京师例推而行之，其于救弱恤孤之道，似有裨益，而凡人怵惕恻隐之心，亦可感发而兴起。"① 这一谕令刺激了善会善堂的快速发展，但是雍正帝对此保持清醒，对很多大臣急切建善堂的想法予以否定。在雍正三年，湖北巡抚法敏欲于汉口设普济堂，向皇帝上奏折，雍正帝主张维持善会善堂的民办性质，对此的批示为"此固极善之政，亦只可帮助，令好善者成，百姓自为之。若官做，则不胜其烦。恐招集远来无依之人，倘力不能，有害无益"②。可见，他认为善会善堂应由民间自治。

很多清代地方官员也支持善堂民办民管，认为其更有效率。嘉庆十四年，松江府 18 名绅士筹资兴建育婴堂，他们持拟定的育婴堂规条请求地方政府予

---

① 《世宗宪皇帝实录》第一册，第 19 页。

② 《宫中档·雍正朝朱批奏折》（台北："国立"故宫博物院影印本，第五辑，83 – 84 页），法敏，雍正三年九月六日，转引自：夫马进．中国善会善堂史研究［M］．北京：商务印书馆，2005：422.

以批准和保护。娄县知县不希望这一民间组织受到官府胥吏和衙役的滋扰，对此的批复是："所拟规条甚为周妥。惟是举系属民捐，必须民办。既得实心经理，且可无虞靡费。若一经衙门书役，阳藉稽查，阴取规礼，年复一年，经费不敷。始则克减银米，继则任意开销，善举将为弊政。所议每月官为验发之处，断不可行。着仍举端谨长者，自行经理可也。"①按察司的回复是："亦不得官为经理，以杜滋扰。"江苏巡抚的回复是："听衿士等妥议规条，自为经理，毋庸官为稽查，致有胥吏需索情弊。"可见，为了让该育婴堂避免受到衙门胥吏的索贿和滋扰，得到更好经营，地方政府并不希望官方介入，支持善堂民办民营。

3.2.1.2　经济支撑

善会善堂主要在江浙、广东、北京等经济发展迅速的地区或经济中心地发展，盖因善会善堂的维持需要一定的经济支撑，这些地区经济发达，士绅和富商云集，筹款相对容易。相反，在河北、山东等经济不是非常发达的省份，善会善堂则始终为数寥寥。民国年间顺义县志中对此解释为"非人难集，实款难集也"②，说明了筹款在兴办善会善堂事业中的重要性，也说明了善会善堂的迅速发展受到地区经济发展程度的制约。

3.2.2　清代善会善堂发展情况

善会善堂在清代发展迅速，善会数目不计其数，梁其姿先生根据已有县志记载对善堂类型和数目进行了整理，结果表明，清代的各类善堂至少有3 589个，其中，民立善堂至少1 365个，民立善堂在善堂中所占的比例充分说明了清代自治性福利的繁荣。详见表12。

表12　清代善堂的发展

善堂	官立	比例（%）	民立	比例（%）	无资料者	比例（%）	总计
育婴堂	392	40.29	275	28.26	306	31.45	973
清节堂	66	30.56	102	47.22	48	22.22	216
综合善堂	40	11.83	211	62.43	87	25.74	338

① 《松江育婴堂征信录（同治八年、九年）》，嘉庆十四年九月二十五日，9－10页，转引自：夫马进．中国善会善堂史研究［M］．北京：商务印书馆，2005：232.

② 《民国顺义县志》卷二《建置志·慈善会缘起》（民国五年）。

续表

善堂	官立	比例（%）	民立	比例（%）	无资料者	比例（%）	总计
普济堂	182	45.61	26	6.52	191	47.87	399
栖留所	235	71.00	42	12.69	54	16.31	331
施棺局类	59	10.02	384	65.20	146	24.79	589
其它善堂类	175	23.55	325	43.74	243	32.71	743

资料来源：梁其姿．施善与教化——明清时期的慈善组织［M］．北京：北京师范大学出版社，2013：240－241．此表经笔者整理、计算而成。

3.2.3　善会善堂福利制度的内容

清代善会善堂救济的项目十分丰富，有慈幼、恤嫠、助葬、济贫等。在众多善会善堂中，普及度最高的是综合性的善会善堂。

1）慈幼

在清代，当人们处于经济情况不允许的情势下，有些人会选择溺婴，为了让这些小婴儿活下来，一些慈善人士兴办育婴堂、保婴会、接婴所等慈善组织，收养弃婴。育婴堂是一个类似于今天的儿童福利院的场所，有些弃婴是被父母送来，有些甚至就被丢弃于路旁，他们在这里维持了基本的生存。育婴堂对他们的照顾模式有两种，一是在育婴堂中抚养，二是由育婴堂出资，生母进行抚养，婴孩在成长的过程中有可能会被领养，没有被领养的孩子长大后，女孩子们从这里出嫁，男孩到达一定的年龄出堂去做学徒，学会自立。清代小说《红楼梦》第八回“比通灵金莺微露意，探宝钗黛玉半含酸”里，介绍秦可卿的身世时说：“他父亲秦业现任营缮郎，年近七十，夫人早亡。因当年无儿女，向养生堂抱了一个儿子并一个女儿。谁知儿子又死了，只剩女儿，小名唤可儿，长大时，生的形容袅娜，性格风流。”① 这里秦可卿被秦业抱养的养生堂即育婴堂。详见图3。

对弃婴而言，育婴堂为他们提供了更多存活的可能性。但育婴堂的运行也存在一些问题：第一，育婴堂大多设在府城，没有育婴堂的城市中弃儿难以得到照顾，即使其他地方的孩子被送至育婴堂，新生儿也要承受一番舟车劳顿之苦，从而难以存活；第二，育婴堂中的婴儿仍有比较高的死亡率，重

① ［清］曹雪芹．红楼梦［M］．北京：人民文学出版社，2008．

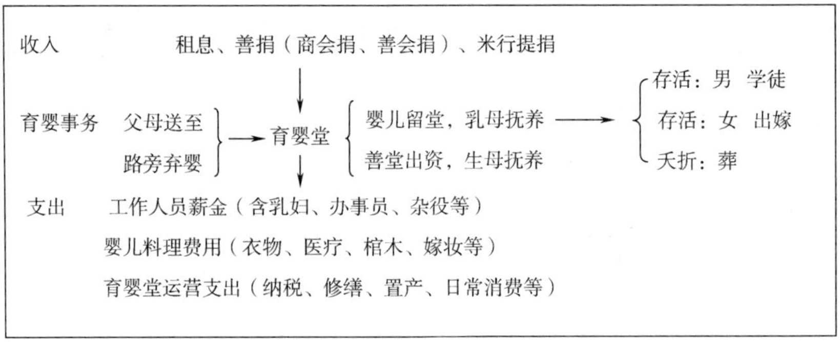

图3　育婴堂的基本运营

要的原因之一就是有些乳妇是同时喂养亲子和堂中的寄养婴儿，比如光绪七年的申报曾刊登《育婴经验求是法》，此报告指出育婴堂中，“婴儿之生，生于独乳。婴儿之死，死于半乳。……半乳所殇者，不可胜计”。

为了弥补育婴堂的不足，接婴所应运而生。接婴所另有很多称呼，如留婴堂、济婴局、接婴局、保婴局等。接婴所是在婴儿被送到育婴堂前暂时的寄养场所，婴孩在这里被短暂照顾后还会被送往育婴堂中，接婴所通常设在镇级、县级城市，它的出现使得镇、县城、府城的育婴事业形成了一个网络，将清代育婴事业延伸到镇里去，使得市镇、县城的弃婴也有了更多存活的机会。

为了将育婴功德继续延伸至村落，同时尽可能弥补育婴堂中婴孩可能得不到乳妇全心全意照顾的问题，余治在其家乡江苏无锡浮舟村组织了育婴善会——保婴会。保婴会是以乡村为单位，倚靠居于本乡村的人结成善会，筹集捐款，资金用于资助生母养育自己的婴孩数月或数年，如果援助结束后双亲仍无力抚养，再将孩子送往育婴堂中。母亲养育自己的孩子会更为周到尽心，婴儿得到的照顾更好，加上这种方式管理成本很低，这种善会制度很快覆盖了当地的乡村，并得到江苏省政府的劝设，“婴堂虽然系旧制，难免利弊相参。欲求万全之计，莫妙于育婴之堂之外，各乡村举办保婴会，结钱米于本母，令其自养”①。随后，浙江、福建、安徽、山西等多省都有对此的效仿。

① 《江苏省例》光绪二年（1876年），示禁溺女并劝设保婴会，转引自：夫马进．中国善会善堂史研究［M］．北京：商务印书馆，2005：282.

2）恤嫠

嫠妇即寡妇，恤嫠指的是对寡妇的救济。清代为救济寡妇而成立的善会善堂主要是恤嫠会、清节堂（另有敬节堂等称呼）。清代对于寡妇的救济始于明末清初同善会对士人遗孀和节妇的关怀。一方面，善会会员多是士人，情感上也会对士人的遗孀更怀同情之心。有些恤嫠会、清节堂建立的缘起即因对士族寡妇的同情，“抑以寡妇言之，其最无可告者，尤莫先于士族。彼单门寒户，不为众所指目，即情见势屈，佣力他家，犹可自给。至于士族孀妻弱子，孤苦伶仃，力既不足于己，势难转丐于人”①。另一方面，节妇最符合善会会员的伦理观。在恤嫠会和清节堂随后的发展中，不再仅限于节妇和士人遗属，但仍以这些人为主要救济对象。

清代的恤嫠会对寡妇的救济方式为，每月对符合恤嫠会资格要求的寡妇给予金钱上的援助。《得一录》卷三中记载了镇江恤嫠会对约 400 名寡妇的救济细目，这一恤嫠会主要救济清门士族，所以其援助水平并不低。但事实上，很多恤嫠会的救济水平并不及这一善会。详见表 13。

表 13　乾隆四十九年（1784 年）镇江恤嫠会支给规定②

救济范围	救济人数	救济标准
清门士族 30 岁以内守节者	100 人	钱 350 文 +100 文（子女分）
清门士族 40 岁以内守节者	100 人	钱 280 文 +100 文（子女分）
清门士族 50 岁以内守节者	100 人	钱 200 文 +100 文（子女分）
寒微之家的守节者（另载副册）	100 人	
未婚贞女		银 1 两

注：赡养年老公婆的寡妇每月另加 200 文；向生病的寡妇支给医药；若男儿在七、八岁时入塾读书，每季加给束脩 1 000 文。

清节堂对寡妇的救济方式为，寡妇通过申请进入清节堂生活，衣服、粮食等一应生活用度均由清节堂提供，一旦入堂，从此就过上了终生守节的生活，不得出堂，如果出堂，则再不能入堂。此外，很多清节堂设有义塾为入堂寡妇的孩子提供受教育的机会。与恤嫠会相比，清节堂对寡妇的援助显然

① 彭启丰《芝庭先生集》卷十《恤嫠会缘起叙》。
② 夫马进．中国善会善堂史研究［M］．北京：商务印书馆，2005：325.

更为完备，但是，嫠妇面临的则是完全与外界隔绝、失去活动自由的凄苦生活。另外，清节堂的建设和维持需要更为庞大的资金。这都是清节堂管理人员所不得不面对的问题。

3）助葬

在中国人传统的观念中，“养生者不足以当大事，惟送死可以当大事”①，入土为安是对死者最大的尊敬。善会善堂同样十分重视“送死”这一义举，施棺助葬被看作莫大的功德，是很多善会善堂、会馆公所所关注的重要事业。

助葬的对象是无力掩埋去世亲人的人，助葬的主要方式是由善会善堂帮助提供棺木、资助下葬和建设义冢。如善化县同善堂助葬形式为施舍棺木，“实系贫乏无棺病故者，准亲属赴堂说明，给领不费分文”②。上海同仁辅元堂的棺局还设有赊棺事务，此举主要是为了保存受助者的颜面，让他们先少付一部分钱，余款可以晚些偿还。天津施棺局不仅施舍棺木，而且资助下葬，“凡路毙与贫不能殓者，给棺一口，钱七百五十文，以为葬费”③。清代有记载的专门的施棺局就至少有 589 个，另有一些综合善堂兼有助葬事务。以上海同仁辅元堂为例，道光十一年的征信录报告中表明，该年度合计支出 5 440 千文，其中对施棺和义冢等死者的支出合计达 1 986 千文，占到了支出总额的 36.5%。④

4）济贫

济贫是清代善堂善会的核心追求，慈幼、施棺等一切救济事务产生的根源都是贫困，所以从本质上说，无论是专门性，还是综合性的善会善堂都与济贫有关。例如，留养局是收养贫民的善堂，常年收容一般废疾者和年过 70 之人，每至冬季，局内还短期收留无业男妇和外来乞食之人。清代的很多留养局内设医院，若有人于局内病殁，留养局还会给棺一具，葬于义冢。⑤ 直隶的留养局设立最多，有 561 个之多，平均一个州县就设有四所。⑥

5）其他制度

除上述之外，还有很多其他的专门性善会善堂参与着其他救济工作。比

① 《孟子·离娄下》。

② 《善化县志》卷十，光绪三年刊本。

③ 《津门杂记》卷中。

④ 夫马进．中国善会善堂史研究［M］．北京：商务印书馆，2005：621.

⑤ 陈宝良．中国的社与会［M］．杭州：浙江人民出版社，1996：206.

⑥ 夫马进．中国善会善堂史研究［M］．北京：商务印书馆，2005：691.

如，施药局主要提供负责施药助医，救生局负责救助水难者和打捞溺死者尸体的工作，栖流所主要负责收留难民和流民，牛痘局主要负责为民间施种牛痘，掩骼（骨）会负责埋葬街头巷尾的无主尸体等。此外，另有一些综合性善会善堂同时发挥着多种慈善功能。

3.2.4　清代善会善堂福利的评价

善会善堂诞生自明末清初，其发展历经了整整一个清代，是清代自治性福利体系的重要内容，延宕至民国期间，是清代对中国福利史的一大贡献。善会善堂是清代民间福利史上一抹亮色，它为后世留下了很多值得借鉴的经验，其发展中的曲折也值得今天的我们吸取教训。

3.2.4.1　清代善会善堂制度的优点

第一，清代善会善堂秉持自治的基本原则，很少受到政府的干预。清代的很多善会善堂是民间人士自发兴办的，取得了很大的成绩。他们尽力秉持自治的原则，远离官方的干预。如全国首先创办恤嫠会的彭绍升曾说，“凡养老、育婴、埋葬诸局，吾乡诸耆旧竭心毕力而成之者，一旦悉举而籍诸官，于是岁收所入，取什三四以餍吏胥，犹苦不足，而其利之及民者日鲜矣”①。官府也尽量避免干预善会善堂的发展。乾隆年间，江苏高邮的普济堂、育婴堂出现400两赤字，巡抚陈大受上奏乾隆皇帝以资援助，却受到户部的拒绝，理由是，“若另议拨给官银，势必官为稽查，揆之士民好善乐义之举，转有未便”②。

第二，清代善会善堂的发展蕴含着演化的制度变迁理念。由于清代的善会善堂主要是民间自发兴办的，发展过程中很少受到政府的干预，所以它们的发展也经历着“试错－修正”的演化过程。以育婴制度为例，当育婴堂这一慈幼机构的弊端甫一显现，接婴所和保婴会的形式便接连问世，可见，育婴制度始终处于一个不断修正已有问题的链条中。此外，当士大夫们发现我国“重养轻教”的善会善堂不及西方“教养并重”的善堂更有效率时，他们积极地引介西方理念，促进了晚清善堂中诸多工艺所、小学堂的成立。

---

① 彭绍升《二林居集》卷九。

② 《内阁题本·户科·赈济》，中国第一历史档案馆藏。

第三，清代善会善堂给了社会人士兴办福利以广阔的施展空间。善会善堂参与了社会公共事务，释放了清代的社会活力，是民间社会充分生长的反映。香港地区的梁其姿先生评价它，“明清善堂最独特之处，在于民间非宗教力量成为主要的、持久的、有组织的推动力，地方上的绅衿、商人、一般富户、儒生，甚至一般老百姓，成为善堂主要的资助者和管理者，而清代政府亦正式承认这个事实，并鼓励这个发展”①。

3.2.4.2 清代善会善堂制度的局限

第一，清代中期政府对善会善堂的不当介入导致了善会善堂运营不善。清代初期的善会善堂与国家保持着一定的距离，在救济贫弱的工作上取得了很好的成效，博得了社会上的称赞，并顺理成章地引起了清代政府的注意，受到了政府的承认、肯定并推广。但是，有些官员（如河东总督王士俊）出于政绩抱负，为建设善会善堂强向民间摊捐，民间怨声载道，这便是“善举徭役化”。乾隆元年，官员杨名时上奏建议在全国设立普济堂，运作经费通过“入官田产”（即国有土地上的地租收入）和“社仓积谷”来解决，由地方绅士负责普济堂的运作，这次最终被乾隆帝裁可的上奏成为清代普济堂历史上的一个转折点，从此，很多普济堂转为官营，由官为经理取代民为经理，以至清代中期出现了“善堂官营化”现象。官营的普济堂效率不高，且弊窦丛生。

第二，清代善会善堂制度具有浓厚的道德教化色彩。一方面，清代善会善堂的数量毕竟有限，不可能充分满足社会上所有有需要的人的福利需求。所以善会善堂常常经过一个筛选的过程来确定救济的对象。以儒家士君子为主的善会善堂管理人员为此确定的标准通常是儒家道德标准，符合儒家道德标准的人方能进入善堂，这使得善会善堂笼罩着一层教化的面纱，因此，清代的善会善堂具有浓厚的道德教化色彩。另一方面，从清代的恤嫠会、清节堂等恤嫠的善会善堂制定的规定可以看出，这些善会善堂对寡妇的救济是有条件、有目的的，寡妇享受救济的代价是丧失生活中的活动自由，这些善会善堂希望借此救济之举实现教化的目的。

---

① 梁其姿．施善与教化——明清时期的慈善组织［M］．北京：北京师范大学出版社，2013：243.

3.3　清代行业福利制度

清代进行行业互助或慈善的自治性组织主要是行会和会馆、公所。行会相当于今天的商业结社组织，会馆、公所则是洽谈行业事务的场所和机构，因此，有些学者直接将会馆、公所看作行会组织。但会馆和公所有一些区别，会馆主要是外来商人在某一经商地为联络乡谊，相互支持而设立的商人组织，有较浓厚的地域性乡土色彩。① 而公所是在经营地不分外来商人、本地商人，共同按行业重新组合的商人及手工业者的组织，突出了其行业性，是某地的某行业的全行业组织。② 就发展时期而言，会馆产生于明代，在康雍乾嘉年间发展尤盛，而在道光以后会馆的发展让位于公所了。③

3.3.1　行会慈善事业

根据步济时的定义，行会是商人和手工业者带有社会性和互助性职能的组织④，成立时就具有同行业互助的性质，清代的很多行会也参与慈善活动。

1926 年 4 月到 1927 年 3 月，步济时选择北京当时的 42 个行会进行社会学调查。据步济时估计，当时北京这样的行会有 128 个，该调查虽然在 1926 年开始展开，但这 42 个受调查行会中，有 23 个建立于清代，4 个建立于明代，8 个建立于 1912 年，另有 7 个行会的成立日期不确定。也就是说，这 42 个行会中的大部分在清代即发挥其行会功能。其中，对这些行会所参与慈善活动的情况也有所考察，这些行会参与慈善事业的情况如表 14 所示。

表 14　参与慈善活动的北京行会

慈善活动	手工业行会	商业行会	专业行会
面对行会成员：			
公共墓地	7	1	1
殡葬消费、棺材等	6		3

① 吴慧．会馆、公所、行会：清代商人组织演变述要［J］．中国经济史研究，1999（3）．
② 吴慧．会馆、公所、行会：清代商人组织演变述要［J］．中国经济史研究，1999（3）．
③ 吴慧．会馆、公所、行会：清代商人组织演变述要［J］．中国经济史研究，1999（3）．
④ 步济时．北京的行会［M］．北京：清华大学出版社，2011：6.

续表

慈善活动	手工业行会	商业行会	专业行会
医疗救助	3	2	2
帮助找工作	1		
面对公众：			
帮助穷人，包括提供煤、粮食或救灾资金		5	
帮助祭奠活动	1		1
“无慈善活动”的行会	1	6	3
没有报告的行会	3	5	1

资料来源：步济时．北京的行会［M］．北京：清华大学出版社，2011：148.

根据表14，手工业行会和专业行会主要为行会成员提供帮助，商业行会主要为社会公众提供帮助。在手工业行会和专业行会中，代表性的有景泰蓝业行会对会员“提供墓地、支付殡葬费用、提供医药和帮助工人找工作”；棚匠业行会“给完全无照顾的人提供棺材”；裱糊业行会说：“在北京南城的南下洼子有块墓地，如果成员死了，大家就收钱来买棺材；病了可以到祖师殿里治病。”梨园业行会说他们通过“特别演出挣来的钱帮助那些病人和要买棺材的人”，他们还在新年前演出，收入全部用来帮助穷人；电工行会说他们“为病了要回家的人提供路费”①。

当然，不是所有的行会都会实践慈善活动，在步济时所调查的这42个行会中，除了9个行会没有报告情况，仍有10个行会没有进行任何慈善活动。

3.3.2 会馆公所互助制度

会馆本是同乡人士在京师和其他异乡城市所建立，专为同乡停留聚会或推进业务的场所，狭义上指同乡所公立的建筑，广义上指同乡组织。② 自清代乾隆中期，很多会馆演变为兼具工商业行会组织职能的场所。公所多为各业同行建立的组织，当然，公所和会馆无实质上的不同，《上海县续志》中说：

---

① 步济时．北京的行会［M］．北京：清华大学出版社，2011：147.

② 何炳棣．中国会馆史论［M］．台北：台湾学生书局，1966：11.

“或称会馆，或称公所，名虽异而义则不甚相悬，故不强为区分。”[①] 简言之，会馆公所是同乡或同业的人共同建立的自治性组织。“祀神、合乐、义举、公约”[②] 是传统会馆的基本功能，兴办义举是清代会馆公所的重要职能之一。[③]

同乡相恤是一项社会习俗，故会馆同乡互助水到渠成，很多身处异乡的同乡商人等共建会馆以相互照应。乾隆甲子年，金华五邑商人共建会馆就是一例，“金、兰、东、义、永五邑同乡，佥（大家）命建馆……不独逆旅之况得以消释，抑且相任相恤，脱近市之习气，敦本里之厚，本来面目，他乡无间，何乐如之”[④]。

而工商业者为未来计，愿意组织起来同业互助。清代的商品经济有了一定发展，同时也带来不稳定性，工商业者基于同业相恤之心，为未来计，愿意组织起来进行同业互助保障。由此，大量基于同业建立的公所以及兼具同业性质的会馆对其成员广施互助义举。有些公所设立的缘起甚至可以直接追溯到兴义举上。例如，苏州纸业建立两宜公所，起因就是为了专办同业互助的善举，碑文中记载：“习斯业者，异乡人士居多，而年老失业、贫病身故及孤寡无考者甚众。职等谊切同舟，或关桑梓，情难坐视。爰（于是）集同业，议立两宜公所于吴邑，专办同业老病、孤寡、义园诸善举。”[⑤]

根据《明清苏州工商业碑刻集》中对于会馆公所的相关记载，清代的会馆公所对同乡、同业人员的援助内容主要是助葬，助贫、助医以及助学。

第一，助葬。在交通不便的中国古代，家乡的会馆或同业的公所中设有义冢、义园，可以解除旅居外地的游子对身后大事的后顾之忧。如性善公所于光绪十九年购置土地，“作为同业诸伙友义冢。如无力营葬者，代为掩埋，不取分文。所需衣衾棺椁，亦由同业抽捐，存储公所，以备支用，不取丧家分文”[⑥]。再如吴县（即苏州）纸业绚章公所规定：“建立绚章公所，并设义冢一处……凡同业之人，生则医药，死则殓埋，以全乡谊。”[⑦]

---

① 《上海县续志》卷二《建置》。转引自：王日根．中国会馆史［M］．北京：中国出版集团东方出版中心，2007：68.

② 上海博物馆图书资料室．上海碑刻资料选辑［M］．上海：上海人民出版社，1980：359.

③ 王卫平，黄鸿山．中国传统慈善事业的近代转型［M］．北京：群言出版社，2005：277.

④ 《金华会馆碑记》载于《明清苏州工商业碑刻集》，江苏人民出版社，1981 年版，330 页。

⑤ 《明清苏州工商业碑刻集》，江苏人民出版社，1981 年版，97 页。

⑥ 《明清苏州工商业碑刻集》，江苏人民出版社，1981 年版，153 页。

⑦ 《明清苏州工商业碑刻集》，江苏人民出版社，1981 年版，98 页。

第二，助贫、助医。一些会馆购置了义田，可以将收入的一部分作为按期发放鳏寡老人的赡养费用，对年老失去工作能力者予以救济，对穷儒寒士提供方便。每当同乡人在外发生“疾病疴痒”，会馆便会“相顾而相恤”①，提供药物和钱财。例如苏州红木妆梳业重建公所规定，“同业伙友中如有年老贫病无依，不能工作者，由公所收养。如遇有病无力医治，由公所延医诊治给药”②。

第三，助学。有些会馆筹建义学和义塾③，供同业或同乡子弟进行课业学习。如光绪三十二年，苏州石业公所“同业公议，拟设知新蒙小学堂一所……延师教授同业子弟”④。

综上所述，同业互助、同乡相恤是清代会馆公所的基本职能，资金主要来源于同行业各商家的分摊和捐资，当然有些还需要各店主、伙计每月出资固定的钱数（一般为每月一文）来完成集资。资金的管理是由轮值的负责者对这一年的实用实销进行造账公示。由于这些资金筹集于同业伙伴，且有公示制度的约束，资金的使用很少有浪费现象。与其他制度相比，会馆公所的互助更像是同业间的互助保险制度，保障了同一行业的从业人员一旦陷入贫困生活后的生老病死，经济能力强的会馆公所甚至保障了同业人员的子弟入学。

3.4 其他自治性福利制度——以清代的合会为例

清代的合会、义赈组织、社仓义仓等也是民间为了防备或抵御天灾人祸等的突然降临，自发兴起的自治性福利组织。本书主要考察合会。

合会是人们本于共同的需要，以自助、互助的精神，在可能的范围内组织的互助团体。清代的合会形形色色，最主要的形式有两种：一种是通过合作共同负担地方事务的差役互助组织，实质上等同于南宋的义役组织。另一种是经济互助组织。如清代保正会成立的背景是，在湖南浏阳县上东乡充任保正费钱、费心，形同一种劳役，经当地 24 姓合议，组织保正会，由 24 姓

---

① 《正乙祠碑记》载于《明清以来北京工商会馆碑刻选编》，文物出版社，1980 年版，10 页。

② 《明清苏州工商业碑刻集》，江苏人民出版社，1981 年版，140 页

③ 张少婷．清代山西会馆慈善事业研究［D］．西安：西北师范大学，2012：29.

④ 《明清苏州工商业碑刻集》，江苏人民出版社，1981 年版，133 页。

轮充保正，费用共出，组成合会基金，充任保正时所费金钱由合会基金的利息支付，避免了旧时充保正时负担过重的弊端。

摇会则是经济互助组织，类似于宋代敦煌私社。古时有些家庭遇有婚、丧、建房等大事，无法筹足金钱时，则与亲友等商量，邀集组成摇会，约定定期举行一次，每次会上，每个人缴纳一定数额的会款，交由一人（头会）使用，借以互助，做过头会的人以后参会需加一定的利息，显然，越晚做头会的人收的钱越多，做头会顺序的确定由摇骰子决定，故称“摇会”。清代民间摇会遍及各地，只是名称不同。此外，另有专门的丧葬合会、婚姻合会、造屋合会等，通称“义助会”。

合会起源于唐宋之间，延续到民国期间，经过近千年的发展，越来越完备。它不仅能兴起乡里互助之风，又能切实解决人们所面临的生活难题，体现着民间的互助精神。

但是，合会之举，信以成之，义以成之，故它的维持依靠人们彼此之间的信义，而无成熟的明文规则约束。由于参会之人鱼龙混杂，在清代的合会中，也有有意要赖、拖欠会款之人掺杂其中。

3.5　本章小结

清代提供自治性福利的组织主要包括宗族、善会善堂和行会会馆。宗族福利的兴盛，一方面得益于清代宗族的平民化发展，且传承沿袭宋明以来的敬宗收族传统；另一方面也受到清代政府宣导和鼓励的影响。宗族福利制度主要是以族田、义庄等公有族产，按照族规、家谱的规定，对本族族人进行助贫、助学、助婚葬等。善会善堂是为了实行善举，由民间自由结社而形成的福利组织。清代善会善堂在育婴、恤嫠、施药、助葬、济贫等很多方面为民间提供服务。善堂分布广、救助人数多、规章完备，堪称清代民间自治性福利事业中最耀眼的明星。清代行会众多，一些手工业行业和专业行会成立会馆、公所，对其行会会员承担着助葬、助医等功能，参与对社会大众的救灾活动，实现同乡互助、同业相恤。此外，清代的自治性福利组织还有合会、义赈组织、社仓义仓等。

总体来说，清代的自治性福利制度秉持着“自治”的基本原则，为同族、同业、同地区的急难人群提供救助，补充了官方福利的不足，为清代社会慈善做出了巨大的贡献，并且，它符合中国传统社会“差序人伦”的人伦需求。但是，依据血缘、地缘和业缘“差序供给”的民间自治性福利在救助对象的优先选择上，由亲至疏，并且有一定的排他性，与基层组织无关的人难受其惠。另外，自治性福利制度在供给福利的同时始终没有停止保护当时的伦理法纪。

4　清代自治性福利生发的机理及其现代意蕴

钱穆先生曾说："革新固当知旧。不识病象，何施刀药?"[①] 本章结合清代自治性福利涌现的社会背景和主要的自治性福利观念，考察清代自治性福利制度的生发机理，并从我国的社会保障实践出发探讨清代自治性福利所蕴含的现代启示。

4.1　清代自治性福利制度的生发机理

民众的福利诉求是自治性福利制度产生的根源所在。当这些福利诉求由于种种原因没有得到政府的回应，或政府的福利供给没能满足民众的福利需求时，自治性福利制度便应情势而生，士人、农民、工人、商人纷纷组织起来并发展自治性福利。同时，清代统治阶级对此积极倡导的政治态度为自治性福利制度的发展起到推波助澜的作用。研究认为，良好的政治环境是清代自治性福利发展的前提；为清代自治性福利积极行动的个人是自治性福利发展的关键；符合儒家人伦的"差序供给"方式是清代自治性福利发展的思想共识。

4.1.1　良好的政治环境是清代自治性福利发展的前提

一方面，统治阶级的政治态度直接决定了自治性福利制度能否维持。清代的专制主义中央集权发展到顶峰，皇帝对很多事务独揽生杀予夺的大权。因此，统治阶级的政治态度决定了自治性福利制度在当时能否维持。统治阶级对民间结社的态度取决于其是否符合他们的治国需求，如果民间自发的结社内容符合统治者的需求，会得到肯定、支持甚至褒奖，反之，该制度则很难存在下去。而民间自治性福利制度能够减轻政府的福利负担、造福于民，有利于政治稳定，且宣扬的道德标准与统治者教化人心的目标相一致，符合清代政府的治国需求。因此，清代政府运用劝善、惩恶等手段积极提倡民间兴办自治性福利，给予自治性福利组织频繁的鼓励和很少的干预，这些都为

① 钱穆．国史大纲［M］．商务印书馆，1940：2.

自治性福利制度的生发塑造了一个良好的政治环境。

另一方面，“小政府”和“官绅合作”的公共事务治理传统有利于自治性福利制度的生发。清代是一个“小政府”的朝代：清代的人事官员之少、财政税收之低，得到了史学家和研究者们的公认。因此，清代政府客观上不具备很强的能力去完成很多的社会服务事务，因而基层社会形成了“官绅合作”的公共事务治理传统。这一社会背景之下，士绅们才得以在自治性福利的社会服务供给方面大有所为。

值得指出的是，不能将清代传统政治的不负责任刻意褒扬为统治者主观上进行“小政府下社会自治”型治理。只是因为清代政府在兴办福利方面掣肘于有限的人事和财政能力，从而为士绅等兴办自治性福利留下了空间。

4.1.2 士人的行动是清代自治性福利发展的关键

面对民间福利需求政府无法供给或供给不足的状况，清代各阶层进行结社以形成自治性福利组织，农民们纷纷结成合会，工商业团体则建成会馆、公所和行会组织，而士人则是善会善堂和宗族等自治性福利组织的领导主体和参与主体，他们的行动是清代自治性福利发展的关键。

1）清代士人为自治性福利的发展贡献了大量观念资源

清代士人提出的“注重社会事业民办”的思想有利于自治性福利的发展。从“处江湖之远”的山野士人到“居庙堂之高”的地方官员，大多充分肯定民办社会事业的有效性，如戴震指出，“凡事之经纪于官府，恒不若各自经纪之责专而为利实”①，明确表达了对政府作为的不信任。这一观念推动了民间福利机构被人们广为接纳，有利于自治性福利组织的发展。

清代士人提出的“安富以济贫”的思想也有利于自治性福利的发展。安富以济贫意为尊重富人的财产权，并激发他们参与济贫。明末清初的祁彪佳将安富看作救荒的关键，他说：“救荒要在安富。富民者，国之元气也……富者尽而贫者亦何所赖哉。”② 明代王圻指出藏富于民就是藏富于富民，国家应尊重、保护富户的财产权，再激发其好义之心。“富民，国之卫也，民之依也。所谓藏富于民，藏之此矣。《记》曰，富则仁义附焉。夫好义之心，人孰

① 戴震．戴东原集［M］．商务印书馆，1933：118. 转引自：余英时．现代儒学的回顾与展望［M］．北京：生活·读书·新知三联书店，2004：154.

② ［明］祁彪佳．祁彪佳集［M］．北京：中华书局，1960：96.

无之，要在上之人阳激而阴率之，则倜傥之士则浮慕焉，而虽啬夫亦捐千金如敝屣矣。”① 他在《赈贷群议》中如是说。明清著作中多有提及“藏富于民”，可见安富思想已经成为明清儒家思想的一个基调。②

此外，晚清士人提出的“经世致用”思想形成了晚清思想界的主旋律，在此风潮之下，晚清士人积极地学习并引介进西方慈善的理念和做法，促进了晚清善会善堂的发展和现代化转型。

2）清代士人为自治性福利的发展贡献了大量实践行动

在儒家传统思想的影响下，清代儒生们积极行动，以倡导者、组织者、实践参与者等各种身份贡献于宗族福利和善会善堂等自治性福利事业。同时，儒家思想在清代呈现出了新的面貌和基调，明儒陈龙正曾说，“上士贞其身，移风易俗；中士自固焉尔矣；下士每遇风俗，则身为之移”。可见，明清士人们重视通过自下而上地建立族制、兴办乡约等民间社会组织移风易俗，教化万民，他们的行动推动了清代宗族福利的发展。此外，由于明清科举名额的减少，很多士人“弃儒就贾”，成为儒商，这个饱经儒家文化浸染的商人群体以财富开拓了民间社会，他们对穷人救急纾难，热心公益事务，有利于行会福利和会馆公所福利的发展。

3）清代士人的道德理念形塑了清代自治性福利制度的具体运作

儒家的传统道德评判体系数千年来深入人心，士人们广为认同。清代自治性福利组织的管理者，如宗族的管理者和善会善堂的兴办与经营者，多是儒家士君子，他们怀揣着自身的道德理想，希望在通过自治性福利机构实施善行的同时推广儒家的道德理念，借以教化人心。因此，他们要求受助者行为上符合儒家伦理标准。众多自治性福利组织在对救济对象的选择过程中，都规定了受惠人的受惠资格和受惠要求，而这些要求参照着一套儒家的传统伦理标准，只有符合这套伦理标准的人才能得到福利组织的帮助。如在族田义庄资助族人时，善会善堂筛选入堂人时，道德教化始终没有被忽视。于是，在实行救济的行为中深深蕴含了教化的目的。这就是清代自治性福利的“寓教化于救济”。

---

① 王圻《续文献通考》卷四二《国用考·蠲贷》。转引自：张兆裕：贫富相资论与明后期的救荒思想，第十届明史国际学术研讨会论文集。

② 余英时．现代儒学的回顾与展望［M］．北京：生活·读书·新知三联书店，2004：150.

4.1.3　儒家的“差序供给”是清代自治性福利发展的思想共识

清代自治性福利运行的重要特征是“差序供给”。这包括两个方面：一是在覆盖范围上，分别按照血缘、地缘、业缘，由近及远，依照亲疏关系，首先救济关系密切的人，再扩展至陌生人，救济对象的选择上呈现出差序对待，这就是“救济对象差序选择”。二是在福利水平上，作为民间自主兴办的福利，由于缺少官方的财政支持，保障项目的数量和保障力度等都依赖于自治性福利供给主体自身的实力和支持能力，是谓“能力差序供给”。并且，在同一福利组织中，通常根据家资水平量力为福利机构出资，家境殷实者多出，次之可少出，这也是能力差序供给的直接体现。

1）“救济对象差序选择”符合人伦与现状

受“差序格局”的社会关系的影响，中国古代所呈现出的自治性福利形态通常是以“己”为中心，先承认“己”、再承认“人”，按照血缘、地缘、业缘的亲疏层层扩展的，福利供给以家庭为最小的单位，在人们能力所及的情形下，再推至关系近一层的同宗族、同业甚至同地区的旁人。例如，同善会的积极推广人陈龙正曾说：“亲亲、仁民、爱物三者，大差等也。三者之中，又各有差焉……。”[①]他实施乡里救济事业就是根据这种思想，优先救济生活圈的中心——家族，再考虑生活圈的外缘——宗族，随后考虑陌生人。在这种格局之下，自治性福利组织的关怀对象通常都是和自己有一定社会关系的人，所以人们从心理上对这种“救济对象差序选择”的自治性福利更容易接受。显然，它更加符合中国人的人伦需求，这是时人发展自治性福利的思想共识，并对推动我国传统社会，特别是明清以来民间福利制度的发展起着非常重要的作用。

2）“能力差序供给”激励了民间自治性福利组织的踊跃成立

清代不同经济实力的自治性福利组织提供的福利水平各异，这种“能力差序供给”理念使自治性福利组织更能根据自身的实际经济情况兴办福利事务，从而有利于福利组织的持续发展。例如，在我国宋代成立持续运营到清末民初的范氏义庄，由于自身能力所限也经历了救济水平从族内“普遍福利”至“周贫济困”的转变，而这一点也恰恰是范氏义庄能够得以长期存续的一个重要原因。

---

① 陈龙正《几亭全书》卷七《学言详记》。

4.2　清代自治性福利发展的现代启示

4.2.1　对我国自治性福利发展的启示

1978 年以来，我国的自治性福利组织有了一定发展，与官方福利组织共同发挥着慈善、救济等功能，是民间公民社会孕育成长的标志之一。但是，自治性福利的发展仍存在一些不足：政府运作色彩浓厚，民间行动主体的作用没有得到充分发挥，慈善理念需要进一步重塑。

1）政府应给予自治性福利组织发展以良好的政策环境

宽松的政治环境有利于自治性福利组织的生成，相反，政府的不当干预和越界会损害民间自治性福利组织的成长。在清代中期，善会善堂的发展一度受到政府行政命令的影响，呈现出一波三折之象，当时官方对自治性福利的强加介入弊窦丛生：首先，它为地方殷实之户带来苦不堪言的徭役般的负担，引起他们的强烈不满；其次，它给胥吏创造了寻租腐败的空间，不利于善会善堂充分发挥其救济功能。

清代政府对善会善堂的介入发生在乾隆元年，官员杨名时建议在全国建设普济堂的上奏被乾隆皇帝裁定许可，清代很多普济堂在那一时期转为官营，各地也纷纷兴办官办的普济堂。普济堂的经费来源于国家，管理则仍然归地方士绅，这就是“善堂官营化”现象。原则上，普济堂的经费来源于政府财政，但事实上，负责管理经营普济堂的地方士绅，还要负责填补普济堂的经费亏空和不足，向地方官报账不仅手续繁琐，还可能会受到胥吏的刁难和索贿。士绅吴周玲曾为此写下诗篇《司普济堂一周期满》[①]：“建堂养茕独，推广皇仁慈。董以殷实户，所期实惠施。经费统一周，民销官算之。郡守至幕府，辗转校簿迟。吏胥乘其间，吹毛而求疵。善果不可为，归咎于官司。官乎岂任咎，立法本无私。譬如牧牛羊，须校刍粟资。拱手听牧人，腹克何由知。废法诚不可，补救宜随时。”诗中前三句表达了作者对官府善意建堂的理解，四、五句便开始埋怨层层报账的耗时和对胥吏乘机吹毛求疵的不满。六、七句描述了自己战战兢兢的心情，一旦有所差池还有吃官司的危险。官员们

① ［清］顾禄．桐桥倚棹录［M］．上海：上海古籍出版社，1980.

又怎么会去承担罪责呢？他们会说，朝廷法令本就这样规定的。最后三句表达了作者其实对官府盘查的做法十分理解，即使是家庭牧牛，也需要校对粮草花费了多少，如果全听凭牧人所讲的话，怎么知道他有没有对粮草削减克扣？废掉这一程序固然不可能，但是应该尽快采取措施加以完善。这首诗反映了官营化的政令对当时的善会善堂的发展影响之大。

在今天中国的社会保障体系中，自治性福利组织发展薄弱且行政色彩浓厚，其建立受到政府限制、运营并不独立、政府运作的色彩浓重，这集中体现在政府对自治性福利组织建立的有关规定上。目前，自治性福利组织的性质通常是社会团体、基金会和民办非企业单位，它们的成立应符合《社会团体登记管理条例》、《基金会管理条例》和《民办非企业单位登记管理暂行条例》的有关规定。《社会团体登记管理条例》第六条中规定："国务院有关部门和县级以上地方各级人民政府有关部门、国务院或者县级以上人民政府授权的组织，是有关行业、学科或者业务范围内社会团体的业务主管单位。"这就意味着要想成立社团，就必须先找到愿意当"婆婆"且具有官方背景的业务主管单位。基金会和民办非企业单位亦然。可见，目前我国民办慈善机构的建立和运营等很大程度上依赖于政府。托克维尔曾说："政府当局越是取代社团的地位，私人就越是不想联合，而越要依靠政府当局的援助。"① 因此，鉴于清代官方介入善会善堂之教训，政府不应直接干预自治性福利组织的发展，尽量减少民办慈善组织对官方的依赖，尊重多元福利形态的存在。当然，政府的"不直接干预"并不等于完全的放任与不管不问。正如吴周玲的诗句所言"譬如牧牛羊，须校刍粟资"，民间自治性福利组织仍需要政府制定统一的公正的规则和法令，完善司法监察程序，为民间自治性福利组织的孕育提供良好的政治环境，鼓励其发展，释放社会活力。

2）发展自治性福利应重视行动群体的突出作用

士人群体充当了清代自治性福利的行动主体，为自治性福利的发展贡献了丰富的观念资源和实践行动，并且，他们的道德观念形塑了自治性福利的具体运作。士人群体成为行动主体，与其受到清代儒家福利观念和士人道德理想的影响关系密切。一方面，明代中叶以后，儒家不再把希望寄托在圣君

---

① 托克维尔．论美国的的民主［M］．沈阳：沈阳出版社，1999：692.

贤相上，他们采取下行而非上行，是面对社会不是面对朝廷。[①] 因此，清代的士人群体开始注重通过建立宗族、善会善堂等社会组织的方式教化社会上的普通百姓养成士君子的品格，再通过他们之间的相互影响以移风易俗。另一方面，清代的士人群体深受儒家文化的熏陶浸染，士绅们在社会上一直被视作知识上的榜样和道德上的楷模，象征着德才兼备、品格卓越，赢得了社群圈子中老百姓的敬重，因而他们渐渐产生出一种身份认同（荣誉感）来，愿意将地方公共事务视作义不容辞的责任，贡献自己的力量。当民间遇有福利需求，士绅们面对老百姓对自己"仗义出手"的期待和自身的"贵族"荣誉感对自己的要求，自然成为了清代自治性福利事业最主要的行动主体。

今天，士绅这一群体早已被大历史所切断，中国尚没有形成一个类似于清代士绅的充满身份荣誉感的群体，去承担地方或国家的公益性事业。中华传统文化中蕴含着丰富的为国为民、勇于担当的思想，也曾熏陶出像张謇、经元善等众多慷慨疏财、热心桑梓公益的中华慈善事业的脊梁。因此，有必要复归传统文化、彰显士人精神，弘扬传统文化中的仁爱、忠恕和经世济民等思想，形成一个新的有家国责任感的行动主体，和众多为之贡献力量的个体公民，使今天的自治性福利绽放新的芳华。

3）发展自治性福利应重塑自治性福利观念

清代的自治性福利观念囊括了传统的福利观念和近代以来的"教养并重"、"别勤惰"等观念：传统福利观念推动了民间慈善义举和自治性福利组织的建立和维续；在"教养并重"观念影响下，晚清自治性福利的发展呈现出了"教养并重"的时代特征，社会上涌现了大量的工艺所；"别勤惰"观念作为一种新的价值理念，为慈善人士开展自治性福利事务提供了新的思路。

哈耶克曾说："观念的变化和人类意志的力量使世界形成现在的状况。"目前，我国的自治性福利发展遇到困境，重要的掣肘因素出自于福利观念。随着中国对传统的割裂，传统的儒家、佛家、道家的福利思想传播已日渐式微；现代的慈善理念和公益意识又没有深入人心；尚有很多人未能完全走出重养轻教的慈善方式；"别勤惰"观念没有得到民间慈善机构充分的重视等，这些都是目前制约自治性福利发展的观念因素。因此，可以借鉴清代已有的自治性福利观念，通过慈善理念的重塑推动我国自治性福利的发展：①弘扬

① 余英时. 现代儒学的回顾与展望［M］. 北京：生活·读书·新知三联书店，2004：257.

传统福利思想。儒、释、道思想是我国古代传统福利思想的重要来源，欲弘扬传统福利思想，我们需复兴中国古代优良的传统文化，积极吸取传统思想精华。“化民成俗、教学为先”，可以尝试通过教育的方式促进人们对传统文化的理解。②借鉴“教养并重”观念。输血不如造血，对于儿童的救济，可以更加关注传播知识型的助贫方式，为儿童创造更多的读书机会，从而使他们增长知识、获得成长；对于成人的救济，可以更加关注教授技能型的助贫方式，使他们业有所长，从而自力更生。③借鉴“别勤惰”观念。回顾清代的自治性福利，无论是强宗大族对族人的帮助，还是善会善堂对贫困人士的救济，或是会馆公所中的同乡互助，自治性福利组织从来不是为了保障衣、食、住、行而建立，而只是为了救助那些不得衣食、飘零异乡的贫窭人士而设立，相应地，它所提供的都只是对其资助对象维持最低生活水平的福利，关注对其成员“生”的维持和“死”的恭敬。这一方面是因为慈善组织的经济能力有限，另一方面则是因为高水平的福利有可能鼓励懒惰，需对此防患未然。自治性福利组织的资金，或来源于公共的族产，或来源于社会的善款捐助，或来源于集体的集资，经理人对此进行支配时必定会尽可能公正、普惠，尽可能多地救人于危难，绝不能有意浪费和助长懒惰，这决定了清代的自治性福利只能停留在救济水平。今日中国的自治性福利组织亦然，为鼓励勤劳、自强的品格，防止助长人们的懒惰之心，始终坚守保基本的适度水平的救济性保障。

4.2.2 对我国社会保障制度发展的启示

清代自治性福利制度的发展演变体现了其自然演化的特征。今天的社会保障制度建设应警惕顶层设计思维，尊重传统的自助、互助方式，让自治性福利自然而然地生长。

1）充分发挥自治性福利制度在社会保障中的重要作用

清代的自治性福利制度的建立，是为了回应特定社会背景下民众的福利诉求，并成为清代社会保障制度不可忽视的组成部分。清代民间自治性福利制度的显著成效以及官绅合作办福利的历史经验都昭示了民间社会可以在社会保障事务中发挥其特有的作用。目前，我国政府主导的社会保障制度正处在扩张的时期，其发展成效显著。但是民间自治性福利在社会保障领域发挥的作用还比较微弱。尽管当今社会中国传统的几世同居的大家庭基本消失殆尽，但家庭成员内部互助仍然是个体生存和发展的重要基础。在广大农村社会，依靠子女的反哺式家庭养老仍然是主要的养老方式，在城市中提倡的社区养老也是以家庭、邻里为依托而成立发展的。因此，我们应该积极吸收传统儒家思想精华和传统自治性福利制度的有益做法，积极发挥自治性福利制度在当今社会保障中的作用。

2）警惕社会保障制度发展中的全盘建构思维

古典自由主义者哈耶克曾将西方的理性主义传统划分为两种不同的路径：一种是建构理性主义传统，另一种是演化理性主义传统（经验主义）。这两种理性主义分别对应着两种不同的制度观。① 建构理性主义代表整体主义的制度观，以柏拉图为鼻祖的建构理性主义者坚信一切有效用的制度产生于人类深思熟虑的设计，完全能以建构的方式型构一个完美的制度。演化理性主义代表局部演化的制度观，休谟、斯密等演化理性主义者对笛卡尔式的建构主义进行了反思，他们认为，知识分散于每一个人的头脑，世界上不存在能够设计一切的全知全能的人，制度的形成源自于漫长的历史中无数人试错的结果、经验的总和。

显然，清代的自治性福利体系并不是一蹴而就地型构而成的，渐进、调整、试错、演化是其制度变迁的特征。如民间合会是回应人们面临的特定互助需求产生的相互结社；受到西方慈善理念和措施的影响，晚清的很多善会善堂，纷纷附建了工艺所、小学堂等；育婴制度面对层出不穷的制度漏洞不断地自我完善。这些自治性福利制度的生发和发展生动地诠释了制度是经过多方互动和不断调整从而演化而成的。

值得警惕的是，以建构理性主义为基石的全盘建构思想，其蕴含的最大的危险就是有动辄诉诸暴力的倾向。② 在社会保障领域，它将具体表现为，在福利供给上，政府将拥有提供服务的排他性权力，这可能会对个人施以强制，威胁到个人的选择自由，而强制本身便是一种恶。同时，蕴含着理性建构主义的政府主导的福利，短期可能最有效率，但是，一切不受竞争挑战的垄断最终都会随着时间的流逝而导致低效，从长期来看，以强制性为后盾的政府

① 晏鹰，朱宪辰．从理性建构到认知演化——诺斯制度生发观的流变［J］．宏观经济研究，2010（2）：55.

② 刘军宁．保守主义［M］．北京：东方出版社，2014：262.

保障会阻碍社会上传统或自生的力量的进化和发展。①

现阶段，我国的社会保障制度正处于全面扩张的时期，这背后依赖的是强大的政府权力。我国政府主导的社会保障制度某种程度上体现着政府对福利进行全盘建构的努力，蕴含着建构理性主义思想。因此，我国的社会保障制度发展应秉持演化理性主义以及局部演化的制度观，致力于点滴的建设，而非全盘的建构。

3）我国的社会保障制度应尊重传统的自助、互助方式

清代的自治性福利是由民间自发结社而形成的公共事业，终清一代，没有权威设计的官方福利包揽全局，人们秉持自助和互助的想法，传承并推广已有的有效率的福利组织形式，在此期间对外来先进的福利理念加以吸收，并通过制度创新充分挖掘新的福利组织形式，救济了无数有需要的民众，取得了不可磨灭的成绩。费孝通先生曾说，愈是经前代生活中证明有效的，也愈值得保守。② 清代民间自治所形成的救济传统，是历史为我们留下的值得今人借鉴的宝贵文化遗产。③

保守主义认为，人类社会不是机器，不能依赖出于抽象想象所建构出的理论来推动社会及其制度的前进，社会秩序是各方主体共同参与的结果，而绝非某些个体设计的结果。④ 社会秩序的基础是传统和习俗，而不是理性。传统是比任何个人和党派远为重要的智慧来源，因为它反映了人们在历史上所积累的经验、思想和在实际事务中被证明为有效的习俗和惯例。⑤ 可见，应秉持尊重已有的传统和习俗的态度。在漫长的中国古代，人们在这片土地上以自助、互助的方式勇敢、坚强地生活。这种自助、互助的习俗，就是中国传统社会所累积的经验，清代自治性福利制度的大量涌现，更是我国民间智慧的伟大探索。

传统是经社会筛选、时光验证为行之有效的经验，清代自助、互助的保障方式就是中国传统社会演化形成的传统之一。但是，目前中国以强制性为后盾的官方社会保障制度正在逐渐遗弃这种传统。此外，传统的自助、互助

① 弗里德里希·冯·哈耶克．自由秩序原理：下［M］．邓正来，译．北京：生活·读书·新知三联书店，1997.

② 费孝通．乡土中国生育制度［M］．北京：北京大学出版社，2013：51.

③ 刘志扬．我国古代的社会救助：途径与成效［J］．学习与实践，2007（9）：115.

④ 刘军宁．保守主义［M］．北京：东方出版社，2014：195.

⑤ 刘军宁．保守主义［M］．北京：东方出版社，2014：196.

方式所蕴含的那种内在的精神，尤其是自主、独立自强以及相互合作、相互救助的精神对今天仍有很大的激励和借鉴意义。因此，当今中国在社会保障制度发展过程中，应对传统的自助、互助方式始终投以敬意的目光，并在新条件下重新焕发传统自治性福利的光辉。

4.3　本章小结

清代自治性福利的生发机理包括：良好的政治环境是清代自治性福利发展的前提；士人的行动是清代自治性福利发展的关键；符合差序人伦的“差序供给”方式是清代自治性福利发展的精魂。

清代自治性福利发展对中国自治性福利发展富有启示，即应给予自治性福利组织以良好的政策环境，减少政府对其的介入；重视行动主体的突出作用，以形成新时期慈善公益的行动主体；重塑自治性福利的观念资源。清代自治性福利发展对我国社会保障制度同样富有启示，即自治性福利应是我国现代社会保障制度的重要组成部分；我国的社会保障制度发展应警惕全盘设计思维；应尊重传统的自助、互助方式。

清代自治性福利的发展有助于反思政府主导型社会福利的不断扩张蕴含的危险，进而审视政府在社会保障事业的恰当权限和本分。100 多年前，梁启超先生在《论政府与人民之权限》中谈道：“中国先哲言仁政，泰西近儒倡自由。此两者其形质同而精神迥异，其精神异而正鹄仍同者，何也？仁政必言保民，必言牧民。保之牧之者其权无限也。故言仁政者只能论其当如是，而无术以使之必如是。虽以孔孟之至圣大贤，哓音瘏口以道之，而不能禁二千年来暴君贼臣之继出踵起，鱼肉我民。何也？治人者有权而治于人者无权。……若夫贵自由，定权限者，一国之事其责任不专在一二人。分功而事易举。”他充分论证了只有划定权限，实现分权，才能更好地治理社会事务。梁氏所划定政府与人民的权限是：“凡人民之行事有侵他人之自由权者，则政府干涉之。苟非尔者，则一任人民之自由，政府宜勿过问也。”[①] 这也应该是处理政府主导的福利与民间自治性福利关系的基本原则。

① 萧公权．中国政治思想史［M］．北京：商务印书馆，2011：746－747.

结论：宋、明、清自治性福利传统的现代转化

1）宋、明、清的治理理念及其变迁

在宋代政府“以文治国”和“重科举”的治国政策影响下，宋代儒家士绅阶层逐渐成长壮大，作为知识群体其独立与使命意识也不断增强，于是在君臣中逐步形成了“儒家士大夫与皇权共治天下”的共识。加之北宋“乡官改为乡役”制度，国家正式权力机构退出乡里，儒家士绅继承和发展了传统的儒家学说，注重道德践履和知行合一，积极投身于基层公共事务，力图改善乡里社会风气，重塑基层社会秩序，通过自身的社会名望和文化权威实际上成为乡村社会的领导者，在宋代基层基本上确立了儒家士绅治理社会的格局。而在基层社会的具体治理中，宋代儒家士绅群体也产生了很多新的理念，如一方面提出了“敬宗收族”思想，用以改良以往的宗法制度，把同一宗族成员依靠血缘关系联结起来，形成了一个自治性福利组织团体。另一方面对传统儒家的“礼”有了新发展，提出了“礼下士人”与“往教”的思想，有利于在广大基层社会形成共同的价值标准和行为准则。而到了南宋，朱熹更是把“礼”看成是“理”，即认为礼（人们外在的人伦社会秩序）的有效维持取决于个人内在的人性道德修养水平，意味着通过自身的道德践履而最终达到“礼”的高度，深刻体现了儒家士绅的一种“知行合一”理念。

明清时期科举制度发展到鼎盛时期，统治者对科举制度高度重视，选拔人才时“唯才是与”，不再拘于出身、地域和民族，使得士绅阶层向平民阶层扩展，士绅群体人数增多，力量更加庞大。而明末更是地方精英兴起的时代，在地方社会已经形成了脱离政府的“地方公议”的精英自治传统，而明末清初善堂善会的成立与此也有密切关系。相比于宋代，明代除了士绅和地方精英群体更加壮大之外，商人群体力量进一步增强，并且出现了“贾而好儒”的现象，他们凭借自身的经济实力、儒家的理念和一定的管理才华构成城镇市邑中的民间慈善事务中的骨干力量，这部分商人群体也被称为“绅商”或者“儒商”。此外，明代开国皇帝朱元璋鉴于元朝胥吏鱼肉百姓的教训，提出了“以民治民”的观念并付诸实施。在基层通过推举方式实行“以民治民”的治理模式，如粮长、里长、老人制度都是以民治民的具体体现。相对于宋代而言，明代的宗族制度突破了宋代“五服”的概念，宗族越来越多地由出

了服的族人构成，明代嘉靖十五年由于允许民间祭祀始祖，宗族设置更为普遍化和民众化。[①] 明代中叶，随着征课赋税的里甲制度的衰落，具有共同利益的宗族组织的自治化趋势开始增强。

经过宋明以来的历史孕育与发展，到了清代，士绅阶层的地位进一步获得巩固，他们把在乡里行教化之责，维护基层社会秩序，发展基层社会福利看作自身的使命。而清代的绅商和儒商群体数量进一步增加，在地方公共事务中所起的作用进一步增强，相比于宋明，治理基层社会和兴办地方福利事务已经成为儒家士绅和绅商的一种惯例。儒家士绅凭借自身所掌握的儒家文化和思想理念，在基层享有着与来自官方不同的文化权威，并且成为社会各方的共识。

值得指出的是，宋、明、清三个朝代的民间自治性福利组织的设立与发展，虽然总体上由儒家士绅或者儒商所主导，不受政府直接干预，但是由于儒家士绅本身所具有的“忠君报国”思想，因此与统治者在维护社会统治上的目标也具有一致性。如南宋朱熹设立社仓虽然很大程度上出于悲天悯人之心，但是也有避免饥民叛乱，流为盗寇以期维护社会统治的目的。而到了明清时期，儒家士绅阶层甚至设立一些民间福利制度的目的即是为了维护传统社会的价值观，宣扬忠孝节义，如明清的宗族福利的享受与否便与每个宗族成员的所谓的道德水平相挂钩；清代的善会善堂中，其中的清节堂、敬节堂等便是儒家士绅为了鼓励寡妇守节而设立的，因为寡妇守节更符合当时士人阶层和整个社会的价值伦理，而寡妇获得援助也要以终身守节为条件。当然，这种价值理念已经不符合当今真正的以人为本理念。

总之，宋、明、清的治理理念影响着社会治理群体的构成，一定程度上也影响着自治性福利观念的演化以及自治性福利制度的变迁。

2）宋、明、清自治性福利观念的演化

中国古代慈善事业的发展主要受儒家思想和佛教思想发展的影响，宋、明、清自治性福利也是如此。纵观历史，对中国古代慈善事业施予最大影响的莫过于支配中国传统社会 2 000 多年之久的儒家思想。从周代立国伊始到上述宋明清三代，慈善事业无不深受中国传统儒家思想的影响。就宋、明、清而言，宋代的儒家士绅阶层成为民间自治性福利制度的积极倡导者、参与者

① 李治安．宋元明清基层社会秩序的新构建［J］．南开学报，2008（3）．

和举办者。明代不仅儒家士绅阶层积极践行民间慈善事业，另外“贾而好儒”的商人在获得一定的财富积累之后也积极参与地方慈善事业。而到了清代，兴办民间自治性福利组织已经成为儒家士绅的惯例，官绅合作、富商与儒家士绅合作构成民间自治性福利制度兴办的主体。

而佛教自从东汉正式传入中国，魏晋南北朝时期在民间流传开来，唐代得到了广泛传播，此时的中国儒释道三家也开始逐步合流。到了宋代，佛教开始变得“世间化”，即从泛泛地主张三教调和，转到汲取儒家的“忠孝仁义”的基本观念，展现了一定的现世进取精神；从泛泛地提倡救度众生，转向实际地忠君爱国，参与慈善事业的发展。时至明清，经过一千五六百年的浸染和熏陶，佛教的慈悲精神和三世因果轮回之说深入民间，故一般人除受伦常观念的约束外，亦大受因果报应说之影响而行善避恶，而富有之人或者捐资助民或者积极参与创办民间自治性福利组织活动。

此外，民间善书所宣传的道教思想对人们的善行或者慈善事业的发展也有一定的影响。与儒家和佛教所进行的道德说教不同，道教善书往往通过列举大量行善获福、作恶遭殃的事例来达到劝化世人的目的，它强调的是现世报、立地报和子孙报。① 这种道教民间善书由于印刷术的普及和市民文化的兴起在宋代民间广为盛行，其中现存最早，保存最完整的著名善书《太上感应篇》在宋代即出现。② 明清之际，一方面，政治腐败，朝纲紊乱，社会剧烈动荡；另一方面，随着商品经济的发展，江南地区城市中正孕育着新的思想观念和生活方式，不断地冲击着旧的伦理观念和道德规范。在这样的背景下，为了扶世教、救陋俗，用通俗语言作成的善书被大量地编纂、重刊，出现了再度兴旺的情况③，一定程度上影响着民间慈善行为和福利组织的出现和发展。

在晚清时期，很多外国传教士踏上中国的土地。他们在所在地区创立了育婴堂、孤儿院、聋哑院、医院、学校等民间慈善机构，积极开展慈幼、助残、义诊、义学等慈善活动，在一定程度上向国人传播了基督教慈善思想。另一方面，随着西学东渐，洋务思潮勃兴和近代资产阶级改良主义的兴起，中国传统慈善思想也出现了较大的转变，逐渐吸收西方善堂的有益做法。经

① 王卫平. 论中国古代慈善事业的思想基础 [J]. 江苏社会科学. 1999 (2).
② 王卫平. 论中国古代慈善事业的思想基础 [J]. 江苏社会科学，1999 (2).
③ 王卫平. 论中国古代慈善事业的思想基础 [J]. 江苏社会科学，1999 (2).

过考量和研究，中国致力于慈善事业的仁人志士广为吸收西方的“教工艺”“别勤惰”“教养并重”等慈善理念，认为其是符合时代趋势的“世界公理”。如清末著名的绅商慈善家经元善认为“养与教同为仁政”，主张救急不如救贫，即不仅在灾荒发生后临时募捐赈济，更应在平时筹措“善后之法”。而所谓的“善后之法”，主要包括“兴农开荒”和“课工教艺”。[①] 可见，这与宋代之前历代政府主要关注荒政，宋代以来政府尽管注重救贫但重养缺教，已经有了很大的突破和改变。受慈善理念转变的影响，民间自治性福利机构的职能也发生了很大改变，开始注重培养被救助者的自力更生能力，根据个体的禀赋做到一定程度上的“因材施教”，以期实现“授之以渔”的目的。

3）宋、明、清自治性福利制度的变迁

宋代自治性福利制度主要是在农村生长起来，是面向农村百姓的民间自治性福利组织制度。这与宋代政府的社会保障政策主要面向城市弱势群体，农村缺乏常规性救助，而农村百姓又有切实的诸种福利需求有关。从人际关系角度，这些自治性福利制度主要有两种类型：一是基于血缘关系的自治性福利组织，如敬宗收族制度、义庄制度等；二是基于地缘关系的自治性福利组织，如敦煌私社、乡约、义役和社仓等。这两种类型福利制度的共性是都产生在农村熟人社会。由于传统社会交通信息闭塞，自治性福利制度都局限在很小的范围，组织规模也有限，而且熟人之间福利的供给更多的是受传统的礼俗和权威的影响，不利于契约、信用和有公信力的制度的产生。当然，由于敦煌私社位于国土边界、民族聚居的地方，诸种文化交融，因而相对来说可能是个例外。

到了明代，基于血缘关系的敬宗收族制度得到进一步发展完善，与义庄制度融合起来，囊括了养老、教育、济贫、医疗、婚丧嫁娶互助福利等诸方面内容，数量上也有一定增加；相比于宋代，基于地缘的社仓制度模式虽无创新，但分布更加广泛，遍及全国各地，加上明代幅员辽阔，因此在数量上比宋代要大得多。明代还出现了基于行业划分的行会和会馆自治性福利组织制度。由于明代社会经济进一步向前发展，商业更加繁荣，使得商人群体的数量和力量比以往任何朝代都要大。大多数商人手中不仅有一定的财富，崇尚儒家的道德和理念，同时也为了提高自身的社会地位，于是他们便积极参

① 王卫平．论中国传统慈善事业的近代转型［J］．江苏社会科学，2005（1）．

与到地方慈善事业建设中来。由于商人群体主要在城市里活动，因此自治性福利也在向城市拓展。

到了清代，自治性福利制度得到蓬勃发展，达到了与官方保障平分秋色的程度。相比于宋代的萌芽、明代的发展，清代自治性福利制度可谓之繁荣的时代。特别地，清代的善会善堂制度是以都市为据点（因为在都市可以向富商募集到更多的慈善基金），逐步辐射到农村的一个慈善网络。

4）从道德共同体走向道德秩序

美国著名的经济学家布坎南把社会的制度模式划分为三种主要类型：道德共同体、道德秩序和道德无政府状态。布坎南所说的道德并不是一般意义上的道德含义，而主要是指人们相互行动及感知的方式，可以把道德作某种规范解。同时他也强调了任何社会都是这三种形式或要素的某种混合，当然可能以某种类型为主。

根据布坎南的定义：①道德共同体存在于一组认同为一个集体单位、一个共同体，而不认为他们是独立的孤立的人们中间。[①] 共同体成员具有共同的价值观并对该共同体抱持一定的忠诚程度，同时人与人之间的交往与合作往往在同一价值理念的人们之间或者共同体内部进行。总之，在这种制度模式中个人从属于共同体而存在。②道德秩序是指每个人在与他人打交道时并不看重他人是否与自己持有共同的价值理念以及是否属于同一共同体，而是把他人看作独立于共同体之外的个体，基于互惠，通过平等和相互尊重以某种明示或者默示的信用、契约而建立起来的交往联系。这种不以道德价值判断和对某一组织群体的忠诚程度为据，而是通过双方遵守相互信任的行为戒律的制度模式有利于人们超脱亲缘、地缘、业缘，甚至理念的认同，形成扩展的组织制度模式。③道德无政府状态。布坎南认为当人们不把其他人看作他们的道德共同体的成员，并且也不把其他人看成值得彼此相互尊重和信任的独立个人（即不接受道德秩序对行为的最低限度要求）即是一种道德无政府状态。[②] 总之，在道德无政府状态中，每个人完全把其他人当作促进他自己的目标的工具，可见它是对道德共同体和道德秩序二者的否定。[③]

由上述分析可见，三种模式中，道德无政府状态是最糟糕形态，甚至很

① 詹姆斯·M. 布坎南. 自由、市场与国家［M］. 上海：三联书店，1989：158.
② 詹姆斯·M. 布坎南. 自由、市场与国家［M］. 上海：三联书店，1989：160.
③ 詹姆斯·M. 布坎南. 自由、市场与国家［M］. 上海：三联书店，1989：160.

难形成真正的组织来达成人与人之间的互利合作。与道德无政府主义的社会状态相比，道德共同体的社会状态有很多优势。不过，由于激励和责任等原因，使得道德共同体的社会秩序无法持久。同时，以道德共同体为特征的制度结构中，不利于人们交易与合作的拓展，也不可能存在一个真正独立的个人。只有在道德秩序规则下，一个真正独立的个人在理论上可能继续存在。

按照此种理解，纵观我国宋、明、清自治性福利制度，如敬宗收族、义庄、义役、乡约、敦煌私社、合会、摇会、社仓等，是基于血缘、地缘等熟人社会、熟人关系达成的，属于道德共同体范畴。以士人、商人为主体构成的诸如行会会馆、善会善堂等互助组织也是基于同一人群或行业群体。在这样的组织制度内，每个成员附属于一个团体组织而存在，组织成员都不同程度地体现了传统的宗法观念和儒家的礼制价值观，不同组织之间或者组织内部成员与外部成员处于相对封闭隔绝状态；在组织内部尽管也出现了法规的修改与完善，但制度运行更多的是依赖身份地位的作用而缺乏内部成员独立意识和个体之间的相互平等与尊重。

在当前市场经济条件下，传统社会依赖血缘、地缘的熟人圈子已经被打破，伴随而来的是自治性福利组织在陌生个体之间的合作达成问题，因而传统的基于血缘和邻里乡土而建立起来的差序供给制度不仅失去了存在的土壤，而且在当前市场经济条件下似乎也难以发挥往日的效用。因此，在现代社会中，道德秩序合作模式显得异常重要，关键是要培育个体的道德秩序意识，每个陌生个体惟有通过契约与信用等规则体系使人们在价值多元的社会仍然可以对话与合作，使传统的道德共同体性质的组织形式转换成道德秩序模式的自治性福利组织制度。

为了实现宋、明、清自治性福利传统的现代转化，从道德共同体走向道德秩序，必须实现公共政策的重构。在道德秩序的宪政结构之下，重构中国的公共政策意味着①：公共政策要致力于抽象秩序的维护，而不是具体目标的实现，应该着眼原则问题，而不探索权宜之计的问题；公共政策的范围和界限必须受到严格的约束，对重大公共政策问题设置较为严格的程序，公共政策应该以个人为基础；公共政策必须以个人主义为取向，直接面向个人，保护个人权利，具有普遍性、一致性和平等性；公共政策必须从以命令和强制

① 李文钊．结构转型、秩序演进与中国公共政策的重构［J］．理论与改革，2011（2）．

为基础向以自愿和激励为基础转变，公共政策应该适应道德秩序框架之下的政府强制行为的最少化，更多地用交易和市场的方式处理公共问题；公共政策必须在法治和程序的框架之下处理公共问题，要改变行政和人治的方式处理公共问题，从而使得公共政策具有稳定的预期。

参考文献

一、著作、期刊类

[1]［法］托克维尔．论美国的的民主［M］．沈阳：沈阳出版社，1999.

[2]［法］谢和耐．中国社会史［M］．南京：江苏人民出版社，2012.

[3]［美］埃莉诺·奥斯特罗姆．公共事务治理之道［M］．余逊达，陈旭东，译．上海：上海译文出版社，2012.

[4]［美］费正清．剑桥中国晚清史［M］．北京：中国社会科学出版社，1993.

[5]［美］米尔顿·弗里德曼．自由选择［M］．张琦，译．北京：机械工业出版社，2013.

[6]［美］田浩．朱熹的思维世界［M］．南京：江苏人民出版社，2011.

[7]［美］余英时．现代儒学的回顾与展望［M］．北京：生活·读书·新知三联书店，2004.

[8]［美］詹姆斯·M. 布坎南．自由、市场与国家［M］．上海：三联书店，1989.

[9]［日］道端良秀．中国佛教与社会福利事业［M］．关世谦，译．佛光出版社，1981.

[10]［日］多贺秋五郎．宗谱の研究·资料篇［M］．东京：东洋文库，1960.

[11]［日］夫马进．中国善会善堂史研究［M］．北京：商务印书馆，2005.

[12]［日］吉田久一．日本社会事业的历史［M］．东京：劲草书房.1981.

[13]［英］弗里德里希·冯·哈耶克．自由秩序原理：下［M］．邓正来，译．北京：生活·读书·新知三联书店，1997.

[14]［英］弗里德里希·冯·哈耶克．通往奴役之路［M］．王明毅，冯兴元，等，译．北京：中国社会科学出版社，1997.

[15]［英］弗里德利希·冯·哈耶克．自由秩序原理［M］．邓正来，译．北京：生活·读书·新知三联书店，1997.

[16]［英］马克思．德意志意识形态［M］//马克思恩格斯全集.3卷．北京：人民出版社，1960.

[17]［美］道格拉斯·C. 诺斯．制度、制度变迁与经济绩效［M］．杭行，译．韦森，审译．上海：格致出版社，上海三联书店，上海人民出版社，2014.

[18] 鲍霁．费孝通学术精华录［M］．北京：北京师范学院出版社，1988.

[19] 毕天云，刘梦阳．中国传统宗族福利体系初探 [J]．山东社会科学，2014 (4)．

[20] 卞国凤．范仲淹宗族福利思想研究 [D]．长春：吉林大学，2004.

[21] 卜秋香．唐宋时期的邑社 [J]．青海师范大学学报，2005 (3)．

[22] 步济时．北京的行会 [M]．北京：清华大学出版社，2011.

[23] 曹德本．中国政治思想史 [M]．北京：高等教育出版社，2004.

[24] 曹锦云．简论明代的社会救济制度 [J]．晋中学院学报，2010 (1)．

[25] 曹立前，张占力．试论明清宗族保障的经济支持与制度性约束机制 [J]．山东师范大学学报，2009 (4)．

[26] 曹正汉，罗必良．集权的政治风险与纵向分权 [J]．南方经济，2013 (2)．

[27] 常建华．明代宗族研究 [M]．上海：上海人民出版社，2005．

[28] 常建华．中国文化通志·宗族志 [M]．上海：上海人民出版社，1998.

[29] 常建华．明代江浙赣地区的宗族乡约化 [J]．史林，2004 (5)．

[30] 陈宝良．中国的社与会 [M]．杭州：浙江人民出版社，1996.

[31] 陈碧芬．明清民本思想研究 [D]．昆明：云南大学，2011.

[32] 陈关龙．论明代的备荒仓储制度 [J]．求索，1991 (5)．

[33] 陈国柱．宋代乡村救助的新特点 [D]．石家庄：河北师范大学，2008.

[34] 陈丽华，罗彩云．会馆慈善事业述论 [J]．株洲师范高等专科学校学报，2003 (1)．

[35] 陈瑞．明清时期徽州宗族的内部救济 [J]．中国农史，2007 (1)．

[36] 陈松．明代惠民药局研究 [D]．哈尔滨：黑龙江大学，2013.

[37] 陈祥耀．略论儒家思想的精华 [J]．福建师范大学学报，1995 (3)．

[38] 陈挚．明清徽州会馆研究 [D]．武汉：华中师范大学，2014.

[39] 程二奇．近代中国行业组织的的历史变迁 [D]．郑州：郑州大学，2004.

[40] 慈周．明清时期的民间慈善事业 [J]．中国减灾，2005 (11)．

[41] 党晓虹．中国传统乡规民约研究 [D]．杨凌：西北农林科技大学，2011.

[42] 邓广铭，郦家驹．宋史研究论文集 [M]．郑州：河南人民出版社，2006.

[43] 邓云特．中国救荒史 [M]．北京：商务印书馆，1937.

[44] 窦季良．同乡组织之研究 [M]．正中书局，1943.

[45] 段建宏，岳秀芝．明清晋东南社仓、义仓初探 [J]．唐都学刊，2010 (5)．

[46] 段玉明．论道教善书的当代价值 [J]．宗教学研究，2006 (6)．

[47] 方福祥，顾宪法．试论明清慈善组织与会馆公所的关联 [J]．档案与史学，2003 (12)．

[48] 费成康．中国的家法族规 [M]．上海：上海社会科学院出版社，2003.

［49］费孝通，吴晗，等．皇权与绅权［M］．北京：生活·读书·新知三联书店，2013.

［50］费孝通．乡土中国［M］．上海：上海人民出版社，2007．

［51］费孝通．乡土中国生育制度［M］．北京：北京大学出版社，2013.

［52］冯尔康．清人社会生活［M］．沈阳：沈阳出版社，2001．

［53］冯尔康．简论清代宗族的“自治”性［J］．华中师范大学学报：人文社会科学版，2006（1）．

［54］冯尔康．中国古代的宗族和祠堂［M］．北京：商务印书馆，2013.

［55］冯尔康．中国宗族史［M］．上海：上海人民出版社，2009．

［56］高寿仙．变与乱：光怪陆离的晚明时代［J］．博览群书，2012（4）．

［57］高天霞．论唐宋时期敦煌民间结社的当代意义［J］．东南学术，2012（4）．

［58］高叶华．明代“牙人”“牙行”考略［J］．重庆师范大学学报：哲学社会科学版，2007（2）．

［59］葛金芳．从南宋义役看江南治理秩序重建［J］．中华文史论丛，2007（总第85辑）．

［60］葛金芳．两宋社会经济研究［M］．天津：天津古籍出版社，2010.

［61］郭文佳．民间力量与宋代社会救助［J］．新乡学院学报，2008.

［62］郭学信，张素英．宋代商品经济发展特征及其原因分析［J］．聊城大学学报：社会科学版，2006（5）．

［63］郝春文．敦煌私社的“义聚”［J］．中国社会经济史研究，1989（4）．

［64］郝春文．再论敦煌私社的“春秋坐居席活动”［J］．敦煌学辑刊，2006（1）．

［65］何炳棣．中国会馆史论［M］．台北：台湾学生书局，1966.

［66］何平．清代不完全财政制度下的赋税负担与税收失控［J］．税务研究，2000（2）．

［67］黄磊磊，孔祥文．第一届世界儒学大会学术论文［M］．北京：北京文化艺术出版社，2009.

［68］黄燕．洋务派官员慈善公益思想及实践研究［D］．长沙：湖南师范大学，2012.

［69］黄宗智．中国乡村研究：第一辑［M］．北京：商务印书馆，2005.

［70］贾西津．历史上的民间组织与中国社会分析［J］．甘肃行政学院学报，2005（3）．

［71］江太新．中国宗法宗族制和族田义庄［M］．北京：社会科学文献出版社，2000.

［72］蒋露．嘉道年间经世派官绅的慈善救济思想和活动研究［D］．长沙：湖南师范

大学，2012.

[73] 金滢坤. 论唐五代宋元的社条与乡约 [J]. 敦煌研究，2008 (1).

[74] 靳环宇. 晚清义赈组织（1876—1895 年）研究 [D]. 长沙：湖南师范大学，2004.

[75] 竟放. 山陕会馆 [M]. 南京：金陵书社，1997.

[76] 康丽跃. 清代社会保障研究 [D]. 苏州：苏州大学，2005.

[77] 康武刚. 宗教视野下的地方控制 [J]. 福建省社会主义学院学报，2012 (3).

[78] 孔祥军. 宋代广惠仓研究 [J]. 金陵科技学院学报，2011 (3).

[79] 兰婷. 明代民间救济研究 [D]. 南昌：江西师范大学，2013.

[80] 老任. 青苗法实施中存在的问题 [J]. 历史教学，2008 (4).

[81] 李承贵. 宋代新儒学形成中的佛教助力 [J]. 江南大学学报，2011 (3).

[82] 李芳. 清朝善会善堂自治制度探析 [J]. 河北法学，2008 (6).

[83] 李华. 明清以来北京工商会馆碑刻选编 [M]. 北京：文物出版社，1980.

[84] 李华瑞. 劝分与宋代救荒 [J]. 中国经济史研究，2010 (1).

[85] 李联周. 晚清义赈救灾思想探究 [D]. 芜湖：安徽师范大学，2011.

[86] 李庆奎. 明代备荒政策变化与基层社会变迁 [J]. 天中学刊，2006 (12).

[87] 李伟. 明夷待访录译注 [M]. 长沙：岳麓书社，2008.

[88] 李文. 明代山东社会保障的历史考察 [D]. 西宁：青海师范大学，2013.

[89] 李文治，江太新. 中国宗法宗族制与族田义庄 [M]. 北京：中国社会科学文献出版社，2000.

[90] 李文治. 宗族制的体现形式及其基层政权作用 [J]. 中国经济史研究，1988 (1).

[91] 李泽厚. 中国古代思想史论 [M]. 北京：生活·读书·新知三联书店，2008.

[92] 李占乐. “福利”与“社会福利”的再认识 [J]. 学术论坛，2004 (5).

[93] 李治安. 宋元明清基层社会秩序的新构建 [J]. 南开学报，2008 (3).

[94] 连燕春. 朱子社仓与道学家的社会理想 [J]. 合肥学院学报：社会科学版，2007 (3).

[95] 梁庚尧. 南宋的农村经济 [M]. 北京：新星出版社，2006.

[96] 梁庚尧. 南宋的社仓 [J]. 史学评论，1982 (4).

[97] 梁其姿. 施善与教化——明清时期的慈善组织 [M]. 北京：北京师范大学出版社，2013.

[98] 梁启超. 先秦政治思想史 [M]. 中华书局，上海书店，1986.

[99] 廖志豪，李茂高. 略论范仲淹与范氏义庄 [J]. 学术月刊，1991 (10).

[100] 林济. 长江中游宗族社会及其变迁 [M]. 北京：中国社会科学出版社，

1999 .

［101］林鹏旭．明代乡村社会救济研究［D］．重庆：西南大学，2008.

［102］林徐典，等．汉学研究回顾与前瞻：下册［M］．北京：中华书局，1995.

［103］林语堂．苏东坡传［M］．长沙：湖南文艺出版社，2012.

［104］刘峰．清代乡村社会保障体系研究［D］．杨凌：西北农林科技大学，2007.

［105］刘军宁．保守主义［M］．北京：东方出版社，2014.

［106］刘可迎．论中国传统价值观的基本要义［J］．佳木斯大学社会科学学报，2014（8）.

［107］刘梦阳．明清时期宗族福利研究［D］．昆明：云南师范大学，2014.

［108］刘敏．家国之间——从家训、义庄和乡约现象看宋代的士大夫的精神世界［D］．石家庄：河北师范大学，2009.

［109］刘瑞芳，等．从地方志看清代直隶的慈善事业［J］．社会学研究，1998（5）.

［110］刘雅萍．宋代祠堂的经营管理［J］．经济研究导刊，2009（6）.

［111］刘雅萍．以朱熹的构想为基础的宋代祠堂［J］．黑龙江史志，2009（6）.

［112］刘永成．试论清代苏州手工业行会［J］．历史研究，1959（11）.

［113］刘云，刁培俊．南宋义役田的产权分析［J］．史学月刊，2009（4）.

［114］刘志扬．我国古代的社会救助：途径与成效［J］．学习与实践，2007（9）.

［115］卢森机．族田义庄的福利供给和保障功能研究［D］．上海：华东理工大学，2012.

［116］马飞跃．清代工商业会馆公所规章制度探析［D］．上海：上海师范大学，2008.

［117］马玉臣．宋代常平仓制度研究［D］．开封：河南大学，2000.

［118］毛少君．中国宗族制度的历史沿革及其重要作用［J］．浙江社会科学，1992（4）.

［119］孟宪实．论唐宋时期敦煌民间结社的组织形态［J］．敦煌研究，2002（1）.

［120］苗书梅，葛金芳．南宋全史［M］．上海：上海古籍出版社，2012.

［121］倪根金．明代广东社仓、义仓考［J］．广东史志，2002（2）.

［122］宁可，郝春文．敦煌社邑文书辑校［M］．南京：江苏古籍出版社，1997.

［123］宁可．述“社邑”［J］．首都师范大学学报，1985（1）.

［124］宁可．述社邑［J］．首都师范大学学报，1985（1）.

［125］潘光旦，全慰天．苏南土地改革访问记［M］．北京：三联书店，1952.

［126］彭泽益．中国工商业行会史料集：下［M］．北京：中华书局，1995.

［127］漆侠．辽宋西夏金代通史：典章制度卷［M］．北京：人民出版社，2010.

[128] 漆侠．辽宋西夏金代通史：社会经济卷上［M］．北京：人民出版社，2010.

[129] 漆侠．辽宋西夏金代通史：社会经济卷下［M］．北京：人民出版社，2010.

[130] 漆侠．宋代经济史：上册［M］．上海：上海人民出版社，1987.

[131] 钱穆．国史大纲［M］．北京：商务印书馆，2010.

[132] 钱穆．国史新论［M］．北京：生活·读书·新知三联书店，2002.

[133] 钱穆．中国历代政治的得失［M］．北京：九州出版社，2012.

[134] 邱汉生．宋明理学与宗法思想［J］．历史研究，1979（11）．

[135] 瞿同祖．清代地方政府［M］．范忠信，晏锋，译．北京：法律出版社，2003.

[136] 全汉升．中国行会制度史［M］．新生命书局，1934.

[137] 邵锋．论1644—1875年间广东绅士阶层的社会公益活动［D］．厦门：暨南大学，2000.

[138] 史凤仪．中国古代的家庭与身份［M］．北京：社会科学文献出版社，1999.

[139] 史江．宋代会社研究［D］．成都：四川大学，2002.

[140] 史江．宋代经济互助会社研究［J］．中国社会经济史研究，2003（2）．

[141] 宋伦，李刚．明清工商会馆“会底银两”资本运作方式探析——以山陕会馆为例［J］．江苏社会科学，2007（2）．

[142] 宋香川．宋代城市的政府救济研究［D］．西安：陕西师范大学，2011.

[143] 宋燕鹏．试论南宋士人参与地方公益的外在动因［J］．宋史研究论丛，2013（12）．

[144] 孙丰琛．宋朝乡村社会保障对象研究［D］．重庆：西南大学，2013.

[145] 谭凤娥．宋代社会救济事业述评［J］．乐山师范学院学报，2003（7）．

[146] 谭景玉．宋代乡村行政组织及其运转研究［D］．济南：山东大学.2005.

[147] 谭书龙．宋代官方慈善机构管理初探［J］．社会科学辑刊，2005（4）．

[148] 唐力行．商人与中国近世社会［M］．杭州：浙江人民出版社，1993.

[149] 席晓军．明清行会组织变迁——兼论晋商行会的发展演变［D］．太原：山西大学，2009.

[150] 汪火根．明代仓储与基层社会控制——以预备仓和社仓为例［J］．龙岩师专学报，2004（2）．

[151] 汪圣铎，毕玉娇．南宋推行朱熹社仓法给人的启示［J］．宋史研究论丛，2011（12）．

[152] 王红信．再说宋代转运司［J］．史哲争鸣，2010（17）．

[153] 王俊秋．中国慈善与救济［M］．北京：中国社会科学出版社，2008.

[154] 王连营．论宋代赈济制度［D］．济南：山东大学，2011.

[155] 王玲．宋代道教与劝善习俗［J］．阴山学刊，2014（8）．

[156] 王明娇. 中国古代宗法制的产生及其影响 [EB/OL]. [2015-3-20]. http://wenku.baidu.com/view/eab748124431b90d6c85c7b4.html.

[157] 王日根. 论明清乡约属性与职能的变迁 [J]. 厦门大学学报: 社会科学版, 2003 (2).

[158] 王日根. 中国会馆史 [M]. 上海: 中国出版集团东方出版中心, 2007.

[159] 王善军. 范氏义庄与宋代范氏家族的发展 [J]. 中国农史, 2004 (2).

[160] 王思思. 我国政府在慈善事业发展中的责任与定位研究 [D]. 天津: 天津财经大学, 2011.

[161] 王卫平, 黄鸿山, 康丽跃. 清代社会保障政策研究 [J]. 徐州师范大学学报, 2005 (4).

[162] 王卫平, 黄鸿山. 中国传统慈善事业的近代转型 [M]. 北京: 群言出版社, 2005.

[163] 王卫平, 黄鸿山. 中国古代传统社会保障与慈善事业 [M]. 北京: 群言出版社, 2005.

[164] 王卫平, 施辉. 清代江南地区的育婴事业 [J]. 苏州大学学报, 1999 (4).

[165] 王卫平. 从普遍福利到周贫济困——范氏义庄社会保障功能的演变 [J]. 江苏社会科学, 2009 (2).

[166] 王卫平. 论中国传统慈善事业的近代转型 [J]. 江苏社会科学, 2005 (1).

[167] 王卫平. 论中国古代慈善事业的思想基础 [J]. 江苏社会科学, 1999 (2).

[168] 王卫平. 明代吕坤的社会保障思想——明清江南地区此商家系谱研究 [J]. 学习与探索, 2012 (7).

[169] 王卫平, 等. 清代慈善组织中的国家与社会 [J]. 社会学研究, 2007 (4).

[170] 王新雅. 论黄宗羲民本思想及其当代启示 [J]. 宁夏党校学报, 2015 (1).

[171] 王兴亚. 明代养济院研究 [J]. 郑州大学学报, 1989 (3).

[172] 王云云. 朱熹礼学思想渊源研究 [D]. 西安: 西北大学, 2013.

[173] 王志航. 宋代荒政思想 [D]. 成都: 四川师范大学, 2012.

[174] 王子今, 刘跃斌, 常宗虎. 中国社会福利史 [M]. 武汉: 武汉大学出版社, 2013 (1).

[175] 王宗培. 中国之合会 [M]. 南京合作学社, 1935.

[176] 韦宝宏. 士绅与宗族制度论略 [D]. 西安: 西北师范大学, 2004.

[177] 魏涛. 张载 "以礼为教" 思想探析 [D]. 西安: 陕西师范大学, 2005.

[178] 吾淳. 宋以后中国社会的宗族伦理 [J]. 现代哲学, 2005 (4).

[179] 吴钩. 中国的自由传统 [M]. 上海: 复旦大学出版社, 2014.

[180] 吴钩. 中国历史演进的自由线索 [J]. 东方论坛, 2012 (5).

[181] 吴钩．重新发现宋朝［J］．北京：九州出版社，2014.

[182] 吴慧．会馆、公所、行会：清代商人组织演变述要［J］．中国经济史研究，1999（3）．

[183] 吴清秀．宋代城市穷民的社会救助［D］．金华：浙江师范大学，2012.

[184] 梧桐．朱元璋治理乡村社会的理念与措施［J］．江南大学学报：人文社会科学版，2012（9）．

[185] 衔微．明代的里甲制度［J］．历史教学，1963（4）．

[186] 向振湘．阳明心学与明代书院［D］．长沙：湖南大学，2002.

[187] 肖唐镖．农村宗族和地方治理报告——跨学科的研究和对话［M］．北京：学林出版社，2010.

[188] 肖英．明代社会保障制度研究［D］．长沙：湖南师范大学，2005.

[189] 萧公权．中国政治思想史［M］．北京：商务印书馆，2011.

[190] 萧瀚．中国慈善机构因为不是 NGO，弊端很多［EB/OL］．［2015 - 8 - 23］．http：//www. caijing. com. cn/2008 - 06 - 16/100069408. html.

[191] 邢铁．宋代的义庄［J］．历史教学，1987（5）．

[192] 徐蒙，陈功．宗法制度对中国古代尊老、恤老制度的影响［J］．西北人口，2009（2）．

[193] 徐扬杰．宋明家族制度史论［M］．北京：中华书局，1995.

[194] 徐扬杰．中国家族制度史［M］．武汉：武汉大学出版社，2012.

[195] 徐祖澜．乡绅之治与国家权力——以明清时期中国乡村社会为背景［J］．法学家，2010（6）．

[196] 许莉．清代前期社会保障研究［D］．长沙：湖南师范大学，2006.

[197] 许秀文．论宋代义仓［J］．河北学刊，2006（5）．

[198] 许秀文．浅议南宋社仓制度［J］．河北学刊，2007（4）．

[199] 晏鹰，朱宪辰．从理性建构到认知演化［J］．社会科学战线，2010（2）．

[200] 杨际平．唐末五代宋初敦煌社邑的几个问题［J］．中国史研究，2001（2）．

[201] 杨建宏．论张载的礼学思想及其实践［J］．湖南大学学报：社会科学版，2006（2）．

[202] 杨建宏．宋代基层与礼制社会控制研究［D］．成都：四川大学，2006.

[203] 杨渭生．两宋文化史［M］．杭州：浙江大学出版社，2008.

[204] 姚均伟．宗法制度的兴亡及其对中国社会的影响［J］．华中师范大学学报，2002（3）．

[205] 姚延玲．明清时期民间的社会救济和慈善事业［J］．黄河科技大学学报，2008（5）．

［206］姚中秋．国史纲目［M］．海口：海南出版社，2013.

［207］姚中秋．自发秩序与理性［M］．杭州：浙江大学出版社，2008.

［208］叶恩典．宋代泉州社会福利机构及其运作状况钩沉［J］．海交史研究，2004（1）．

［209］叶烨．北宋文人的经济生活［M］．江西出版集团百花洲文艺出版社，2008.

［210］尹文汉．论刘宗周的慎独学说［J］．池州师专学报，2000（2）．

［211］余全有．从社仓看古代民间机构的保障功能［J］．中外粮情研究，2011（4）．

［212］余蔚．完整制与分离制：宋代地方行政权力的转移［J］．历史研究，2005（4）．

［213］余新忠．遗失的传统：明清时期的民间社会救济［N］.21世纪经济报道，2008-06-02：041.

［214］虞和平．经元善集［M］．上海：华东师范大学出版社，2011.

［215］翟秀娟．宋代乡约制度研究［D］．济南：山东师范大学，2012.

［216］张海鹏，王廷元．明清徽商资料选编［M］．合肥：黄山书社，1995.

［217］张军．范氏义庄作为慈善机构何以运转800年［J］．法人文化，2013（8）．

［218］张培锋．宋代士大夫佛学的道德品格初探［J］．东方丛刊，2006.

［219］张品端．从社仓法看朱熹的社会保障思想［J］．徽州师专学报，1997（3）．

［220］张品端．朱熹社仓法的基本内容及其社会保障作用［J］．中国社会科学院研究生学报，2009（3）．

［221］张其凡．吕端与宋初的黄老思想［M］//宋史研究论文集．郑州：河南人民出版社，1982.

［222］张全明．社仓制与青苗法比较刍议［J］．史学月刊，1994（1）．

［223］张少婷．清代山西会馆慈善事业研究［D］．西安：西北师范大学，2012.

［224］张文．宋朝民间慈善活动研究［D］．成都：四川大学，2004.

［225］张文．宋朝社会保障的成就与历史地位［J］．中国人民大学学报，2014（1）．

［226］张文．宋代社会救济研究［M］．成都：西南师范大学出版社，2001.

［227］张显清．明代政治史：上［M］．北京：人民出版社，2003.

［228］张翔凤．近代苏州碑刻中的乡绅自治与宗族保障［J］．史林，2003（8）．

［229］张晓磊．唐五代宋初敦煌社邑的几个问题［D］．兰州：兰州大学，2011.

［230］张研．清代族田与基层社会结构［M］．北京：中国人民大学出版社，1991．

［231］张仲礼．中国绅士研究［M］．上海：上海人民出版社，2008.

［232］赵华富．徽州宗族研究［M］．合肥：安徽大学出版社，2004.

[233] 赵婷婷. 中国民间慈善组织发展研究 [D]. 大连: 东北财经大学, 2012.

[234] 郑昌淦, 李华. 我国古代备荒理论和措施 [N]. 人民日报, 1965-12-7 (5).

[235] 郑定, 马建新. 论宗族制度与中国传统法律文化 [J]. 法学家, 2002 (2).

[236] 郑功成. 社会保障学——理论、制度、实践与思辨 [M]. 北京: 商务印书馆, 2008.

[237] 郑功成. 中国社会保障演进的历史逻辑 [J]. 社会保障制度, 2014 (6).

[238] 郑师渠, 吴怀民. 中国文化通史: 两宋卷 [M]. 北京: 北京师范大学出版社, 2000.

[239] 郑振满. 乡族与国家——多元视野中的闽台传统社会 [M]. 北京: 三联书店出版, 2009.

[240] 钟金雁. 宋代东南乡村经济的变迁与乡村治理研究 [D]. 昆明: 云南大学, 2012.

[241] 仲兆宏. 晚清常州宗族与社会事业 [D]. 苏州: 苏州大学, 2010.

[242] 周秋光, 曾桂林. 中国慈善简史 [M]. 北京: 人民出版社, 2006.

[243] 周荣, 陈子敬. 明清"移民社会"的同乡组织与社会保障——中国传统慈善事业的内在机制及现代启示 [J]. 湖北行政学院学报, 2009 (6).

[244] 周荣. 明清社会保障制度与两湖基层社会 [M]. 武汉: 武汉大学出版社, 2006.

[245] 周扬波. 南宋义役的利弊——以社团为角度的考察 [J]. 浙江师范大学学报: 社会科学版, 2007 (2).

[246] 周扬波. 宋代士绅结社研究 [D]. 杭州: 浙江大学, 2005.

[247] 周扬波. 宋代乡约的推行状况 [J]. 浙江大学学报: 人文社会科学版, 2005 (5).

[248] 周永健. 论朱熹《家礼》的社会教化功能 [J]. 史料研究, 2011 (8).

[249] 周致元. 明代徽州官府与宗族的救荒功能 [J]. 安徽大学学报: 哲学社会科学版, 2006 (1).

[250] 朱友渔. 中国慈善博爱精神: 关于互助的研究 [D]. 哥伦比亚大学, 1912.

[251] 诸葛忆兵. 范仲淹与义庄 [J]. 文史知识, 2010 (8).

[252] 诸葛忆兵. 宋代宰辅制度研究 [M]. 北京: 中国社会科学出版, 2000.

[253] 庄华峰, 谭书龙. 宋代江南地区慈善事业研究 [J]. 安徽史学, 2006 (6).

[254] 邹克茹. 宋代社会保障研究 [D]. 长春: 东北师范大学, 2014.

二、历史文献类

[1] [嘉靖] 许州志: 卷七。

[2]［嘉靖］延平府志：卷一。

[3]［嘉靖］翼城县志：卷一。

[4]［民国］《大埔县志》卷七《经政志·仓储》。

[5]［明］俞森《社仓考》，丛书集成初编本。

[6]［明］陈龙正《几亭全书》卷七《学言详记》。

[7]［明］胡广，等．世宗实录：卷六七［M］．台湾中央研究院历史语言研究所，1962.

[8]［明］祁彪佳．祁彪佳集［M］．北京：中华书局，1960。

[9]［明］涂山：《明政统宗》卷一二〇，《荒政部》。

[10]［明］王阳明《传习录》。

[11]［清］曹雪芹．红楼梦［M］．北京：人民文学出版社，2008。

[12]［清］陈康祺《燕下乡脞录》卷四。

[13]［清］顾禄．桐桥倚棹录［M］．上海：上海古籍出版社，1980。

[14]［清］顾炎武：《说经》，贺长龄：《皇朝经世文编》卷八。

[15]［清］顾炎武：《天下郡国利病书》卷二〇、卷三二。

[16]［清］光绪《常昭合志稿》卷一七《善举》。

[17]［清］光绪《无锡金匮县志》卷二五。

[18]［清］光绪《吴氏支谱》卷一二《创立继志义田记》。

[19]［清］贺长龄等编《清经世文编》卷八五《礼政五》。

[20]［清］刘锦藻撰．皇朝续文献通考．卷八三“国用考二十一·赈恤”。

[21]［清］俞森．社仓考［M］．商务印书馆，1939。

[22]［清］俞森．社仓考［M］．商务印书馆，1939。

[23]［宋］《范文正公文集》卷八《义庄规矩》。

[24]［宋］范仲淹．范仲淹全集［M］．李勇先，王蓉贵，校．成都：四川大学出版社，2007。

[25]［宋］吕大临，等．蓝田吕氏遗著辑校·吕氏乡约乡仪篇［M］．陈俊民，辑校．北京：中华书局，1993。

[26]［宋］欧阳修．范文正公神道碑铭［M］//范仲淹史料新编．沈阳：沈阳出版社，1989。

[27]［宋］朱熹．四书章句集注［M］．北京：中华书局，2010。

[28]［同治］《饶州府志》卷二八《艺文志三》。

[29]［元］牟巘．范氏义塾记［M］．范仲淹史料新编．沈阳：沈阳出版社，1989。

[30]［元］脱脱．吕范诸儒学案·宋元学案·6卷三一．中华书局．1986。

[31]［元］脱脱，等．宋史·役法下［M］．北京：中华书局，1999。

[32]［元］脱脱，等. 宋史·卷一七六食货上四［M］. 北京：中华书局，1999。

[33]《方望溪先生全集》卷一七《甲辰示道希兄弟》。

[34] 陈忠倚辑，《皇朝经世文三编》，台湾文海出版社，1972年版。

[35] 盛康辑，《皇朝经世文续编》，武进盛氏思补楼出版，清光绪二十三年（1897年）。

[36]《绩溪会馆规条》，《北京会馆档案史料》，北京市档案馆编，北京出版社，1997年版。

[37]《嘉靖天长县志》卷四，《义民》，天一阁明代方志选刊，上海古籍出版社，1982年版。

[38]《明清苏州工商业碑刻集》，苏州历史博物馆、江苏师范学院历史系和南京大学明清史研究室合编，江苏人民出版社，1981年版。

[39]《世宗宪皇帝实录》第一册，19页。

[40]《寿州龙氏宗谱》卷一《家规》，光绪十六年本。

[41]《王文成全书》卷二六《大学问》，9页。

[42]《王阳明全集》卷二五《节庵方公墓表》。

[43]《西山陈氏家谱·义门家法》，转引自《江州义门陈氏宗谱》。

[44]《续文献通考》卷二七，浙江古籍出版社，2000年版。

[45]《正乙祠碑记》载于《明清以来北京工商会馆碑刻选编》，文物出版社，1980年版。

[46] 陈龙正《几亭全书》卷七《学言详记》。

[47] 丁日昌：《抚吴公牍》卷一八。

[48] 东莞《梁氏崇桂堂族谱》，卷一四，《附湛明经上济保烝说》，嘉靖刻本。

[49] 董煟：《救荒活民书》卷中《劝分》，文渊阁《四库全书》影印本。

[50] 冯桂芬，复宗法议，载于盛康辑《皇朝经世文续编》卷六七。

[51] 顾禄. 桐桥倚棹录［M］. 上海：上海古籍出版社，1980。

[52] 顾炎武：《天下郡国利病书》卷二〇。

[53] 国轩. 吕坤全集［M］. 北京：中华书局，2008。

[54] 胡广，等. 世宗实录：卷五一［M］. 台湾中央研究院历史语言研究所，1962。

[55] 陈忠倚辑. 皇朝经世文三编，卷三五，文海出版社有限公司印行，1972年版。

[56] 嘉靖《常德府志》卷一六《人品志》。

[57] 嘉靖《池州府志》卷七《孝义》。

[58] 嘉靖《徽州府志·质行》。

[59] 嘉靖《武城县志》卷七《人物志》。

[60] 林俊：《论江西常平仓》，《明经世文编》卷五七。

[61] 刘献延：《广阳杂记》卷四。

[62] 龙文彬．明会要：卷五六：食货四：预备仓 [M]．北京：中华书局，1956.

[63] 农政全书，卷四三，备荒总论，712－713 页。

[64] 彭启丰《芝庭先生集》卷十《恤嫠会缘起叙》。

[65] 彭绍升《二林居集》卷九。

[66] 清朝通志，卷八八《食货略八》。

[67] 上海《楚北会馆征信录》民国刊本。

[68] 宋濂《宋文宪公全集》，卷三三《惠州何氏祠碑》。

[69] 苏州历史博物馆等编，光绪二年《元和县严禁在安徽码头作践滋扰碑》，《明清苏州工商业碑刻集》，江苏人民出版社，1981 年版。

[70] 王国轩．吕坤全集 [M]．北京：中华书局，2008.

[71] 王圻．续文献通考：卷二七 [M]．杭州：浙江古籍出版社，2000.

[72] 魏源．魏源集：下册 [M]．北京：中华书局，2009.

[73] 歙县《谭渡黄氏族谱》卷九。

[74] 徐梓．中华文化通志：家范志 [M]．上海：上海人民出版社，1998．

[75] 续文献通考，卷二七，浙江古籍出版社，2000 年版。

[76] 杨东明《山居功课》卷一《同善会序》。

[77] 俞森．社仓考 [M]．北京：商务印书馆，1939.

[78] 张履祥《张杨园先生全集》卷四《小学》。

[79] 张廷玉，等．明史：卷一三八 [M]．北京：中华书局，1974.

[80] 张载．张载集 [M]．北京：中华书局，2012.